中学数学

教学设计与案例分析

ZHONGXUE SHUXUE JIAOXUE SHEJI YU ANLI FENXI

陈 涛 王红梅 国忠金◎编著

湘潭大学出版社

前　言

本书是为了提高师范生的数学教学设计能力，帮助其系统掌握基本的数学教学设计理论和方法，全面提升数学教学设计能力和教学实践水平而编写的。

本书共分为4章。第1章介绍数学教学设计的理论基础和研究现状；第2章按照教学设计的流程，分模块结合具体教学案例介绍了教材分析、学情分析、教学目标设计、教法与学法设计、重点与难点分析；第3章通过剖析数学教学过程设计的重点环节，介绍了教学设计过程中的导入设计、提问设计、例题习题设计、结课设计和板书设计；第4章按课型完整地介绍了数学概念型和数学原理型课程的教学设计。

中学数学教学设计是数学与应用数学(教师教育方向)专业的学科专业课。根据培养方案的要求，该课程共45学时，其中理论授课27学时，实践18学时。为配合师范生支教实习，课程安排在学生实习前的第4学期。

中学数学教学设计主要以现代教育学、心理学、教育心理学和数学教学论为理论基础和设计指导思想，以数学教学的概念、原理、习题这三大内容的设计以及常见的数学教学模式为基础，以问题解决教学、数学活动教学为重，用以提高师范生的数学教学设计能力。从数学教学设计研究者的角度，提供教学设计的一般原理和策略，为教师进行教学提供理论支持。在数学教学设计过程中，一是要注意数学课堂结构，特别是数学知识结构、学生认知结构和数学教学结构的深度有效融合，注重课堂教学的每一个环节，对课堂教学的每一个环节进行科学合理的设计。二是要注重现代教育学、心理学、教育心理学的新理论和新成果在教学设计过程中的指导作用，真正实现以学生为主体进行教学设计。三是要坚持教学设计过程的开放性、科学性和逻辑性。四是要多维度、多视野地进行教材分析和学情分析；五是要关注现代多媒体教学技术、智慧课堂在数学教学设计过程中的应用等。

中学数学教学设计更侧重于“教什么”“怎么教”“为什么这么教”等。所以，在本书的编写过程中，相应地充实了教学论、教育学、心理学、数学教学论、数学教育学、数学学习心理学和数学教育心理学的理论基础，并结合具体教学案例进行了应用和分析。

在教师职业越来越专业化的今天，数学教师不仅要提高数学素养、数学教育理论素养和数学教学技能，更应提高数学教学设计的能力。本书就是为提高师范生的数学教学设计能力而编写的，旨在帮助学生系统地掌握基本的数学教学设计理论和方法，全面提升其数学教学设计能力和教学实践水平。

本书在编写过程中参考了国内外一些相关专家学者的研究成果，由于时间有限，可能没有一一标注，敬请谅解，在此一并表示感谢！

本书可以作为师范类高校学生的教材，也可以作为教师教学设计能力提升培训的教学参考用书。

作　者

2021 年 11 月

目　录

第1章 数学教学设计概述

1.1 教学、设计与教学设计

1.1.1 教学与设计

教学是指课堂上教师和学生之间信息传播与反馈的过程，是一项有明确目的的培养人的社会实践活动。这项社会实践活动，使学习者学习和掌握基础知识和基本技能，发展学习者的智力，培养学习者的能力，使学习者形成一定的思想品质，促进学习者身心健康地发展。为达到这样的教学总目标，教师必须依据一定的教学思想或理念，结合自己对教学过程的理解和认识，以各种方式、方法对师生双边活动进行周密的思考和精心的设计。

德利斯科尔认为，教学是有目的地安排学习条件以促进某些既定目标的达成。教学被视为有目的地安排学习条件，以引导学习者获得特定的能力。

设计原是一个工程术语，是指人们用于改进其创造物的质量的活动，在建筑业、工业和军事等许多领域有广泛的应用。设计意味着在解决问题之前，应该有系统的、充分的计划，然后实施计划，并开发新产品。从根本上说，设计是用来解决问题的，需要专门的知识技能和高水平的思维能力。

戈登·罗伦德研究了若干职业的设计过程，并归纳出设计活动的如下特征：

(1) 设计是一个目标指向过程，设计者要考虑目标并创造出某些新的产品；

(2) 从设计中产生的新产品具有实际用途；

(3) 设计的基本任务是把要求形式的信息转化为做事的说明书形式的信息；

(4) 设计需要成员之间的相互合作；

(5) 设计包括解决问题，但并不是所有的解决问题都是设计；

(6) 在设计过程中，问题理解和问题解决可能是同时的或者先后的过程；

(7) 设计是一门科学，或者是科学与艺术的结合，或者是既非科学又非艺术；

(8) 设计中包含技术性的技能和创造性，或者是理性和直觉的思维过程；

(9) 设计过程也是学习过程。

1.1.2 教学设计

设计被引入到教学领域后，教学概念便与设计概念相结合，构成了一个新的研究领域——教学设计，并引起了人们的极大兴趣和普遍关注。

教学设计源于心理学研究人员努力将心理学原理转化为教育应用技术的追求。教学设计作为一门学科诞生于20世纪70年代的美国，以加涅的《教学设计原理》(1974年第一版和1979年第二版)为标志。

人们对"设计"的理解并不相同，对教学设计亦是如此。关于什么是教学设计，有没有唯一的或者最佳的教学设计过程的模型，不同的设计者有不同的看法。从贴近教学活动的层面来理解，戈登·罗伦德在其《设计与教学设计》一文中给出了适合于教学设计的若干特征。罗伦德给出的与教学设计相关的特征有助于我们对教学设计的理解和认识。

根据教学系统的特性，美国学者布里格斯认为，教学设计是分析学习需要和目标以形成满足学习需要的传送系统的全程。在此基础上，瑞达·瑞奇提出了他的观点，他认为教学设计是为了便于学习各种大小不同的学科单元，而对学习情景的发展、评价和保持进行详细规划的科学。他们都抓住了教学设计的根本特性，即教学设计就是把教与学的原理用于策划教学活动的系统过程，是教学论、学习理论、设计思想和技术应用相结合的综合系统。

当代教学设计大师加涅认为，教学设计是一个系统化规划教学系统的过程：教学的目的是帮助人们学习，教育系统的功能则是促进学生有目的地学习。加涅在《教学设计原理》中，对教学设计提出了如下假设：

(1) 教学设计必须是帮助学习者学习的过程而不是教学过程；

(2) 学习是受许多变量影响的复杂过程；

(3) 教学设计可以在多种水平上进行；

(4) 设计是一个反复的过程；

(5) 教学设计是由一些可识别的相关子过程组成的过程；

(6) 不同类型的学习结果需要不同类型的教学。

教学设计与教学论和教育技术这两门学科密不可分。因此，教学设计必须是帮助学习者学习的过程，而不仅仅是教学的过程。教学设计是以有目的的学习而不是"偶然"学习为目的的。进行教学设计的目的是支持学习者学习的过程。教学设计以人类学习的某些原理，尤其是学习者学习赖以产生的条件为基础。由此加涅给出了教学设计的如下定义:教学设计是一种有目的的活动,是达到终点的一种方式。这里的终点指的是教学目的或目标。

后来,加涅在系统论的观点上又进一步把教学设计界定为:教学设计是一个系统化规划教学系统的过程。教学系统本身是对资源和程序做出有利于学习的安排。任何组织机构,如果旨在开发人的才能,均可以被包括在教学系统中。在此基础上,他提出了ADDIE模型(图1.1)。

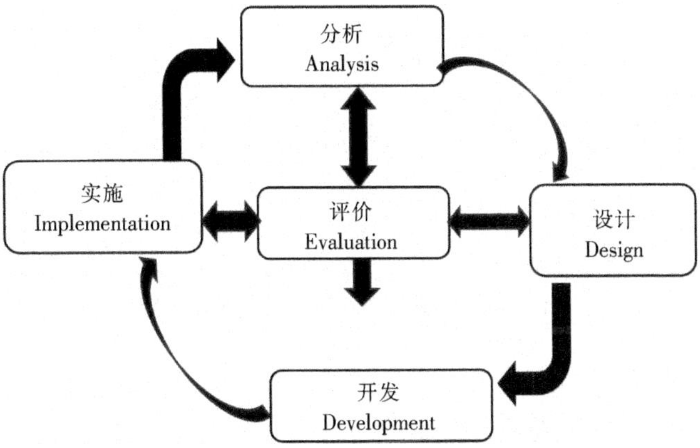

图1.1　加涅的ADDIE教学设计模型

关于这个模型中的各个阶段加涅给出了详细的解释。

分析(Analysis):支持教学设计的分析可以在几种不同水平进行。分析的目的是为下一个阶段设计的决策提供重要的支持性信息。

设计(Design):教学设计的产物是用于指导教学开发的计划或蓝图。显而易见的是,设计都是动态的、创造的过程,对同一个问题,不同设计者可能会提出完全不一样的解决方案。

开发(Development):开发是指准备那些用于学习环境的材料。这是教学设计中富有挑战性的一个阶段。比如在一些情境中没有与教学目标直接相关的材料,这就需要准备新材料等。

在实施(Implementation)阶段,他提出了适用于安排实施五条原则。

评价(Evaluation)是ADDIE模型的最后一个阶段。他提出了五种类型的评价:材料评价、过程评价、学习者的反应、学习者的成就、教学成果。

又有学者根据ADDIE模型给出了改进的教学设计流程(图1.2)。

P. L. 史密斯在《教学设计(第三版)》(华东师范大学出版社)中指出:教学设计这一术语,指的是把学习与教学原理转化成对于教学材料、活动、信息资源和评价的规划这一系统的、反思性的过程。在某种程度上,教学设计者就像工程师,他们都需要基于那些已被证明是成功的原理来规划自己的工作——工程师所依据的是物理定律,教学设计者所依据的是教学和学习的基本原理。

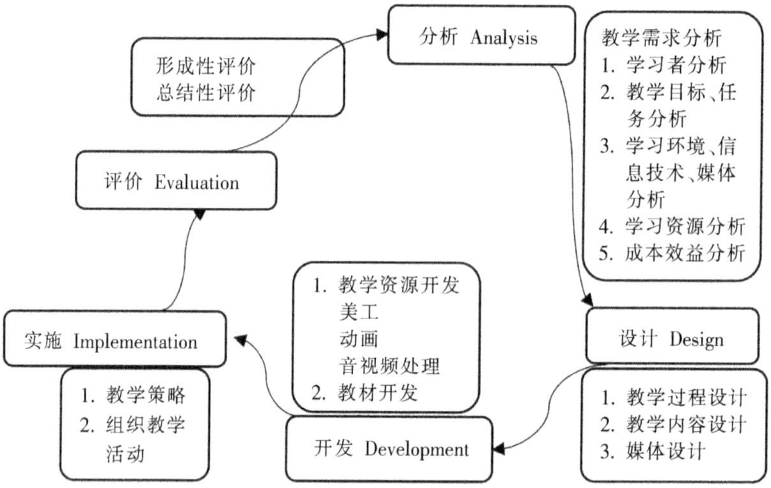

图 1.2 改进的 ADDIE 教学设计流程图

"为学习设计教学"是加涅提出的教学设计的核心。其主要观点是：

(1)有不同的学习结果,也有不同的学习条件;

(2)对掌握不同的学习结果而言,必须有不同的内部条件和外部条件;

(3)教学的目的就是合理安排可靠的外部条件,以支持、激发、促进学习的内部条件,这就需要对教学进行整体设计,从教学分析、展开及评价等方面做出一系列事先筹划等。

除此之外,加涅还提出了五种学习结果的划分:言语信息、智力技能、认知策略、动作技能、态度。结合这五种学习结果的划分和前面提出的观点,加涅给出了教学设计路线图,如图 1.3 所示。

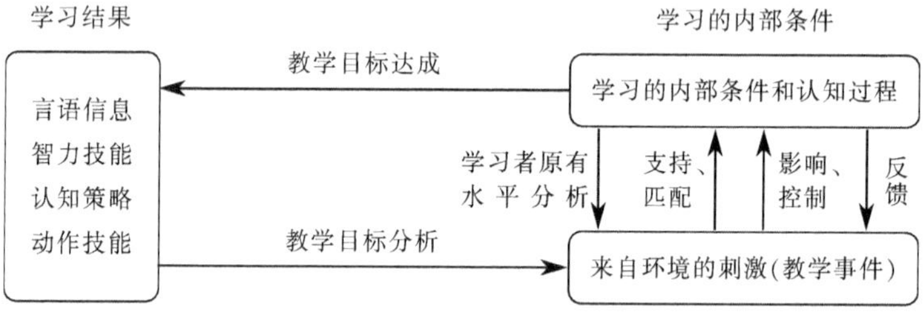

图 1.3 教学设计路线图

史密斯认为,从根本上看,设计是一种问题解决,它与其他领域的问题解决有许多共同之处。在教学设计中,需要考虑许多因素,既包括影响教学方案实施的因素,也包括接受教学方案实施所影响的因素。与建筑设计者的设计一样,教学设计者也可以从创新和想象中受益。比如在情境设计过程中,设计者可能需要以创新的方式运用大量的独创性来探知问题的本质属性。

界定教学设计的另外一种方式是系统地规划教学所涉及的过程。他提出了在教学设计和开发过程中需完成的三项主要活动：

实施教学分析，以确定“我们要到哪里去”。（教学的目的是什么？）

开发教学策略，以确定“我们如何去那里”。（教学策略与教学媒体是什么？）

开发和实施评价，以确定“我们怎样知道已经达到那里”。（我们的测量是什么样的？我们如何评价和修改教学材料？）

这三个问题是教学论、教学心理学和教学设计三门学科共同研究的课题。

当代著名教学设计理论家 W. 迪克在其著作《系统化教学设计》中指出：教学过程本身可以视为一个系统。系统的目的是引发和促进学习。这一系统中的成分包括学习者、教师、教学材料以及学习环境。为了达到学习目的，这些成分之间产生互动。他认为：坚持教学的系统观的人，会把教学装备、实施、评价以及教学视为一个整体过程。

他还基于建构主义思想考虑，指出学习总是一个独特的“建构”的产物，因为每个学习者都是把新信息与已有的知识和经验结合在一起。当个体对自己所生活的社会、文化、物理和智力情境建构出新的解释时，他们就产生了学习。

在建构主义看来，学习与自己的经验交织在一起，因此，教师的主要作用是创设合适的学习环境（有时称为问题情境）。在这样的环境中，学生的学习经历与他们在应用情境中的实践经验是一致的。在此基础上，W. 迪克给出如下的教学设计模型（图 1.4）。

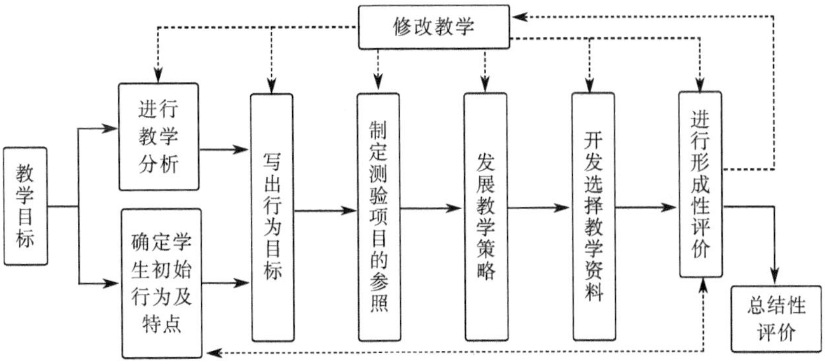

图 1.4　迪克的教学设计模型

他随后详细阐述了系统方法模型的构成成分（步骤）：

第一步：确定教学目标。确定学生完成你的教学后，你希望他们能够做什么。

第二步：进行教学分析。分析在实现目标的过程中，人们在做什么。确定在开始教学之前，学习者必须具备哪些技能、知识和态度。

第三步：分析学习者及情境。分析学习者学习及运用技能的情境。

第四步：书写行为表现目标。对教学结束后学生能够做什么，写出具体性描述。

第五步：开发评估工具。目的是便于测量具体的教学目标中所描述的学生应具备的能力。

第六步：开发教学策略。确定你该用什么教学策略来达成教学目标。教学策略强调的是促进学生学习的成分，包括教学前的活动、内容呈现、学习者的参与、评估及学习拓展等。

第七步：开发和选择教学材料。主要包括编制学习手册、选取教学材料和开发评估工具。

第八步：设计和实施教学的形成性评价。在完成教学初稿后，就要开展一系列的评价活动，以收集数据，确定如何改进教学。

第九步：修改教学。整理和分析形成性评价所收集的数据，确定学习者在完成目标的过程中遇到的困难，依据这些困难找出教学方面的不足。

上述九个步骤，代表了用系统化方法设计教学的系列过程。

K. M. 普赖斯认为：教学设计者可以在设计教什么(教学内容)、如何教(教学方法)，以及教学环境(课堂管理)时，加入为全体学生设计的通用教学干预。他特别强调有效的教学设计，从而让全体学生能够有效地学习。他认为教学设计是书面描述学生是如何朝着短期目标迈进的。他清楚地描述了教师希望能促进学生学习的教师陈述及行为。

他认为所有的教学设计都包含以下八个基本要素：预设、预备、导课、主体、练习、结课、评价、编辑。他同时指出：在不同的教学模式中，基本要素的具体内容是不同的，因为每种模式都是以不同的方式使学生朝目标迈进。然而，要素本身在每个教学设计中都是相同的。

比如，预设的目的是帮助你仔细考虑你要教的内容以及最佳教学方法。你将需要进行关联分析、内容分析、设定目标与目标依据，然后再选择教学模式。

预备的目的是让学生做好开始上课的准备。

导课是为了让学生做好学习的准备。

与教学目标直接关联的讲授是在主体中进行的，因此，这个因素是教学的核心部分。主要的设计时间及教学时间都是花在教学的主体上。教师通过解释、举例、演示或探究来呈现教学内容，学生开始学习新的技能与知识等。

拓展练习的目的是提高学生熟练使用知识或技能的能力，并提供实际运用的机会，以便学生能够归纳知识或技能。

结课能帮助学生整理所有的材料。

教学评价是为了让你知道学生是否学习了，以及是否达到了教学的目标。

艾丽森·A. 卡尔-切尔曼认为：教师的教学设计就是教师运用系统的方法设计课堂教学的过程。这个系统的过程包括：确立学习目的、创设学习目标、分析学生特点、编写测验内容、选择教学材料、开发课堂活动、选择教学媒体、实施并修改课堂教学等。

根据以上定义，她给出了在做教学设计时应该注意的事项：

(1) 清楚你将要去哪里；

(2) 了解你的学生；

(3) 创造性地设计活动并运用多媒体；

(4) 拟定草稿并不断修改；

(5) 在类似的目标人群中试验教学和教材并做调整；

(6) 保持一致性；

(7) 坚持使用教学设计。

切尔曼给出了基于迪克-凯瑞模型的改进的教师教学设计的模型(ID4T)及其设计步骤。

第一步：确立教学或学习目的，即整个经验建立的基础。这是对教学要点的简单陈述，即你想让学习者在课堂结束时知道什么，或者会做什么，或者感觉到什么。

第二步：将学习目的分解成目标。通常，总目的是通过组成学习的几个较小步骤或部分达成的，而这些较小的步骤或部分都可以有细分的学习目标，即学习目的由哪些目标组成。

第三步：编写与学习目标匹配的测验内容。要编写出符合规范的测验内容，能真正有效地进行评价。

第四步：分析学习者特征和预备条件。它由两部分构成：一是了解你的学生是谁，他们知道什么，你对他们有多少了解，他们有哪些学习风格。二是把对学生的了解与目标相匹配，把目标分解成越来越小的子目标，直到非常确信学习者有能力达到那个目标。

第五步：选择上课材料。分析哪些文本、海报、卡片或其他材料适合这个学习目的和学习目标并且有效。

第六步：选择和设计能匹配学习目的和学习目标的教学活动。

第七步：选择或开发媒体和技术。你要确定是否需要技术或者媒体，以及什么样的技术或媒体才可以支持前面步骤中所选择的教学活动。如果那样的技术或者媒体不可用，那么你可能要开发新技术等。

第八步：实施教学的计划。

第九步：评价并调整教学。

关于该模型，切尔曼自己评价："该模型有九个步骤，在教学设计实践中你都会用到它们。即使你感到或许永远无法在所有的单元课堂教学中都这么做，或者它还会改变你在现有课堂所津津乐道的教育时机，我也鼓励你学习这九个基本步骤，因为每次要准备新课的时候，这些基本观念会一次又一次地出现在你面前。"

ID4T 模型跟其他大部分模型一样，提出了不错的教学设计程序，并且所有的模型都遵循所谓的 ADDIE 过程，即分析、设计、开发、实践和评价。大体上说，你要先检查一下情景，然后创建一个解决方案，尝试一下，看看它是否起作用。

关于教学设计，国内的一些知名教授也进行了富有成效的研究，并提出了自己的理解。北京师范大学乌美娜教授认为，教学设计作为一个系统计划的过程，是运用系统方法研究、探索教学系统中各个要素之间的关系，并通过一套具体的操作程序来协调配置，使各个要素有机结合完成教学系统的功能。北京师范大学何克抗教授认为，教学设计是运用系统方法，将学习理论与教学理论的原理转换成对教学目标（或教学目的）、教学条件、教学方法、教学评价等教学环节进行具体计划的系统化过程。北京师范大学顾明远教授认为，教学设计是研究教学系统、教学过程，制定教学计划的系统方案。华东师范大学皮连生教授认为，教学设计亦称教学系统设计，是面向教学系统，解决教学问题的一种特殊的设计活动。它既具有设计的一般性质，又必须遵循教学的基本规律。这些阐述为教学设计这一学科在国内的传播和进一步发展奠定了理论基础。

国内的其他学者也对教学设计的理论、方法和实践进行了有益的探索。王辉认为，教学设计是以获得优化的教学效果为目的，以学习理论、教学理论和传播理论为理论基础，运用系统方法分析教学问题，确定教学目标，建立解决教学问题的策略方案、试行解决方案、评价试行结果和修改方案的过程。李伯黍认为，所谓教学设计，就是为了达到一定的教学目的，对教什么（课程、内容等）和怎么教（组织、方法、传媒的使用等）进行设计。

百度百科则将教学设计定义为，教学设计是根据课程标准的要求和教学对象的特点，将教学诸要素有序安排，确定合适的教学方案的设想和计划。一般包括教学目标、教学重难点、教学方法、教学步骤与时间分配等环节。

随着教育科学技术的发展，教学设计已经不仅仅是一门课程，现在越来越成为一种教学能力。为提高中小学教师教育技术能力和水平，促进教师专业能力的发展，2004 年 12 月，教育部制定的《中小学教师教育技术能力标准（试行）》正式将教学设计界定为一种能力，并将课堂教学设计定义为：依据教学理论、学习理论和传播理论，运用系统科学的方法，对教学目标、教学内容、教学媒体、教学策略、教学评价等教学要素和教学环节进行分析、计划，做出具体安排的过程。据此笔者在 2018 年《中学数学教学设计的实践与思考》一文中，尝试着分别从作为“课程”的中学数学教学设计和作为“能力”的中学数学教学设计两个层面讨论了中学数学教学设计。在作为“能力”的数学教学设计层面提出了数学教学设计能力的 6 个维度：教材分析能力、学情分析能力、教学目标的编制能力、教学过程的设计能力、教学策略的选择与应用能力和教学反思与评价能力。

1.2 数学教学设计

1.2.1 数学教学设计的内涵

关于数学教学设计的内涵，国内较早给出界定的是上海特级教师、上海市奉贤中学原校长奚定华。奚定华老师在其主编的《数学教学设计》一书中将数学教学设计定义为：

数学教学设计是以数学学习论、数学教学论等理论为基础，运用系统方法分析数学问题，确定教学目标，设计解决数学教学问题的策略方案、试行方案、评价试行结果和修改方案的过程。他进一步指出，数学教学设计是对数学教学中学和教的双边活动进行设计，必须以数学学习论、数学教学论等理论作为数学教学设计的基础，以它们为指导，才能使数学教学设计达到最优化。

从系统论的角度讲，数学教学是由数学教师、学生、数学教学内容等要素组成的系统，要进行成功的数学教学设计，必须运用系统论的观点和方法，对数学教学系统中的各个要素进行整体的分析和策划，通过系统分析、系统决策和系统评价的操作程序进行教学设计。

同时，数学教学设计要重视教学效果的评价，注意教学信息的反馈。数学教学设计的过程不仅包括数学教学活动方案的设计，还包括方案的试行、方案的评价和方案的修改。

奚定华还强调，数学教学设计是一门科学，科学的真谛在于求真。在教学设计过程中，教学设计者应在数学学习理论、数学教学理论、教育传播理论、教学媒体理论和教学评价理论的指导下，根据学和教的基本规律，建立合理的数学教学目标、内容、方法的策略体系，运用系统方法对各个教学要素及其联系进行分析和策划。

另外，他还指出数学教学设计也是一门艺术，数学教师在进行数学教学设计的过程中，要根据教材、学生的不同特点，发挥个人的智慧，进行创造性的劳动。

1.2.2　数学教学设计的主要环节和流程

奚定华老师在其《数学教学设计》一书中给出了数学教学设计流程图，如图 1.5 所示。

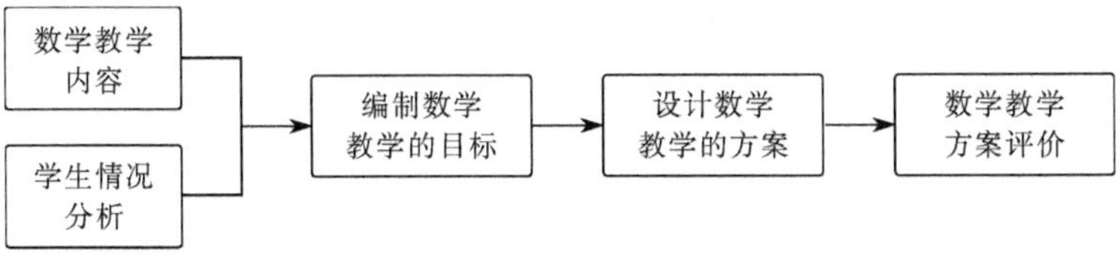

图 1.5　教学设计流程图

在这个设计流程中，他将整个教学设计分成四个部分，分别是教学设计的前期分析、教学目标的制定、教学方案的设计以及教学评价。

1.2.2.1　数学教学设计前期分析

数学教师在进行数学教学设计时，第一步要了解教师教什么，学生学什么，也就是先要知道教学内容，并对它进行详细的分析。这就是教学设计的前期分析，主要包含两个方面：数学教学内容分析和学情分析。

1. 数学教学内容分析

数学教学内容分析，指的是为了实现数学教学目标，对要求学生学习的数学知识和技能的总和进行的分析。主要包括以下几个方面：

（1）背景分析。主要分析这一部分数学知识发生、发展的过程，它与其他数学知识之间的联系，以及它在社会生活、生产和科学技术中的应用。

（2）功能分析。主要分析这一部分数学内容在整个数学教学内容中的地位和作用，以及对于培养和提高学生数学素质所具有的功能和价值，包括智力价值、教育价值和应用价值。

（3）结构分析。主要分析数学知识、技能、方法、思想的系统、层次，它们之间的关系，以及这种关系的性质、特点，从而确定这些数学知识、技能、方法、思想的掌握程度和训练要求。从篇幅来分，结构分析既包括整个学科的结构分析，又包括单元结构分析和单课结构分析。从内容来分，既要对整体结构包括数学知识结构和思想方法结构进行分析，又要对单课结构包括数学知识结构、数学教学结构，以及重点、难点和关键进行分析。

（4）要素分析。数学教学内容包括下列要素：感性材料、数学概念和原理、例题和习题。对这些要素分别进行分析。

（5）学习类型和任务分析。

① 学习结果类型分析。根据加涅的学习结果分类理论，结合数学学习的实际情况，数学学习结果有以下八种类型：数学事实、数学概念、数学原理、数学问题解决、数学思想方法、数学技能、数学认知策略和态度。将数学教学内容按这八种类型进行分类，并分别加以分析。

② 学习形式类型分析。根据奥苏伯尔同化理论，数学概念和原理的学习可以分为上位学习、下位学习和并列学习。将教学内容中的数学概念和原理按这三种类型进行分类，并加以分析。

③ 学习任务分析。在学习新的知识技能之前，学生原有的知识技能的准备水平称为起点能力。通过一定的教学活动，学生获得的知识技能称为终点能力。介于起点能力和终点能力之间的这些知识技能称为先决技能。学习任务分析就是对学生的起点能力转化为终点能力所需要的先决技能及其上下左右的关系进行详细剖析的过程。通过学习任务的分析，为教学顺序的安排和教学条件的创设提供心理学的依据。学习任务分析的方法有：归类分析法、层次分析法、信息加工分析法等。

2. 学情分析

为了使数学教学设计符合学生的实际情况，取得更好的教学效果，必须对学生的情况进行客观的分析。学生情况分析包括以下两个方面：

（1）学习准备情况分析。学生的学习准备情况分成如下两类：第一，学生的起点能力。学生的起点能力是学生对特定的内容和任务的学习已经具备的知识与技能的基础，以及对有关学习内容的认识水平与态度。第二，学生学习数学的心理特点分析。学生学习数学的心理特点分析是指对学生学习有关数学内容产生影响的年龄、性别、认知成熟度、学习动机、情感、意志和气质等因素进行分析。这些因素影响教师对教学内容、教学方法和教学媒体的选择和运用。

（2）学习风格分析。学习风格是指学生感知不同刺激并对不同刺激做出反应这两方面产生影响的所有心理特征。学生学习有不同的风格，学习风格的差异对学生的学习和教师的教学都会产生一定的影响，通过对学生学习风格的分析，使我们能更好地针对学生的实际情况进行教学。

学生情况分析为教学内容的选择和组织、教学目标的编制、教学活动的设计、教学方法与教学媒体的使用提供可靠的依据。

1.2.2.2　编制数学教学目标

通过数学教学内容和学生情况分析，教学设计者就知道了要教给学生哪些数学知识和技能。在此基础上，要求对学生通过数学学习应达到的行为状态做出具体的、明确的说明，这就是编制数学教学目标。数学教学目标编制的步骤如下：

（1）学习数学课程标准、数学教学大纲；

（2）明确单元教学目标；

（3）了解本课时教学的具体内容和要求；

（4）了解学生的基础和学习特点；

（5）按照内容和水平分类确定教学目标并加以陈述。

1.2.2.3　设计数学教学方案

奚定华认为，这一步是数学教学设计的中心环节。主要包括确定课的类型、选择教学模式、设计教学顺序、设计教学活动、选择教学形式和教学媒体等方面。

（1）确定课的类型。由于数学课有各种不同的类型，不同类型的课有不同的功能，在教学设计过程中，应采取不同的教学方法和教学过程，对应不同的教学设计。这就要求教学设计者在设计数学教学时，首先必须确定数学课的类型。

（2）选择教学模式。在课的类型确定以后，要进一步根据不同的教学内容和目标选择不同的教学模式，再具体设计整个数学教学过程的各个环节。

（3）设计教学顺序。教学顺序是教学过程的前后次序，也就是先做什么，后做什么。它包括以下三个方面：

① 数学教学内容呈现顺序。指的是数学知识和技能出现的前后次序，先教什么内容，后教什么内容。

② 教师活动顺序。指的是教师进行教学活动的前后次序，教师先进行什么教学活动，后进行什么教学活动。

③ 学生活动顺序。指的是学生进行学习活动的前后次序，学生先进行什么学习活动，后进行什么学习活动。

这三个方面是同步进行的，必须整体进行设计。

(4) 设计教学活动。在教学顺序设计的基础上，还要对每一项教学活动进行设计。包括导入设计、情境设计、提问设计、例题设计、练习设计、讨论设计和小结设计等。

(5) 选择教学形式。为了使数学教学取得较好的效果，还必须选择适当的教学形式。教学形式有集体授课、小组学习和个人自学等。要根据不同的教学目标、学生特点选择不同的教学形式。

(6) 选择和设计教学媒体。为了进一步激发学生学习的兴趣，提高数学教学的效率，在数学教学设计过程中，必须注意教学媒体的选择和设计。根据学习任务的要求、教学媒体的功能和教学条件等因素，选用适当的教学媒体。

1.2.2.4 数学教学方案评价

在数学教学设计过程的后期，需要对设计的实践与成果进行评价。根据教学实践的结果去判断教学设计达成教学目标的程度，并由此对设计的方案进行修改，以使其不断完善。

根据以上的设计思路，为了更好地设计数学教学，熊慧民教授在《中学数学教学设计与案例研究》中提出了如下建议：

1. 关注知识的发生与发展，合理构思教学内容的呈现过程

数学教学不仅仅是为了掌握知识的结论，更重要的是经历求知的过程。数学学习过程本质上是思维活动的过程。学生学习数学知识一般要经历观察探索、猜测发现、交流论证等思维过程。但在教材中，学习内容往往只能以浓缩、精炼、抽象的形式作为一种静态的结果来呈现。因此，教学设计的一项重要内容就是要设计丰富、生动的个别范例和具体的数学活动，让学生亲身体验数学知识的形成与应用过程，获取广泛的数学活动经验，深刻认识数学的本质。

关于数学活动经验，普通高中课程标准(2017 年版)提出：通过高中数学课程的学习，学生能获得进一步学习以及未来发展所必需的数学基础知识、基本技能、基本思想、基本活动经验(简称四基)。数学基本活动经验，是指学生通过亲身经历数学活动过程所获得的具有个性特征的经验。这里有两个关键词体现了其核心要义：一是“活动”，二是“亲身经历”。

数学活动经验，不仅仅是解题的经验，更重要的是在多样化的数学活动中去思考、去探索、去发现结论的经验。

数学活动经验重在积累，在积累中所获得的丰富而富有价值的经验，往往是孕育素养、形成智慧、进行创新的重要基础。

2. 关注学科的认知与理解，适时展现文化价值与人文精神

数学教学活动也是一个文化传播的过程。数学一直是人类文明主要的文化力量。数学的发展与人类文化休戚相关，当然人类文化的发展又极大地影响着数学的进步。

普通高中课程标准(2017 年版)指出：数学教育帮助学生掌握现代生活和进一步学习所必需的数学知识、技能、思想和方法；提升学生的数学素养，引导学生会用数学眼光观察世界，会用数学思维思考世界，会用数学语言表达世界；促进学生思维能力、实践能力和创新意识的发展，探寻事物变化规律，增强社会责任感；在学生形成正确人生观、价值观、世界观等方面发挥独特作用。

3. 关注学生的认知规律，选择提供必要的教学情境

教材中的数学知识大多是符号化、形式化的知识，从认知心理学角度来看，学生学习数学知识是一个从具体到抽象的过程，这就要求教学设计者在做教学设计时做到以下两个方面：一方面，应通过创设反映数学事实的恰当具体情境，引导学生经历观察、实验、比较、分析、抽象、概括、推理等过程，通过内心的体验对客观事物中蕴涵的抽象数学模式进行思考和判断，在解决问题的实践中发展数学思维能力，学生的数学学习活动本质上是一个建立在已有知识经验基础上的主动建构过程。另一方面，在设计教学情境时，要顺应学生的文化背景，建立契合学生思维的问题驱动和认知冲突。教学设计提供的教学情境可以源于现实生活素材，也可以出自数学学科本身。

普通高中课程标准(2017 年版)中关于高中数学课程的教学提出了情境创设和问题设计要有利于发展数学学科核心素养的建议。东北师范大学史宁中教授认为，要创设合适的教学情境，启发学生思考，引导学生把握数学内容的本质。

在课程改革十多年的实践中，情境创设一度成为教师教学改革中的热点。“问题情境—模式建构—问题解决与反思”在很多场合也成为数学课堂教学活动所呈现的基本形式。通过情境创设，激发学生学习数学的兴趣，揭示数学产生和发展的脉络、背景，引导学生解决生活中的实际问题，的确对改进教学、提高质量起到了积极的推动作用。但在实践中也出现了一些问题，如情境虚假、情境过度对数学本质理解的干扰，生活化、情境化与数学的形式化之间的关系处理与平衡等。

2017 年版的课程标准从发展学生数学学科核心素养的角度出发，强调情境创设的问题，就是因为数学核心素养的特性决定了它的孕育、养成常常是在学生与问题情境的有效互动中进行的，这就需要教学设计者从新的视野重新认识教学中情境创设与设计的问题。什么样的教学情境及教学活动有利于学生哪些数学学科核心素养的养成应作为教学设计思考的重要方面，根据具体教学要求去创设合适的情境，使学生经历其中，感悟数学知识的发生、发展过程以及数学的本质，通过解决特定的情境任务，提升学生的核心

素养。

4.关注知情意协调发展，有效开展课堂的互动交流

学生学习是认知活动和情意活动的统一，在学习过程中，认知因素和情意因素同时发生、交互作用，它们共同组成学生学习心理的两个不同方面，从不同角度对学习活动施以重大影响。因此，数学教学设计的艺术不仅在于合理的知识重现与传授、恰当的方法示范与矫正，也在于师生、生生间的课堂互动交流。

5.关注教学资源的整合，创造性革新拓展教材内容

数学教学设计的素材往往来自各种传媒，包括书刊、网络、电视等，这些教学资源既丰富又庞杂，只有整合才能形成教学力量，教学设计者应仔细分辨、选择性吸收，有针对性地补充和完善。教学设计者应在高质量分析教材和独立思考的基础上，灵活组织教材、处理教材、延伸教材，实现教学内容的推陈出新。

华南师范大学何小亚教授在其《中学数学教学设计(第二版)》中指出：数学教学设计是教师根据学生的认知发展水平和课程培养目标来制定具体教学目标，选择教学内容，设计教学过程各个环节的过程。他提出了数学教学设计要解决的三个核心问题：要达到什么目标？如何实现目标？设计效果如何？

结合加涅对学生学习结果的分类和数学新课程标准的理念，何小亚教授提出了以学生学前状况为起点，以数学教学目标为导向，以学生的学习为平台，以学生学习的类型、结果为依据的数学教学设计的思路图(图1.6)。

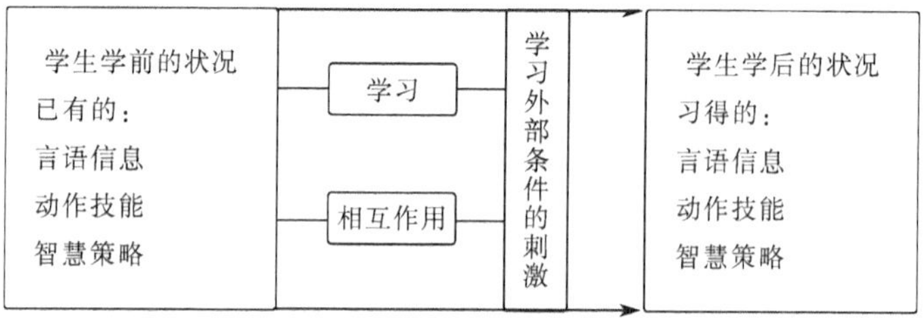

图1.6　教学设计路线图

综上，一般来说，完整的数学教学设计包括四部分：

(1) 教学基本信息。即课题、教材、课型、学时、执教人、教学班级、授课时间、授课地点等。

(2) 教学分析的内容。即教学内容分析(教材分析)、教学对象分析(学情分析)。

(3) 教学过程设计。这是教学设计的主体，包括教学目标、教学重难点、教学方法与策略、教学手段(教学媒体)、教具准备、教学过程设计、时间分配、板书内容等。其中教学目标、教学重难点、教学过程必不可少，尤其是教学过程要具体而且清楚。

(4) 教学反思。主要记录教学计划执行情况，学生新颖、独到的解题方法和比较普遍存在的知识漏缺、错误认识、思维障碍等，也可以是教学经验，如教训、感想与建议等。

数学教学设计既具有设计学科的一般性质，又必须遵循数学教学的基本规律。

1.2.3 数学教学设计、备课与说课

教学设计与传统的备课不同。传统备课时多数教师是依据教材和教学参考书确立教学目标和任务，凭借个人经验选择教法、实施教学；而教学设计则是以先进的教育教学理念、教育心理学为设计基础，以先进的教学设备为辅助，运用系统论的方法，对教学过程中的各种因素进行分析，以期达成教学活动的系统化设计。

教学设计与说课有相同之处，但绝不是一回事。说课是一种教研活动，面向教师；教学设计是一种教学实践活动，面向学生。

说课是指教师在特定的场合，面对评委、同行或教研员，以先进的教育理论为指导，将自己对课程标准、教材的理解和把握，课堂程序的设计和安排，学习方式的选择和实践等一系列教学环节及其理论依据进行阐述，然后由听者评议，说者答辩，相互交流，相互切磋，从而使教学设计不断趋于完善。简言之，说课主要回答"做什么?""怎么做?""为什么这么做?"三个方面的问题，而教学设计的活动对象是学生，是课堂教学，目的是上课。

教学设计稿与说课稿两者的结构和呈现方式基本相同，主要从以下几方面展开：教材分析（教学内容）、学情分析（教学对象）、教学目标（教学大纲）、教学重难点、教学策略或方法（教学模式）、教学过程分析、板书设计、教学反思与评价等。每一部分都要尽可能回答以下两个问题：这样做的意图是什么？这样做的理论依据是什么？尽量做到：点、线、面、体有机结合，即知识点、逻辑线有机结合。

1.2.4 数学教学设计的常用形式

在教学设计的实践过程中，教学设计者可以根据不同的课题，不同的教学情境和教学目的选择不同的教学设计形式。下面是一些常用的教学设计的形式。

1.2.4.1 表格式教学设计(表 1.1)

表 1.1 表格式教学设计

教学环节	教学内容	活动时间	教学活动		设计意图
			教师活动	学生活动	
写出教学步骤，即先做什么，后做什么			针对某个教学步骤写出教师活动的内容和方式，即教师做什么，怎么做。如引导、解释、讲解、演示、示证、提问、总结、解答疑难、个别辅导等	针对某个教学步骤写出学生活动的内容和方式，即学生做什么，怎么做。如听讲、观察、思考、操作、计算、板演、回答问题、小组讨论、作业记录等	主要撰写设计各个环节或问题的目的和想法等

▶▶▶ **案例 1.1**(表 1.2)

表 1.2　表格式教学设计案例

问题与情境	师生活动	设计意图
活动 1： 1. 你知道指数函数的概念、图象和性质吗？ 2. 通过细胞分裂的次数 x 和细胞分裂后的个数 y 这两个变量之间的依赖关系 $y=2^x(x\in \mathbf{N})$，教师提出问题："如果知道该细胞分裂后的细胞个数，能否知道细胞分裂的次数？"引导学生将该指数式转化为对数式	生：回答问题 1 师：组织学生分析和讨论，注意引导学生从函数的实际意义出发，解释两个变量之间的关系	通过回顾旧知识，找出知识之间的联系。创设问题情境，让学生从实际生活中发现问题，激发学生的学习兴趣

1.2.4.2　教案式＋表格教学设计

▶▶▶ **案例 1.2**

一次函数的图象教学设计

一、教材分析

教材内容为北京师范大学出版社出版的八年级上册第四章第 3 节 83－85 页。一次函数是最基本的函数，它是学习其他函数的基础，又是解决实际问题常用的模型，一次函数图象的学习将为二次函数、反比例函数以及高中阶段其他函数的学习打下基础，具有承上启下的作用。另外，数形结合是数学中常用的思想，通过学习一次函数的图象，学生将进一步体会这一数学思想。

二、学情分析

学生对于描点作图象的具体步骤还没有清晰的认识，所以教学中应尽可能地让学生动手操作，突出图象变化特征的探索过程。八年级学生求知欲强、好奇心重，但抽象概括的能力不强，所以应积极创造条件和机会让学生发表见解，发挥学生学习的主动性。

三、教学目标和教学重难点

1. 教学目标

(1)知识与技能

① 会用"两点法"画出一次函数的图象。

② 理解一次函数的性质。

③ 会用一次函数解决实际问题。

(2)方法与过程

① 让学生通过直观感知、动手操作去经历、体会图象性质形成的过程。

② 结合具体情境向学生渗透数形结合的数学思想。

(3)情感与态度

培养学生主动探索的意识和合作交流的习惯。

2. 教学重点和难点

教学重点：用描点法画出一次函数的图象以及掌握一次函数图象的性质。

教学难点：一次函数图象性质的归纳。

四、教法、学法

1. 采用启发式、探究式为主，设疑诱导法为辅的教学方法，让学生动手操作、主动探索、小组合作交流。

2. 教学用具：多媒体课件，三角板。

五、教学过程(表 1.3)

表 1.3　一次函数的图象教学过程设计表

环节与任务	时间	教学活动	设计意图
创设情境 导入新知	3 分	学习新课之前，师生共同回顾上节课学习的与本节课相关的一次函数的知识。 展示汽车行驶的图片，带领学生回忆学习正比例函数时接触过的例题，并且展示图象，使学生感悟函数关系，引导学生思考图象的形成过程	帮助学生建立新旧知识的联系。 建立数学与生活的联系，唤起学生的求知欲望，激发学生的学习兴趣
合作交流 探究新知	8 分	活动 1：师生一起动手画出正比例函数 $y=2x$ 的图象，使学生明确作函数图象的一般步骤：列表、描点、连线	利用数学活动让学生动手操作、动眼观察、动脑思考，小组探究合作，体验函数图象的形成过程
	12 分	活动 2：小组合作分工，画出 $y=x$，$y=3x$，$y=-4x$，$y=-\frac{1}{2}x$ 的函数图象，体验函数图象的形成过程，并在展台展示成果。 观察得到的函数图象，小组讨论总结正比例函数图象的特点。 由于函数图象是一条过原点的直线，所以教师提醒学生作图象时选取两个点即可。 师生共同探讨总结正比例函数图象的性质： ① 图象是过原点的一条直线； ② $k>0$ 时，y 随 x 的增大而增大，图象过一、三象限； ③ $k<0$ 时，y 随 x 的增大而减小，图象过二、四象限	教师作函数图象，归纳总结正比例函数的性质

续表

环节与任务	时间	教学活动	设计意图
合作交流 探究新知	10 分	活动 3：分别将 $y=x$，$y=2x$，$y=3x$ 和 $y=-\frac{1}{2}x$，$y=-x$，$y=-4x$放在同一坐标系中，观察图象倾斜程度和 k 的关系	通过同一类型的函数图象之间的对比，归纳总结函数图象倾斜程度和 k 的关系
巩固练习 强化新知	8 分	1. 画出 $y=\frac{3}{5}x$ 和 $y=-8x$ 的图象。 2. 已知正比例函数 $y=(k-1)x$ 的图象经过第一、三象限，那么，(　　)。 A. $k>1$；　B. $k=1$；　C. $k\geqslant 1$；　D. $k<1$ 3. 直线 $y=kx$ 经过点$(1,-4)$，那么 $k=$(　　)，这条直线经过第(　　)象限，直线上点的纵坐标随着横坐标的增大而(　　)，已知点 $A(a,1)$，$B(-2,b)$在这条直线上，则 $a=$(　　)，$b=$(　　)。 4. 下列函数 $y=5x$，$y=-3x$，$y=\frac{1}{2}x$，$y=\frac{1}{3x}$中，y 随 x 的增大而增大的是(　　　)，y 随 x 增大而减小并且最先到达-6的是(　　　)	进一步理解正比例函数的图象和性质，并在实际问题中进一步培养学生应用数学的意识，更好地促进学生对本节课难点的理解和应用，帮助学生不断完善新的认知结构
师生合作 总结新知	3 分	这节课我学到的新知识是什么？ 这节课我学到的数学思想或解决问题的方法是什么？ 这节课给我留下印象最深的是什么？ 这节课留给我的疑惑还有什么？	引导学生从数学知识、数学方法和数学情感等方面进行自我总结，充分发表自己的感受，并相互补充。 明确本节课的主要内容、思想和方法，同时培养学生的归纳能力和语言表达能力
作业设计 深化新知	1 分	(1)数学小日记：__________　日期：__________ 今天数学课的课题：__________ 所涉及的重要的数学知识：__________ 理解得最好的地方：__________ 不明白或还需要进一步理解的地方：__________ 所学的内容能够应用在日常生活中，举例说明： __________ (2)必做题　P85 习题 4.3　1、2、3、4 (3)选做题　5	必做题和选做题体现分层教学，让不同的学生在数学方面得到不同的发展，用所学知识解决实际问题

六、板书设计

板书设计

$y=2x$

一、列表

二、描点

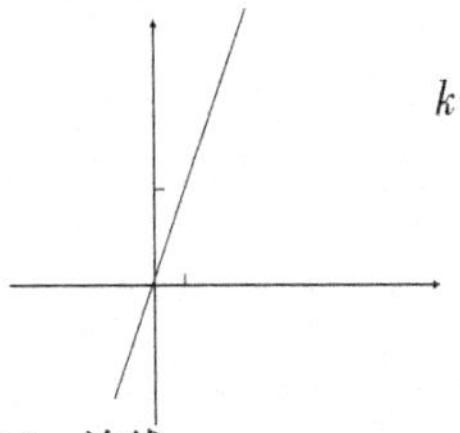

三、连线

性质：

$k>0$时　x增大　y增大　一、三象限

$k<0$时　x减小　y减小　二、四象限

七、设计说明

通过让学生动手操作、动眼观察、动脑思考，自主探究一次函数的图象与性质，用互动式教学方式顾及全体学生，使学生更深刻地理解一次函数的图象及其性质，达到新课程标准的要求。

1.2.4.3　文字稿形式的教学设计

▶▶▶ 案例 1.3

“不等关系与不等式”说课稿

（山东省第二届师范类高校学生从业技能比赛课题）

各位老师：大家好！

我说课的课题是“不等关系与不等式”，根据新课程标准理念，我将从教材分析、学情分析、目标设计、教法学法设计、教学过程设计和设计说明这六个方面来谈一谈我对本节课的整体设计。

一、教材分析

“不等关系与不等式”为人教 B 版普通高中数学教材必修五第三章第一节第一课时，课本第 61 至 63 页的内容。

本节课是本章的起始课，是对初中学过的不等式知识的延伸，也为后续系统地学习不等式的基本性质和均值不等式及其应用奠定基础。因此，本节课的学习具有承上启下的作用。此外，不等式与方程、函数等内容有密切的联系，是一个知识的交汇点。

二、学情分析

初中已学过简单的不等式，且高二的学生有一定的抽象概括能力，合情推理能力，但代数方面的基础比较薄弱。通过本节课让学生发现不等关系，在此基础上，通过不等式的引入，在量的基础上刻画不等关系，在此过程中寻求比较大小的理论依据，学会比较大小的方法、步骤。

三、目标设计

根据新课程标准要求及学生原有的知识经验和心理智力发展水平，我从以下三个方面确定教学目标。

(1) 知识与技能：了解不等关系，理解不等式的概念，学会实数及代数式大小比较的方法。

(2) 过程与方法：通过具体情境感受现实生活中的不等关系，建立不等式概念，在此基础上，能分析实数大小，为比较大小找到方法依据。

(3) 情感态度与价值观：体会数学与实际生活的密切联系，培养学生思维的严谨性，论证的规范性，增强学生学习数学的信心。

根据以上的分析和新课程标准对本节课的教学要求，本节课的教学重点是用不等式表示不等关系及代数式的大小比较，难点是代数式的大小比较。

四、教法学法设计

根据教材特点、课程教学目标、学生特点选用以下教学方法：

(1) 本节课采用启发引导—自主探究—合作学习的教学方法，引导学生经历观察—思考—探究的过程，从而培养学生发现问题—分析问题—解决问题的能力。据新课标要求，教师应注重学生的可持续性发展，培养学生终身学习的能力。因此，在教学过程中，应始终让学生主动参与、独立思考、合作交流，使学生真正成为知识的发现者、探究者。

(2) 采用多媒体课件，为学生提供直观感性的材料，有助于学生对问题的理解和认识。

五、教学过程设计

为达到本节课的教学目标，突出重点，突破难点，我把教学过程设计为六个阶段：创设情境，引入概念；合作探究，形成概念；典例讲解，深化概念；学以致用，巩固新知；课堂小结，梳理收获；布置作业，拓展延伸。

第一环节：创设情境，引入概念。

首先由 APEC 会议的召开引入本节课，向学生介绍我国在各个方面的发展，由两张中美领导人的合影，引入中国与美国的名义 GDP 预测图，在学生观察图象后，引导学生发现两国 GDP 大小关系可以分为三个阶段。将中美 GDP 用字母表示，让学生根据图象用字母表示出三个不同阶段两国的 GDP 大小关系。既培养了学生心系祖国的情怀，又体现了数学知识源于生活。

第二环节：合作探究，形成概念。

在情境导入阶段，学生可以发现不等关系。为了让学生感受到生活中不等关系的永恒性，通过列举生活中的实例让学生自主去发现不等关系的存在。

接着通过两道实际应用题，让学生根据题目信息发现不等关系，并鼓励学生用数学式将不等关系表示出来。

引导学生观察所列的两个数学式，从而自然引入不等式的概念，并对概念中的关键信息进行强调。为了巩固学生对概念的理解，列举四个式子让学生判断是否为不等式。前两个式子学生很容易说出是不等式。后两个式子有歧义，让学生进行小组交流后，告诉学生只要满足不等式定义的式子都是不等式，但是不等式不一定都是成立的。通过让学生讨论 $4\leqslant 4$ 是否成立，让学生理解“小于等于”的含义，类比得到“大于等于”的含义。向学生说明其类似于集合中“并”的关系，加强了学生对新旧知识的联系。

实数的大小比较初中已学过，因此，我设计了以下问题：

问题 1：如何比较实数的大小？

学生在独立思考后能很快得出：画数轴。我通过动画演示向学生表示实数与数轴上的点一一对应，学生还可以观察发现数轴上的任意两点中，右边点对应的实数比左边点对应的实数大。

问题 2：如果用两个点 A、B 分别表示两个实数 a、b，则点 A 和点 B 在数轴上有什么位置关系？

在学生独立思考、小组交流后，师生共同总结三种不同情况。因为点 A、B 分别表示两个实数 a、b，由此得出：对于任意两个实数 a 和 b，在 $a=b$、$a<b$、$a>b$ 三种关系中有且仅有一种关系成立。

代数式的大小怎么比较呢？通过层层递进式的探究过程，突出重点，突破难点，做好铺垫，注重知识的生成过程，遵循学生的认知规律。

问题 3：两个代数式如何比较大小？

有学生说：画数轴。我试着让学生在数轴上作出所给两个代数式表示的点，学生通过动手操作发现画数轴无法解决问题。

接着，我让学生思考小时候想知道两人谁高谁矮时，是否还需要测量出两人的准确身高。学生思考后发现，只需将两人的身高进行比较，不需要度量工具的测量。这时，由小时候背对背比身高的图片引导学生思考图片对解决此问题有什么启示。学生很容易说出两个式子相减。

至此，可以得到比较大小的三个根据。向学生讲述等价的含义，让学生将比较大小的三个根据用等价条件写出。对学生说明这实际上是数学中的作差法，即要比较两个代数式的大小，只需看它们作差后的符号即可；同样，知道作差后的符号，也就知道了两个代数式的大小，并强调作差法在代数式大小比较中的重要性。

至此，本节的新知识学生已学完。

第三环节：典例讲解，深化概念。

概念的教学是为后续用作差法进行两个代数式大小比较作铺垫的。因此，本阶段的教学主要是通过对例题和练习的思考交流、分析讲解以及总结，使学生初步掌握作差法。

教材中两个例题在变形时均采用配方的方法，为了让学生体会变形时所用的不同方法，我对例1进行了修改，也体现了新课标中“用教材教，而不是教教材”的理念。由于本题的证明过程比较简单，学生的主要困难在于证明过程不规范。因此，我在学生独立完成证明之后，通过板书及多媒体展示规范的解题过程，让学生对自己的答案进行修改。在学生完成后，让其思考用作差法比较两代数式大小的步骤(作差，变形，断号，定论)，至此学生已了解解题的规范步骤。

为此我设计了例2来巩固加强学生的解题能力。采取小组合作探究式教学方法，学生独立完成之后，小组内共同交流学习。对于此题，用到了等量代换的方法。向学生说明作差比较大小时，如果能取到等号，要说明等号成立的条件。

最后，通过两个例题总结变形时所用的方法，即因式分解或配方法，根据题目灵活选择。

第四环节：学以致用，巩固新知。

为巩固学生对本节课知识的理解，我设置了两道题。第一道题是判断题，重点考查学生对于“大于等于”“小于等于”的理解。第二道题既解决了课堂中遗留的问题又练习了作差法。

第五环节：课堂小结，梳理收获。

为组织和指导学生归纳知识、技能、方法的一般规律，深化对数学思想方法的认识，设置了第五环节，让学生梳理所学的知识及数学方法，一个同学回答不全时其他同学加以补充，最后教师进行完善。不仅培养了学生的归纳总结能力，还能有效地监控学生的学习行为，达到提高学生学习效率的目的。

第六环节：布置作业，拓展延伸。

为了督促学生课后及时回顾所学知识，使教师了解学生对所学知识的掌握情况，尊重学生的个体差异，满足学生多样化的学习需要，我设计了分模块的作业模式。

六、设计说明

根据本节课的内容特点做了相应的板书设计。

根据学生的认知结构做了相应的时间安排。

最后是我的设计理念。本节课的设计始终贯彻新课标以学生发展为本的理念，通过学生的自主探究，组织学生的行为参与和认知参与。在内容设计上，由实际生活引发探究，让学生体会到数学与实际生活的紧密联系。在练习及作业的布置中都体现了分层教学的理念，让所有的学生都有收获。

以上就是我对本节课的整体设计。

评析： 以上的教学设计分为教材分析、学情分析、目标设计、教法学法设计、教学过程设计、设计说明等几个模块，各个模块环环相扣，紧密相连，特别是在教学过程中设计模块时，对每一个教学环节的设计的叙述对仗工整，前一句点明了设计的方法，后一句点明了设计的意图和设计想达到的目的，整个教学设计过程具有较强的逻辑性。

1.2.4.4　思维导图式教学设计

思维导图是一种将思维形象化的方法，图文并重，充分运用左右脑的机能，利用记忆、阅读、思维的规律，把各级主题的关系用相互隶属与相关的层级图表现出来，将主题关键词与图象、颜色等建立记忆链接。在进行教学设计时，教学设计者可以充分利用思维导图的这些优点，将思维导图应用到教学设计的过程中。以“最小二乘法”为例，其思维导图式教学设计如图 1.7 所示。

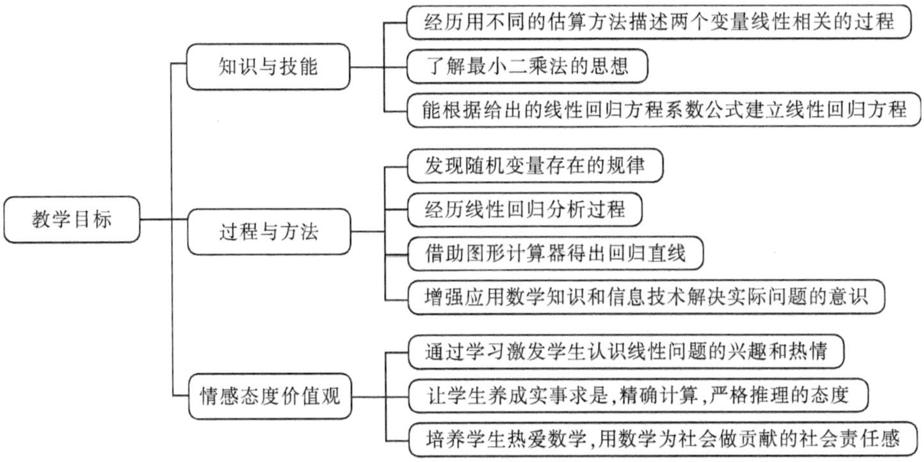

图 1.7　思维导图式教学设计

1.2.4.5　微课

微课是指运用信息技术，按照认知规律呈现碎片化学习内容、过程及扩展素材的结构化数字资源。

随着信息网络技术和智慧课堂理念的发展，在教学设计过程中，可以用微课的形式就教学过程中的某一教学片段、知识点、方法技能进行设计。

▶▶▶ 案例 1.4

我们将 $\sqrt{ab}$ 称为正数 a、b 的几何平均数，将 $\dfrac{a+b}{2}$ 称为它们的算术平均数。引导学生用语言文字将基本不等式叙述为：两个正数的几何平均数不大于这两个正数的算术平均数。

$\sqrt{ab}$之所以为几何平均数，说明它有自己的几何意义，我们可以通过构造圆来进行探究，学生课后有兴趣的话可以直接研究。

如果从数列的角度来认识基本不等式，$\sqrt{ab}$就是正数 a、b 的等比中项，$\frac{a+b}{2}$就是它们的等差中项，因此，这一结论也可以叙述为：两个正数的等比中项不大于这两个正数的等差中项。

设计意图：引导学生学会在数学的符号语言和文字语言之间进行转换；根据多元表征理论，采用数形结合的方法，让学生多角度理解基本不等式；通过不同知识之间的联系，使学生对所掌握的知识进行融会贯通。

第2章　数学教学设计方法

基于教学设计的一般理论和数学学科教学的特点，结合近几年来的教学和比赛实践，我们将数学教学设计大致分成以下几个模块：教材分析、学情分析、教学目标设计、教学重点和难点分析、教法学法设计、教学过程设计和板书设计。这几个模块在教学设计过程中具有内在的逻辑关系。

2.1　教材分析

教材分析是进行教学设计的一项最基础、最重要的工作，是教学设计者将教育学、心理学、教育心理学理论以及教学论知识与具体教学实践相结合，设计教学案例的重要步骤。

本节我们将对为什么要做教材分析，教材分析的主要内容是什么，以及如何进行教材分析等内容进行逐一介绍。

要弄清为什么要做教材分析，我们首先要知道什么是教材，教材有什么特点，它在教学过程中承担什么角色或者说有什么功能。

2.1.1　教材与教材的功能

2.1.1.1　教材与数学教材

教材是教材编写者根据相应学科的课程标准要求，编写出来供教师、学生使用，且经教育部审定通过出版的材料。数学教材是指数学课堂上和课堂外教师和学生使用的教学材料。

研究者对数学教材的认识分为两种：一种是广义的数学教材，一种是狭义的数学教材。广义的数学教材是指凡是有利于学生知识增长或技能发展的材料。狭义的数学教材是指各个版本的数学教科书。讨论数学教材的特点时，我们主要分析的是狭义的教材。

2.1.1.2 教材的特点与功能

作为课程的主要载体，教材在教学的整个过程中发挥了关键作用，教师对教材的理解很大程度上决定了教学质量。一方面，教材是教师备课、讲课最主要的参考依据，教师讲授的知识内容、教学顺序、教学方法、练习题的选择等都会遵循教材的安排；另一方面，教材是学生学习新知识的重要资源，是学生进行课前预习、课后复习的主要材料，不仅向学生展示和传授知识，而且在培养学生思维能力方面也发挥了一定的作用。

教材既服务于教师的教，也服务于学生的学，在教学活动中处于最为突出的位置。进行教材分析时，既要分析主要教材（教科书），又要分析辅助教材——与教科书相关的内容和资料；既要关注本章节的教学内容，又要关注学段的教学内容。

作为教学使用的教材不同于一般的数学专著，它的特点与功能主要体现在以下几个方面。

1. 数学学科知识的浓缩性、逻辑性和通识性

数学教材浓缩了历史上创造的数学文化的精华，最大限度地将数学知识按学生的认知结构和身心发展规律进行逻辑化、系统化、学习化的处理，是师生学习、分析、探索、研究的基本素材，具有传承知识、启迪思维、开阔视野、引导创新的功能。

数学教材把学生学习的数学知识用数学活动的形式，通过数学语言呈现出来，按照一定的逻辑顺序和学生的心理发展规律来排列，以便学生掌握基本的数学术语、数学符号、数学规则、数学思想和数学方法。

数学教材呈现的数学知识是最基本的数学知识体系，主要体现普及性、基础性和发展性，通过选取一定的数学素材，落实课程标准中关于数学、数学课程、数学学习、数学教学活动、评价和现代信息技术的基本理念。

2. 数学学科知识的权威性、示范性和教育性

数学教材是学生进行数学学习、教师进行数学教学的一个范本，它为教育教学活动过程中的师生提供了数学活动的基本素材、基本线索、基本内容和基本方法，具有一定的权威性和示范性。同时，数学教材也为学生提供了一种数学知识体系，向学生传递一些已成定论的、有利于学生发展的、成熟的数学信息，帮助学生获取数学知识，掌握数学思维方式，用以解决实际问题，提高能力。因此，数学教材富有教育性和传播性，通过学生易于接受的语言、写作风格、数学活动、练习题等，使学生掌握数学知识，内化数学思想方法，传播数学文化。

作为教师，要弄清教材中的知识体系，以及呈现这些知识体系的方式方法，通过教材生动活泼地展现古今数学的发展，深入浅出地反映数学的作用，使学生逐步认识数学的

科学价值和人文价值，提高他们的科学文化素养。

3. 数学学科知识的传承性、开放性和实用性

数学学科知识是人类文化知识的一个重要部分，数学教材是编写者经过艰苦的劳动把数学中一个个精确的概念、深刻的定理、抽象的证明、经典的命题，经过学科教学知识的加工，成为学生获取数学知识的重要载体，可以说数学教材是实现数学课程目标，促进学生数学进步的重要资源，是为数学教师教学、学生学习而设计的一个重要的施工蓝图。

数学教材一定是经过教育化处理的数学知识，这种处理要切合实际，突出数学的本质特点，重视中学数学在数学科学和其他科学中的基础作用，为学生数学素养的提升奠定基础，一个明显的表现就是数学教材是按学生的认知规律编排的，是对教与学的进程、方式的预设计。同时，在教育化的处理中，要突出算术到代数、实验几何到论证几何、常量数学到变量数学、确定性数学到随机性数学等重大转折，强调基础知识和基本方法在实现这些转折中的作用，返璞归真，引导学生认识初等数学的本质，为进一步学习和应用打下坚实的基础。

4. 促进学生数学思维品质的提高和数学核心素养的形成

学生的数学进步，不仅表现为数学知识与技能的发展，而且表现为情感态度与价值观的发展。因此，教材的编排注重由浅入深、循序渐进、螺旋上升；注重知识之间的互相联系与综合；关注不同学生的数学学习需求，内容具有适当的弹性；以数学活动为线索，促进学生自主参与、探究和交流，引导学生逐步形成多样化的科学合理的学习方式，体现数学的文化价值，重视隐性课程的作用，不断地拓展学生的数学素质。

2.1.2　教材分析的内容与方法

通过上面的介绍，我们发现对教材的准确认识和精确分析是教学设计过程中极其重要的一环。那么，如何进行教材分析呢？关于教材分析，不同学者站在不同角度为我们展示了不同的研究视角和结果。

2.1.2.1　教材分析的内容

熊惠民教授在《中学数学教学设计与案例研究》中，把教学内容分析分为：知识背景分析、教学功能分析、内容结构分析、学习任务分析、教学要素分析等。主要就是：怎么分析？为什么这么分析？

岳阳在其硕士论文《初中数学教师教材分析能力现状的调查研究》中提出，在教材分析时，可以从表层知识结构、深层知识结构、练习题的设计意图、教材中的一些细节、数学与现实生活的联系、预期教学目标、教材潜在的教育功能等七个方面进行分析。

1. 教材表层的知识结构

教材表层的知识结构，即教材内容的知识体系，包含学习本节课所需的知识基础，与

本节课知识的相互关系以及本节课内容对后面学习的影响。

教师在分析教材的过程中,既要分析教材中的“先行组织者”——学习本节课内容时学生已有的认知结构,比如所需要的知识、经验,把知识系统的基本结构,知识的来龙去脉交代清楚,又要把本节课内容对后续知识的作用分析出来,只有这样,才能使教学更具整体性、系统性,避免知识之间的割裂。不能单一地分析某一孤立知识点,应在分析教材的过程中,串联各个知识点,厘清条理与层次,积累教材编排体系的感性认识,最终构建出教材知识的体系图。

2.分析教材的深层结构

在对数学教材的表层知识结构进行分析后,还需要对深层知识结构进行分析。深层知识结构相对于表层知识结构而言,是指隐含在表层知识结构背后的思想、规律等隐性的数学知识。

分析教材的知识编排体系时,还要注重分析教材中的能力培养和数学思想方法的渗透。相对于显性的表层知识结构,对于能力的培养、思想方法的渗透则是隐性的、潜在的,这是教师在进行教材分析时最容易忽视的。

3.分析练习题的设计意图

一方面,在教材中配置了很多例题与习题,这些题目是编写者精心编制的,蕴含着教材编写者的意图。因此,在教材分析过程中,对于例题和习题的理解和分析非常重要。另一方面,教材中例题与习题的配置是教材编写者对于某课时教学重点的强调,理解了教材中例题和习题的配置意图,才能在教学设计过程中更好地把握和突出教学重点,提高教学质量。

此外,还能根据教材中例题和习题的配置,分析出教材编写者对于技能训练的要求。教材中编排的习题都是具有代表性的,能够检测学生对于新学知识的掌握程度。做这样的习题,是对学生进行技能训练的重要手段。

最后,教材中有些课时还会配置一些变式训练、对比训练。编写者认为,已有的习题可能不能达到相应的教学要求,因此,附加了一些这样的训练。所以,教学设计者在做教材分析时,也需要对这些变式训练、对比训练做恰当的分析。

4.分析教材中的一些细节

教材中有一些文字、符号、图片蕴含着教材编写者的特别用意,在进行教材分析时,要注意对这些细微之处的理解,揣摩教材编写者的意图。

正如何金红在其研究中指出,教师在平时做教材分析的过程中,要注意每一章的章头图、章引言,课后的阅读与思考,章末的回顾与思考,教材文本中的配图、每一句话、每个字、每个符号,注意揣摩教材编写者在编写时的用意。刘志安、赵巨东也指出要从细节上吃透教材,对一些能揭示知识本质的字眼要仔细揣摩,用心去体会。

5. 分析数学教材与现实生活的联系

数学来源于生活，又应用于生活，数学与现实生活密切相关。在数学教材中，有很多地方都在强调数学与现实生活的联系，如问题的引入，课后的应用题、实践活动等。新课标中明确要求：会用数学的眼光观察现实世界，会用数学的思维分析现实世界，会用数学的语言表达现实世界。因此，对教材中体现数学与现实生活联系的地方要进行分析。

6. 分析预期目标

分析预期教学目标即分析教材编写者对教材内容所预设的教学要求。教学目标是课堂教学的出发点，这就要求教学设计者明确教材编写者对于各个知识点、数学思想方法、能力培养、情感态度、价值观等方面的教学目标，即预期目标。只有教学目标明确了，才能更好地进行教学。

7. 分析潜在的教育功能

分析教材潜在的教育功能指分析教材除了智育以外的教育功能。教材的潜在教育功能主要体现在非智能因素方面，即学生通过对教材内容的学习，在思想品德方面能得到怎样的教育，在兴趣、意志、动机、态度和习惯等方面能得到怎样的发展。

综上，我们在做教材分析时应从以下几个方面考虑：一是数学学科知识，既要分析教材中的知识，又要分析与之相关的知识；二是既要分析教材中的显性知识，又要分析显性知识背后的隐性知识，要挖掘出数学知识中蕴含的数学思想方法；三是既要分析本课题知识的来龙去脉，又要分析该知识的应用前景，或者说在教材分析过程中要交代清楚某概念的历史背景、现实应用等。

2.1.2.2 教材分析的方法

由以上数学教材的特点可以看出，教材上的知识是一种静态的、贮存状态的、高度凝合状态的知识。在分析教材时，并不是就教材来分析教材，而是依据一定的载体来进行。

数学教学就是通过教师的教学活动与学生的学习活动，把贮存状态的知识转化为传输状态的知识，把静态的知识转化为动态的知识，把高度凝合状态的知识转化为学生可以接受的知识。由于在此转化过程中，受多种因素的制约，如果不进行教材分析很难直接通过数学教材表征出来。

教学设计者在做教学设计时要在充分认识和理解教材的基础上，对教材进行全方位、多角度的分析研究，以真正掌握它的具体内容，认清它在整个教材结构中的地位和作用，梳理它与其他知识之间的联系，为教学设计做好铺垫。

潘超、吴立宝教授认为，教材分析，本质上是以知识逻辑、教学逻辑、学习逻辑和认知逻辑为线索，将数学知识、教师教学、学生学习与认知评价进行分析和统整，实现准确理解教材和科学评估教材的目的。因此，教材分析在实施上可以按照知识逻辑线、教学逻辑线、学习逻辑线和认知逻辑线四条基本逻辑线进行，分别解决“是什么?”“如何教?”“如何学?”“学得怎么样?”四个基本问题和分析八项核心要点,即分析知识体系、教材重点、教学思路、教学方法、学习难点、学习活动、目标定位和目标达成。

吴立宝教授还指出,教学设计者在做教学设计时必须按照标准的规定和理念进行设计,因此,课程标准对教材提出的要求就是我们做教材分析的依据。在教学设计过程中,可以从学科知识、学生学习、现实生活、教学评价和文化五个视角来分析教材。

1. 学科知识的视角

教材是学科知识的重要载体,承载着教师课堂教学的应然内容。这些应然内容的核心正是学科知识,它决定着教师教什么,学生学什么。

从学科知识的视角分析教材,应从以下几个方面进行:

1)区分教材的知识类型

教材中的学科知识由概念性知识、事实性知识、方法性知识和价值性知识四部分构成,其中概念性知识和事实性知识是教材中学科知识的骨架,方法性知识和价值性知识是教材中学科知识的灵魂。

教材的概念性知识和事实性知识是以一定的逻辑结构来表征的,方法性知识和价值性知识暗含其中。不同知识类型对认知策略的发展作用是不同的。这四部分知识的安排要符合学生的认知逻辑。

教师要理清教材中的概念性知识和事实性知识,找出方法性知识,挖掘出价值性知识。换句话说,就是要求教师分清教材中哪些是概念性知识,哪些是事实性知识,哪些是方法性知识,哪些是价值性知识。

2)把握教材中学科的基本结构

美国著名学者布鲁纳说:“不论我们选教什么学科,务必使学生理解学科的基本结构。”教师要想让学生真正理解与建立学科结构体系,必须高屋建瓴地认识、理解与掌握教材中的学科基本结构。

教师需要从宏观上把握不同学段、不同年级的教材学科结构,从中观上把握不同学段、不同年级教材的学科知识主线与学科思想方法主线,从微观上把握每本教材所涉及的内容知识点。

为此,教师首先要从整体上理解教材,并深刻挖掘教材蕴含的学科基本思想和方法,站在更高的角度来审视教材。按照整体到局部的策略,遵循“宏观把握教材结构—中观把握内容主线—微观把握教材知识点”的思路进行;反之,从局部到整体的策略,遵循“微观把握教材知识点—中观把握教材内容主线—宏观把握教材结构”的线索。

3)从跨学科的视角认识学科知识

中小学各学科教材知识内容之间不是孤立存在的,而是密切关联的。每一门学科课程的内容编排,也不能仅仅以单一线性模式展开,还需要纵向考虑其与其他学科内容之间的联系。

教师需具有跨学科的视角，力避学科知识的孤立，认识并分析自己所任教学科的知识结构，打通知识的纵横联系，促进各学科知识的融合。

2.学生学习的视角

美国心理学家奥苏贝尔认为："影响学习最主要的因素是学生已知的内容，弄清了这一点之后，进行相应的教学。"教师在分析教材时，一定要换位思考，站在学生学习的视角分析教材，才能更好地服务于学生的学习。

教师只有真正从学生的知识基础、能力基础方面进行思考，才易于找到学生学习教材的疑惑点，找到突破学生疑惑点的路径，并且设计出学生易于接受的教学方式。

教师将教材经过分化、重组与整合，构建能够促进学生理解的递进式的知识序列。在这个过程中，教师的设计要能够激发学生的学习兴趣，要切实做到尊重学生的年龄和心理成长规律。

有时，教材低估了或者超越了学生生活和成长经验，教师就需要站在学生学习的视角分析教材，进行教材的二次开发，成为教材的开发者。教材开发的关键是难易度要适中，以学生易接受的方式设计内容知识序列。

在分析教材时，教师一定要充分考虑学生当下的学习需求，考虑学生现有经验，进一步掌握促使教材变成学生经验的策略与方式，为学生积累基本活动经验服务。

基于教材开发出更加符合学生的导学案，能够促进教师对教材更深层次的理解，使教师自己的设计更适应学生，从而更好地促进教材中蕴含的知识逻辑与学生的认知逻辑的有机结合，提高教材呈现的学习内容与学生的学习活动过程的匹配度。

实践经验表明，越是符合学生认知逻辑的教学设计，越能促进学生达成预定的学习目标。

3.现实生活的视角

我国第八次基础教育课程改革强调学科知识与现实生活的联系。由于数学学科知识的抽象性，学生对其难以理解，所以教材编写时更要依托学科知识的现实生活原型来有效降低学生的接受难度。为此，应主要从两个方面分析教材：一是从学科知识的发生、发展过程分析；二是从学科知识的应用过程分析。

教师钻研分析教材时，不能仅仅盯在学科知识上，而是要挖掘学科知识依托的现实生活素材，从中遴选出符合教学要求的现实生活案例，选择出适合学生学科知识的最佳原型作为引例。《普通高中数学课程标准(实验)》修订过程中，就明确提出了"会用数学的眼光观察现实世界，会用数学的思维分析现实世界，会用数学的语言表达现实世界"，这是现实生活进课程、进课堂的一个要求。

4.教学评价的视角

从评价的视角来分析教材，主要有两个角度：一是中、高考；二是学科核心素养。

从中、高考考试视角分析教材，是立足于中、高考分析钻研教材，尤其是学科知识的核心概念，提高教材分析的立意高度。从核心素养的视角分析教材，强调数学抽象、逻辑推理、数学建模、直观想象、数学运算与数据分析等六个数学核心素养的养成。

5. 文化的视角

数学教材中的文化传承性是毋庸置疑的，所以从文化的视角分析学科教材是必需的，也是必要的。

从文化视角分析教材，可以有效地实现三维目标中的情感、态度与价值观目标，这也是贯彻落实立德树人根本任务的重要途径。从文化的角度分析教材，就是要找出学科教材中所隐含的学科思想方法。教师只有对所教学科的教材有了更高层面的文化认识，才能更好地把握学科教材隐含的文化元素，进行富有文化底蕴的学科教学设计。

2.1.3 教材分析的设计与案例分析

2.1.3.1 教材分析的设计

归纳以上学者的论述，结合数学教学设计的实践，笔者认为，在教材分析时，可以考虑从以下几个方面进行。

1. 分析教材的地位与作用

教材的地位和作用是指某一部分(可以是课时、单元、章节、专题等)教材具体内容在某一个学段(比如初中或高中)全部教材中所占的位置和它在学生学习成长中的作用。包括：该内容所处的“地理位置”(指的是该课题所处的章、节、课时等信息)以及这样安排的意义；该内容(可以是一节或一个专题)的学习需要学生掌握哪些方面的知识、技能或者研究方法，将发展学生哪些方面的能力，这些知识对学生的学习和终身发展有何重要的作用，对学生改变学习方式有哪些重要的意义，这一知识对人类生产、科技发展、资源环境等一个或者多个方面有何重要意义。

比如人教 B 版普通高中数学教材选修 2－3 第二章第四节“正态分布”的地位和作用可以这样分析：

本节是第二章“随机变量及其分布”的最后一节内容，在学习了离散型随机变量之后，正态分布作为连续型随机变量，既是对前面内容的一种拓展，又是必修 3 第二章频率分布直方图和第三章概率知识的后续。

以上是对一节进行教材分析，也可以就一个专题进行分析。

比如，初中数学中的函数专题的地位和作用，可以分析如下：

函数是数与代数的重要内容，也是义务教育阶段学生比较难以理解和掌握的数学概念之一。在前面学习代数式、方程等知识的基础上来学习函数的概念、平面直角坐标系、一次函数、反比例函数、二次函数等知识，为高中函数的学习打下基础。

在近几年中考中，与函数有关的题目占的比重相当大。到了高中阶段，函数与函数的应用亦贯穿于高中课程的始终。比如：函数与方程、函数与数列、函数与不等式、函数与线性规划、函数与解析几何、函数与导数等。

总之，函数在初高中教学中占有重要地位。函数中蕴含丰富的数学思想，如转化思想、模型思想、数形结合思想、分类思想等，感悟这些数学思想不仅是函数学习的重要任务，而且对今后的数学学习及生活都将发挥重要作用。

2. 分析课标对教材的要求

国家课程标准（简称课标）是中学数学教学的纲领性文件，它对课程基本理念、课程目标、设计总体思路做出了说明，给出了数学教学的总体主线，是教材编写的依据、课程教学的指导。

美国课程专家古德莱德把课程划分为五种不同的课程形态：理想的课程、正式的课程、领悟或理解的课程、运作的课程、经验的课程。我国中小学教材将“理想的课程”具体化，经国家基础教育课程教材专家工作委员会审定，属于“正式的课程”，它是连接国家课程方案、学科课程标准与课堂教学的纽带，是教师课堂教学的重要载体。

教师的教学过程就是先将“正式的课程”设计转化为个人“领悟或理解的课程”，再通过课堂师生教与学的双边活动转化为“运作的课程”，最后形成“经验的课程”。在“正式的课程”转化为“经验的课程”的过程中，“领悟或理解的课程”是课程转化的关键。教师是“领悟或理解的课程”的主体，发挥着独特的、无可替代的作用。

数学课程标准是根据教学计划制定的对数学学科教学的指导性文件，是根据教育目标，考虑学科结构、学生情况而制定的。数学课程标准既是指导教学的教材编写的依据，也是评价教学和考试命题的依据。我们在做教学设计时必须按照标准的规定和理念进行设计，因此，课标对教材提出的要求，也是我们做教材分析的依据。

注意：初中、高中的课程标准有差异。

3. 分析教材的编写意图或特点

仔细分析教材，确定数学教材的某一部分内容在编写上存在的特点，教材编写者的编写意图是什么，编写的背景和知识结构、逻辑内涵，以及背后隐含的数学思想方法等。

4. 分析教材的编写体例和教材的内容结构

不同教材编写者在处理某一部分或者某一些知识时，出于不同的理解和考虑，编写的体例、知识点间的逻辑顺序、处理问题的具体手法等不同，所以作为教学设计者要分析教材的编写体例，厘清教材内容的逻辑结构。可以考虑用列表或者思维导图分辨出这一部分知识结构的异同。

为了比较人教版和北师大版在“二次函数”章节的异同点，我们可以列表对本章节在内容设置上的异同进行分析与比较，如表 2.1 所示。

表 2.1　人教版和北师大版"二次函数"章节比较

	教材内容结构	课时
人教 2013 年版 初中数学 九年级(上)	第二十一章:一元二次方程 第二十二章:二次函数 22.1 二次函数 22.2 二次函数与一元二次方程 22.3 实际问题与二次函数 数学活动小结 复习题 22 第二十三章:旋转 第二十四章:圆	 14 课时 6 课时 1 课时 3 课时 2 课时 2 课时
北师大 2013 年版 初中数学 九年级(下)	第一章:直角三角形的边角关系 第二章:二次函数 1.二次函数 2.二次函数的图象与性质 3.确定二次函数的表达式 4.二次函数的应用 5.二次函数与一元二次方程 回顾与思考 复习题 第三章:圆	 14 课时 1 课时 4 课时 2 课时 2 课时 2 课时 1 课时 2 课时

注:表 2.1 内容来自人教 2013 年版初中数学九年级(上)、北师大 2013 年版初中数学九年级(下)教材,有关课时分配的教师用书。

5.在教材分析过程中要关注教学的立体式整合

教材分析是教师将在一段时间内(比如某一课时、一单元时段,甚至一个学期时段)要传授的教学内容分解开来,认识它的每个部分或每个层次的要素及其关联过程的实质,在此基础上,通过综合,获得对于写进教科书中的数学知识内容的整体认识的思辨过程。正是由于数学知识的这种结构性特点,决定了教材分析可以从宏观、中观和微观三种途径进行分析。将经由这三种分析的结果整合起来,经过教学法上的加工,确定合适的教学结构,将教材内容进行横向、纵向立体式整合。

比如在做人教 A 版高中数学教材的分析时,可围绕着数学学习内容将教材内容结构划分为章节引言、课题引入、正文、注记、思考、探究、观察、例题、练习、习题、复习参考题、本章知识结构、回顾与思考、实习作业、阅读与思考、探究与发现、信息应用技术等模块。这些模块的教学内容之间相辅相成,形成了比较完善的、科学的数学知识体系。我们可以将章节引言、课题引入及正文统一视作教材中的正文内容,将思考、探究、观察、实习作业、阅读与思考、探究与发现、信息技术应用归类为正式数学知识教授完成之后进行的数学类活动。在接受了数学知识学习及参与了数学活动之后,还应该借助例题、练习、习题、复习参考题等进行知识的运用和训练。最后借由本章知识结构、回顾与思考作为阶段性数学学习内容的小结。

6. 依据教材分析给出教学建议

根据课程标准的要求，提出对本部分内容合理化的教学建议。

2.1.3.2　基于课程标准的教材设计分析

1. 旧版(2001 年)课程标准对“函数”专题具体要求(初中数学)

1)知识技能目标

(1)函数

① 探索简单实例中的数量关系和变化规律，了解常量、变量的意义；

② 结合实例，了解函数的概念和三种表示法，能举出函数的实例；

③ 能结合图象对简单实际问题中的函数关系进行分析；

④ 能确定简单实际问题中函数自变量的取值范围，并会求出函数值；

⑤ 能用适当的函数表示法刻画简单实际问题中变量之间的关系；

⑥ 结合对函数关系的分析，能对变量的变化情况进行初步讨论。

(2)一次函数

① 结合具体情境，体会一次函数的意义，能根据已知条件确定一次函数的表达式；

② 会利用待定系数法确定一次函数的表达式；

③ 能画出一次函数的图象，根据一次函数的图象和表达式 $y=kx+b(k\neq 0)$，探索并理解 $k>0$ 和 $k<0$ 时，图象的变化情况；

④ 理解正比例函数；

⑤ 体会一次函数和二元一次方程的关系；

⑥ 能用一次函数解决简单实际问题。

(3)反比例函数

① 结合具体情境，体会反比例函数的意义，能根据已知条件确定反比例函数的表达式；

② 能画出反比例函数的图象，根据图象和表达式 $y=\frac{k}{x}(k\neq 0)$，探索并理解 $k>0$ 和 $k<0$ 时，图象的变化情况；

③ 能用反比例函数解决简单实际问题。

2)数学思考目标

经历运用数学语言和符号描述现实世界的过程，体会函数是描述现实世界的有效的数学模型。建立数感、符号意识，具备运算能力，发展形象思维与抽象思维。

在参与观察、实验、猜想、证明、综合实践等数学活动中，发展合情推理能力和演绎推理能力,清晰地表达自己的想法。

学会独立思考,体会数学的基本思想和思维方式。

2.数学核心素养背景下的高中数学教材分析

2017年版高中数学课程标准指出:学科核心素养是育人价值的集中体现,是学生通过学科学习而逐步形成的正确价值观念、必备品格和关键能力。数学学科核心素养是数学课程目标的集中体现,是具有数学基本特征的思维品质、关键能力以及情感、态度与价值观的综合体现,是在数学学习和应用的过程中逐步形成和发展的。

数学学科核心素养包括数学抽象、逻辑推理、数学建模、直观想象、数学运算和数据分析。数学基本活动经验是指学生通过亲身经历数学活动过程所获得的具有个性特征的经验。

2.1.3.3 教材分析中应注意的问题

1.仔细研读课程标准

课程标准是学科教学的指导性文件,是编写教材和进行教学的依据。它详细规定了课程的性质、任务、教学目的等。因此,在分析教材时,应以课标为依据,以课标的要求为目的。只有认真领会课标才能做到有针对性、有效地进行教材分析。

2.从整体上把握教材

教材的知识体系及每个知识点在整个知识结构中都有一定的地位和作用,在教学中,应把教学系统中的知识点放到知识整体中去认识,进行全方位、多角度的分析研究,以达到教学系统整体优化。

3.挖掘教材的隐含价值和隐含知识

教学过程不仅是知识传递的过程,也是能力培养的过程和思想意志、情感等发展的过程,应通过对教材的分析,弄清并挖掘教材中的思想、方法及其他隐含因素,以便在教学设计中充分考虑这些因素,在教学设计中促进学生发展,培养学生能力。

4.教学建议讲究实际

在课程标准教学建议的基础上提出实用的教学建议。

2.2 学情分析

在教学设计过程中,学情分析不仅是教学目标设定的基础,更是教学内容分析的重要依据。只有做好“备学情”的工作,课堂教学环节才能目标明确,课堂教学效率才有可能提升,基于学情而确立的教学目标才有可能实现,相应的教学设计和教学活动才会真正在课堂上有效推进。

2.2.1　学情分析的内涵

学情分析是指教师在教学过程中对学生学习特点、学习方法、学习习惯、学习兴趣等的分析和掌握，从而设定教学方案，选择合适的教学方法。从学情分析的基本情况来看，实际教学过程中的学情分析是教师能够利用和挖掘的良好教学资源，更是最基础的教学方案设计依据。

对于教学对象，我们需要了解什么？对这一问题的回答各不相同。P. L. 史密斯指出：在很大程度上，教学的核心可以说是学习者。在教学设计的初始阶段，设计者要花费大量的精力来了解学习者。对学习者的了解，应该先于影响教学决策的其他因素，如教学内容。他认为对教学设计者而言，要考虑的一个最重要的因素就是学习者的特定的先行知识，即学习者在他们所要学习的领域已经知道了多少。

在教学设计过程中，教学设计者面向特定的目标受众必须思考许多问题，譬如：他们是否具有对当前学习任务有辅助作用的背景知识或者技能？教学者是否有必要对某些学生的背景知识进行额外的辅导？在这些学习者中，他们的背景知识是否相差很大？在这些学习者中，是否有些人已经掌握了所要教授的一些技能和知识？

虽然不同专家对学情分析的认识不同，但不同类型的学习存在相同的条件是教学设计的基础。史密斯和雷根指出：由于未能分析学习者的特征而导致设计者犯的一个共同错误是：认为全体学习者都是相同的。更为普遍的一个错误认识是认为学习者如同设计者自己一样。这就意味着，如果我们按我们理解的方式解释事物，运用我们熟悉的例子，运用对我们有效的教学技术，这种集团优势感对教学设计可能产生灾难性后果。因此，不论是教师为自己的教学进行设计，或是教学人员为他人的教学进行设计，他们都必须重视对学习者和学习环境的分析。

我国著名教育家叶澜先生指出，学生是教学资源的重要构成和生成者。国内大多数学者关于学情分析取得了以下共识：

（1）学情分析是教学设计的有机组成部分，是编写有效学案的先行条件，是教与学目标设定的基础。只有真正了解学生的现有知识经验和心理认知特点，才能确定学生在不同领域、不同学科和不同学习活动中的最近发展区。

（2）学情分析是教与学内容分析的依据，是界定教学内容重点、难点的关键。

（3）学情分析是教学策略选择和教学活动设计的落脚点。

另外，从教学设计者的角度看，设计者最想知道的是哪些个体差异变量会显著影响我们所教授的学习者的学习成绩，因为设计者是为一些具有共同特征的学习者设计教学的。

2.2.2 学情分析的相关理论基础

P. L. 史密斯给出了对学习者进行分析时，应描述的主要特征。

(1) 认知特征：能力；认知发展水平，比如皮亚杰的认知发展水平；语言发展水平；阅读水平；认知加工风格或策略；特定的先行知识。

(2) 生理特征：感知觉；整体健康状况；年龄。

(3) 情感特征：兴趣；动机；学习态度；学业自我概念；焦虑水平；信念；对成功的归因。

(4) 社会特征：同伴关系；对权威的态度；合作或竞争的倾向；道德水平；社会经济背景；民族、种族；榜样；等等。

他认为，认真考虑学习者的一般特征，就可以将一个普通的教学变成一个引人注目、有想象力和令人难忘的教学，进而提出了与学习者特征直接相关的一些教学策略因素。比如，教学内容的呈现速度(步调)、练习中相信教学和自身具有相关性而进行陈述的类型、加强集中注意力的技术和应用这些技术的频率、样例和练习题目的情境、结构和组织的数量、媒体教学、具体化和抽象化水平、学生的分组、教学模块的大小、练习之后的反馈类型、学习指导、提示，以及教具的数量与类型。学生的主要特征分析如图 2.1 所示。

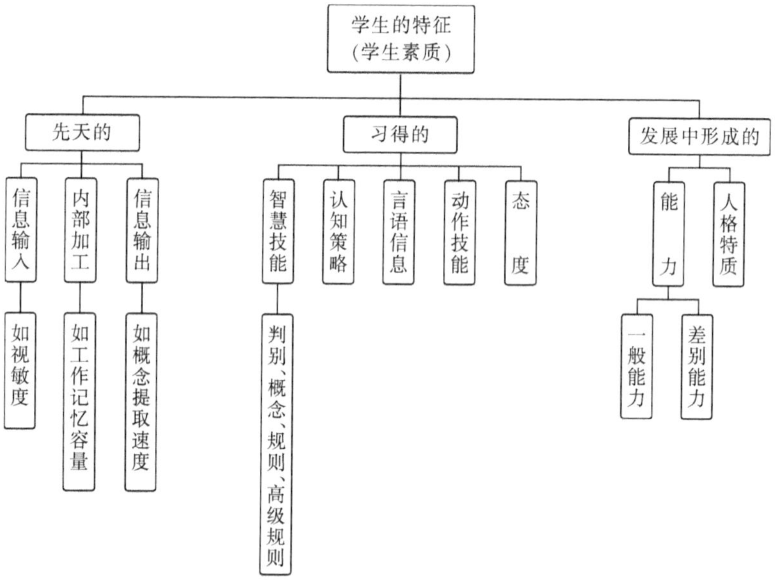

图 2.1 分析学习者的主要特征

加涅认为，一旦我们知道一个人正在学习，比如学习一个概念，我们就知道在学习者的内部和外部肯定存在一些条件，这样学习才能产生，这样学习的条件本身是相似的，并不随着人的不同而变化，甚至也不随课程领域而变化。在许多重要的方面，学习一个数学的概念与学习一个语法的概念存在相同的心理条件。

学习任务是由学习者来承担的，在先天能力、背景知识和经验以及学习动机方面，他们在范围和细节上存在巨大差异。面对那么多差异，教学设计必须做到以下几点：

(1) 寻找一条合理途径，将个别学习者特征上的巨大差异缩小到足以确保教学计划可行的程度。

(2) 鉴别出那些普通学习者的特征维度，这些维度有不同的教学含义并导致影响学习有效性的设计上的差异。

(3) 一旦考虑了普通学习者的共同特征，就提供了一个适合那些学习者差异的设计，这一设计可导致学习结果差异。

针对不同学习者特征的教学设计如表 2.2 所示。

表 2.2　针对不同学习者特征的教学设计

学习者特征	针对新学习的设计程序
智慧技能	引发对如下内容的提取：(1)作为新技能成分的先决技能；(2)对认知策略具有重要作用的从属技能；(3)言语信息、态度和动作技能学习的基本技能
认知策略	只要有可提取的东西就为提取提供条件
言语信息	激起对可以引发新习得智慧技能提取的命题的回忆，为新的言语信息的学习提供一个有意义的情境(图式)，激起态度学习情境的提取
态度	激发学习动机
动作技能	回忆必要的部分技能
图式	激活有助于新的智慧技能、认知策略、言语信息、态度和动作技能学习的由命题网络复合体构成的图式的提取
能力	教学尽可能适应能力差异
特质	教学尽可能适应学习者特质差异

加涅还认为：每一种学习者特征蕴含不同的教学设计；学习者的特征与学习难易和效果之间的关系对教学设计的实际任务有诸多启示。基于上述理论，他提出了针对不同学习者特征的教学设计理论。

加涅的基于分析框架的教学设计可以理解为：针对学习者的差异来设计教学。

(1) 针对学习者的先天素质，设计教学时应该“避免超越人类潜能”；

(2) 针对学习者在发展中形成的素质，设计教学时应该适应学生的个体差异；

(3) 针对学习者的先前学习的结果，设计教学时要进行新的(创造性的或创新性的)教学设计。

W. 迪克在《系统化教学设计》中提出以下学习者信息：

(1) 起点行为；

(2) 在课题领域内的已有知识；

(3) 对教学内容和将采用的传输系统的态度；

(4) 学习动机；

(5) 受教育和能力水平;

(6) 一般性的学习偏好;

(7) 对提供教学的组织的态度;

(8) 群体特征。

概括地说,它包含两个方面,即对影响课堂学习的学生自身内部因素和影响学生学习过程的外部因素进行分析。

谈到教学设计,我们还必须提到20世纪80年代美国斯坦福大学教授李·舒尔曼。舒尔曼是著名的美国教育心理学家,在教学、教学评估以及科学和数学领域做出了重要贡献。他是斯坦福大学教育学院名誉教授、卡内基教学促进基金会前任会长、美国教育研究协会前任会长,因教育研究而获得许多奖项。从1963年到1982年,舒尔曼任教于密歇根州立大学,他在那里创办了教学研究所(IRT)。1986年,舒尔曼提出:教师的学科知识和教学法不应被视为相互排斥的;教学设计要充分考虑学生的实际情况,突出对学生的了解;教师应该将这两个知识领域结合起来。为此,他引进了学科教学知识(PCK)的概念,包括教学的知识和内容的知识。在舒尔曼取得的许多成就中,最著名的是概念"学科教学知识"(pedagogical content knowledge,PCK)。他认为,缺少对学生的了解和尊重,缺少充分体现学生主体地位的教学设计,无论如何都是失败的。另外,从教学设计者的角度看,设计者最想知道的是哪些个体差异变量会显著影响我们所教授的学习者的学习成绩,因为设计者是为一些具有共同特征的学习者设计教学的。

2.2.3 国内对学情分析的相关研究

2.2.3.1 教学设计中学情分析的三阶段说

1.课前学情分析

(1) 学生的已有知识和经验。奥苏贝尔认为原有的知识经验为新知识的学习提供"固着点",新知识通过与起固定作用的原有知识经验进行相互作用而获得。

(2) 学生的学习兴趣。学习兴趣能够激发和维持学生的学习行为朝着学习目标前进,并为达到目标而不懈努力。

(3) 学生的学习策略。从教学效果已有的反馈方式来看,学生之间的学习效果存在差异,学习策略存在差异。分析是什么因素造成了学习效果不佳,引导学生针对偏差,改善学习策略,提高学习效果。

2.课中学情分析

课堂教学表面上看是教师教与学生学的单线知识传输过程,实则是一种动态生成的过程,教师以学生的动态变化实时调整教学行为。

(1) 分析学生的课堂进入状态。学生的课堂进入状态关系到整堂课学习效果的高低，其主要包括学生心理状态和学习用品的准备。心理状态是指学生是否已经从课间十分钟里的轻松、愉快、苦恼、生气等心理状态，转换到即将准备上课学习的心理状态。学习用品准备是指学生是否准备好了如自制的相关背景资料卡片、工具书、三角板、圆规等学习用品。

(2) 分析学生的课堂表现状态。学生的课堂表现状态存在巨大差异，其是否符合预定的思路设计直接关系到学习效果。他们的学习兴趣、积极性、学习方法与思维方式、合作能力与质量，发表的意见、建议、观点，提出的问题与争论，乃至错误的回答，等等，无论是以言语，还是以行为、情绪等方式的表达，都是教学过程中的生成性资源。

3. 课后学情分析

主要包括知识与技能、过程与方法、情感态度与价值观等方面的分析。

2.2.3.2　熊惠民教授的学情分析研究

华中师范大学熊惠民教授认为：教学设计成功与否很大程度取决于它能否适应学习者的特征。学生现有学习状态就是新学习的出发点，教学的最终目的也是有效地促进学习者的学习。

在分析学习者特征时，既要考虑学习者之间稳定的、相似的特征，又要分析学习者之间变化的、差异性的特征。课堂教学设计实践中，我们一般要根据学习者的共同特征来设计教学方案的基本内容和总体框架，根据学习者的不同特征在某些设计要素上可增加可选择性，以此来最大限度地适应学习者的个体差异。

他认为，学情分析可以从以下三个方面进行：

1. 学生学习准备分析

学习准备是指学生在进行新的学习时，其原有的知识技能和思维能力水平对新的学习的适合性。由于数学知识前后联系非常紧密，数学能力的发展具有很强的连续性和层次性，所以相对其他学科而言，学生学习准备分析对数学教学设计显得异常重要。

2. 学生心理特点分析

学生心理特点是指对学生数学学习心理活动产生影响的认知、情感、社会等方面的特点，诸如年龄、性别、认知成熟度、兴趣习惯、学习动机、情感态度、意志品质和气质等因素特征。这些因素虽然不像学习准备一样与教学有直接关系，但是它们却影响教师对教学内容、教学方法和教学媒体的选择和应用。

3. 学生学习风格分析

学生之间存在着生理和心理的差异，不同学生对刺激做出的反应是不同的，每个学生学习时都会按照自己的方式感知、处理、储存和提取信息。因此，不同的学生有不同的学习风格。

比如：小学生正处于具体运算阶段，从形象思维逐步向逻辑思维过渡，这个阶段的逻辑思维活动只能应用到具体的事物，具有很大成分的具体形象性。因此，小学数学只能直观介绍什么是平行四边形，以及它的边、内角、对角线等，由观察得到平行四边形的性质，通过图形的“割补”得到平行四边形的面积公式，研究的方法有抽象的成分，但基本上是直观的。到了初中，学生开始进入到形式运算阶段，但是还是只能以经验型抽象思维为主，学习抽象概念需要联系具体事物以及过去的经验。因此，初中数学可以小学数学为基础，抽象出平行四边形的定义，通过直观确认，获得相应的性质定理和判定定理，利用逻辑演绎的方法加以证明。

对学生知识技能的分析就是要了解学生是否具备了学习新知识的基础。正如美国心理学家奥苏贝尔指出:“影响学习的最重要的因素是学生已知的内容。”“学生能否习得新信息，主要取决于他们认知结构中已有的有关概念。”

如果预备知识技能没有掌握，那么就不具备学习新知识的前提条件，就需要改变教学起点，补上这一部分内容。学生学习准备分析还要关注与数学学习密切相关的数学思维能力水平的分析。

当然，同样的学习内容，不同班级学生的学习准备会存在一些差异。

2.2.3.3 程胜教授的学情分析研究

华东师范大学程胜教授在其《如何分析学情》(华东师范大学出版社)一书中，从学生的一般特征分析、课堂教学现实起点分析、课堂教学可能起点分析、课堂教学过程中的学情分析、课后学情分析等方面介绍了在教学设计时如何进行学情分析。

1. 学生一般特征分析

美国教育技术学者罗伯特·海涅克指出:对学习者的一般特征，即使做一些粗略的分析，对教学方法和媒体的选择也是有益的。学生的一般特征虽然与具体学科教学内容无直接联系，但会影响教学设计者对学习内容的取舍和组织，影响教学方法、教学媒体和教学组织形式的选择和运用。

学生的一般特征主要包括学生的年龄、性别、认知成熟度、智能、学习动机、个人对学习的期望、生活经验、经济、文化、社会背景等因素。

由于学生的一般特征包含的内容众多，教师不可能一一进行分析，只能把握其中最重要的几个方面，对学生学习过程产生影响的心理、生理和社会的特点及学习风格进行分析。

1)学生心理的发展

儿童心理的发展是一个连续的、不断由量变到质变的过程。这种从量变到质变的过程使儿童心理的发展表现出连续性和阶段性。

连续性是指每一种心理过程、心理特征的发展，都以先前的状况为基础，都是对先前心理活动的继承和发展。前一阶段是后一阶段的前提和准备，后一阶段是前一阶段的连续和提升，要从一种状态超越其中间状态而跳跃到另一种完全不同的状态是根本不可能的。

儿童心理发展的阶段性是在不同的年龄阶段，儿童的心理会表现出区别于其他阶段的典型特征。

儿童心理发展的特征是一种跨文化现象，不同地区和民族的儿童发展特征大体一致。

2）学生思维的发展

心理学者认为，无论是种系发展还是个体发展，人的思维都要经历直观行动思维、具体形象思维、抽象逻辑思维三个阶段。

在小学阶段，儿童思维发展有从以具体形象思维为主要形式，逐步过渡到以抽象逻辑思维为主要形式的特点，但这种抽象逻辑思维在很大程度上依然是直接与感性经验相联系，并具有很大成分的具体形象性。

例如，向7～8岁的小孩提出这样的问题：假定$A>B$，$B>C$，那么A，C哪个大？他们可能很难回答。如果换一种说法：班里小明的身高比小亮高，小亮的身高比小红高，请问小明和小红相比谁高？他们就可以很快地正确回答。

因为在后一种情形中，儿童能够借助具体表象进行推理。

进入高年级后，小学生的思维由具体形象思维向以抽象逻辑思维为主过渡，这是思维发展过程中的“飞跃”或“质变”。在这个过程中，存在着一个转折期，也是小学生思维发展的“关键年龄”。一般认为，这个关键年龄出现在10～11岁(4年级)。

在整个小学阶段，儿童的抽象逻辑思维水平不断提高，这是小学时期儿童思维发展的一般趋势，但他们的运算水平仍有局限性。

初、高中阶段，学生开始摆脱具体经验的限制而进行抽象思维。根据我国心理学工作者的研究结果，在校初中一年级学生的形式逻辑思维已经开始占优势。整个初中阶段是学生抽象思维能力迅速发展的阶段，主要表现为：一是可以进行抽象思维和纯符号思维，从现有的信息中生成抽象关系；二是出现能够应对潜在或假设情景的能力，能够对没有经历过的场景和情形进行推理；三是能够运用系统化的实验来解决问题。

但初中生的抽象思维水平仍然较低，离不开直观形象思维的支撑，处于从直观经验型思维向逻辑思维过渡的阶段，其逻辑思维层次在很大程度上仍处在形式逻辑思维阶段，辩证思维还只是处在萌芽和初始阶段。

高中阶段，学生的辩证思维将逐步取代形式逻辑思维，并开始在思维结构中占据优势地位。

3）学生记忆力的发展

(1)从学龄期的无意义记忆占主导地位发展到有意义记忆占主导地位。

小学低年级学生由于抽象逻辑思维尚未发展，无意义记忆占主导地位。随着年龄的增长、学习动机的激发、学习兴趣的发展、学习目的的明确，以及学生抽象逻辑思维水平的不断提高，有意义记忆的增长速度越发明显，地位越来越显著。大致在小学三年级时，有意义记忆的水平逐渐超过了无意义记忆的水平。进入初中以后，有意义记忆在学习中逐渐成为主要的记忆形式。

(2)从机械记忆占主导地位向理解记忆占主导地位发展。

主要包含从形象记忆逐步向抽象记忆发展，学生观察力的发展，学生想象力的发展，学生个性的发展，学生学习风格的形成等方面。

其中“学习风格”由美国学者1954年提出，二十世纪六七十年代，美国兴起了以学习风格理论为基础的教学设计模式，其特色在于强调学生学习风格的差异，在教学过程中重视教学策略的选择，有针对性地帮助学习者完成学习任务。被誉为“现代教学的真正基础”。学习风格又与学生的家庭背景、学生的家庭社会经济地位、学生的家庭教养方式、学生的家庭结构等因素有关。

2.课堂教学现实起点分析

上课前，教师了解学生已有的知识与能力、学生学习的动机与态度，也就是学生的学习准备，有利于加强教学设计的针对性，提高课堂教学的质量。

学习准备又称学习的条件，是指学生原有的知识水平或心理发展水平对新的学习的适应，包括认知准备和心理准备。

学生的学习准备状态是课堂教学的现实起点，关系到课堂教学目标的设定、教学过程的展开等。

美国心理学家布鲁姆认为学生对新的学习任务的掌握取决于三个因素：认知状态、情感特征和教学质量。课堂教学只有尊重学生的认知准备状态和情感准备状态，才能保证教学质量。

3.课堂教学可能起点分析

作为教师应该具有解读学生的智慧和解读教材的智慧。

教材是课堂教学的可能起点，解读教材是教师根据学生的实际情况对教材进行二次加工。

有效的课堂教学不仅要让学生学得轻松愉快，还要让学生在现有发展水平的基础上发展到“最近发展区”，这就要求教师不仅要分析学生，还要分析教材，在教学内容和学生的认知水平之间建立起有机联系，在学生发展的现实状况和“最近发展区”之间架起桥梁，在课堂教学的现实起点与可能起点之间架起桥梁。

4.课堂教学中的学情分析

任何课堂教学都是动态的、生成的，教师如何根据当时的具体情况，捕捉一些有价值的细节，巧妙地在学生不知不觉之中做出相应的调整和变动非常重要。这就要求教师善于捕捉课堂教学中“即时学情”，并根据即时学情“顺学导教”，及时调整教学进度和课堂管理。

“即时学情”是学生在课堂教学中所表现出的认知、能力、情感等方面的状态，是课堂教学有效性最直接的体现。可以说，在整个课堂教学过程中教师不断接收新的信息，特别是来自学生的信息，并及时管理和处置这些信息。

5.课后学情分析

课堂教学的结束，并不意味着教师对学情分析的结束。

课后学情的分析同样是学情分析的重要环节，它既能够帮助教师对上一节课进行回顾与总结，还可以帮助教师在之后的教学中扬长避短，提高教学效果。

关于学情分析，国内其他的学者也给出了自己的理解。比如，赵振旗指出，学情分析是对学生的知识基础、学习方法、心理状态、理解能力、学习兴趣等进行分析。学情分析的主要内容应包括教学设计时分析学生的特点、学生的差异、学习兴趣、学习风格、学生对本课内容的熟悉程度等。丁恺认为，学情分析的实施应主要分析学生的疑惑、学生的偶发状况等。邵燕楠、黄燕宁则认为学情分析应包括两个方面，即学生的情况和学生的学习情况。学生的情况包括学生成长、发展的方方面面，如身体、心理、智力、情感、态度等；学生的学习情况分析要关注与学生学习某一些知识和技能相关的学生情况。前一种解读方式更适合于学期学情分析和班主任工作的学情分析，第二种解读方式则更适合学科教师对课时学情、单元学情的分析。

2.2.4　学情分析的方法

2.2.4.1　经验分析法

经验分析法即教师在教学过程中基于已有的教学经验对学情进行一定的分析与研究。

应该说，教师自身的教学经验越丰富、全面，对自身的教学经验反思与总结越深入，在已有教学经验上的学情分析，就越容易进行，也越容易深入，并且这样的学情分析也更有教学价值。

另外，在进行学情分析时，教学设计者也可以结合数学中的多元与多维统计分析的方法和视角，使其分析结果更为可靠，也更有指导作用与理论价值。

2.2.4.2　观察法

观察法是指教师在日常教学活动中，有目的、有计划地对教育对象、教育现象或教育过程进行考察的一种方法。

教师在课堂上要多注意观察学生在学习过程中各种外在的行为表现及其学习情绪、学习态度等的自然流露，还要在课下经常与学生进行交流和沟通，以便对学生的学习情况和学习态度等有较为深入而全面的了解。

在教学过程中运用观察法，教师要注意以下几点：

1. 观察目的要明确

教育观察要有明确的目的，实施教育观察的教师要清楚，通过教育观察主要收集什么信息，解决什么问题。

2. 观察要客观与全面

在课堂观察过程中，教师既要关注教学过程中具有一定普遍性的问题，又要关注个别性的问题，进行全方位、多角度的观察，使教学观察“保有”课堂教学的“全息信息”。

3. 观察记录要翔实

要运用适当的方式对观察结果进行及时记录，以便对其进行相应的统计与分析。可以通过录像与录音等方式保存课堂教学的音像资料等对课堂教学观察进行“核实”与补充。

4. 观察结果的统计与分析应规范、科学，并尽可能详细、深入和全面

通过多维的分析视角、运用多元的分析方法“多角互证”地揭示观察到的教育现象背后的深层意蕴。

2.2.4.3 资料分析法

资料分析法是教师基于已有的文字记载材料间接了解、分析学生基本情况的一种研究方法。

资料包括档案袋、笔记本、作业和试卷等。

比如：通过专门设计的试题（作业）对学生已有知识储备进行检测与分析，教师还可以为教学过程中新知识的生成确定适合的固着点与生发点。

2.2.4.4 问卷调查法

教师通过已有的相关问卷或专门设计的问卷对学生的已有学习经验、学习态度、学习动机和学习期望等进行较为全面与深入的了解，并通过多元的统计分析，为教学活动提供更进一步的量化数据。

2.2.4.5 访谈法

通过研究者与被研究者口头谈话的方式，从被研究者那里收集第一手资料的一种研究方法。

通过访谈，教师可以更加了解学生的已有知识储备、已有学习经验及其学习态度、学习动机等方面的信息。

2.2.4.6　基于一定的教育教学理论进行分析

当下比较成熟的教育理论与学习理论，比如皮亚杰的认知发展阶段理论、当代社会建构主义理论、加德纳的多元智能理论等，可以为学情分析提供基本的分析依据、分析视角与分析方法。

2017 年新颁布的《普通高中数学课程标准(2017 年版)》对教学设计过程中的学情分析给予了特别的关注，在《普通高中数学课程标准(2017 年版)解读》中，史宁中教授指出，数学主题教学设计的要素分析应从以下方面来进行：课程分析、学情分析、教材分析、重难点分析、教学方式分析。其中学情分析的内容如表 2.3 所示。

表 2.3　学情分析的要素和内容

<table>
<tr><th></th><th>要素</th><th>内容</th></tr>
<tr><td rowspan="5">要素分析</td><td>课程分析</td><td>1. 课标中对主题内容的要求
2. 课标中对主题内不同内容要求的关联</td></tr>
<tr><td>学情分析</td><td>1. 学生学习新知识的预备状态
2. 学生对即将要学习的内容是否有所涉猎
3. 学生学习新知识的情感态度
4. 学生的学习方法、习惯的风格</td></tr>
<tr><td>教材分析</td><td>比较新旧教材、不同版本教材的异同，以及概念引入、情境创设、例题习题的编排方式等</td></tr>
<tr><td>重难点分析</td><td>1. 主题整体教学重点
2. 具体课时重难点</td></tr>
<tr><td>教学方式分析</td><td>从主题整体出发，选择合适的教学方式(体现学生主体性)</td></tr>
</table>

2.2.5　学情分析中要注意的问题

新课程改革倡导以学生发展为本的理念，以实现学生形成和发展数学学科核心素养为目标，教学全程指向学生学习结果的质量，是帮助学生学习的过程，是“因学设教，以学定教”。

2.2.5.1　学情分析要关注全面性

一是学生起点能力的分析。学生起点能力分析应包括了解学生的认知基础、接受水平、学习能力及思维规律等。了解学生已经具备了哪些知识与技能，还没有掌握的知识与技能有哪些；哪些知识是学生通过努力自己能学会的，哪些知识是需要在教师的点拨和引导下才能学会的；怎样的引导更符合学生的认知水平，什么样的点拨对学生的帮助最有效。

二是学生非智力因素的分析。包括学生的学习兴趣、学习态度和学习习惯等。学生的发展和成长是智力因素和非智力因素共同作用的结果，以情感需要为核心的一系列非智力因素，是影响并制约学生学习和发展的内在动力机制。试想，一个对学习缺乏兴趣的学生，怎么可能主动参与到学习中，一个不能主动参与的学生，又如何去经历、去体验和感受，又怎么能有切身的体会和深刻的感悟？正如苏联著名教育家苏霍姆林斯基所指出的那样，教师应尽可能深入地了解每个学生的精神世界。

学情分析要充分关注学生的心理需求，注重激发学生的内在学习动机，了解学生对哪些内容感兴趣，乐于参与什么样的教学活动，最期待的教学方法是什么，最喜欢的学习方式是什么。

2.2.5.2 学情分析要重视过程性

一是对学生"可能"的预测分析。学生学习方式的转变，增加了教学过程中的不确定因素，这不仅为课堂教学的精彩生成提供了广阔的空间，而且对课堂教学的预设提出了更高的要求。每一节课前必须对学生的"可能"进行认真预测和分析，对课堂教学中可能出现的生成点加以深入研究和思考，既要尽可能对学生在学习过程中的各种"可能"进行准确而全面的预测，又要精心做好应对有关"可能"的预案分析，以便在遇到突发情况时能做出合理的处置和有效的引导。

二是对学生行为的实时分析。真正的学情源自课堂，最有效的学情分析应是对课堂教学的高度关注，教师必须重视在课堂教学的过程中随时进行学情分析。一方面，要通过认真的观察和倾听，及时了解学生的所思、所想、所为，并以此为依据合理地调整教学问题和适时地调控教学进程；另一方面，要密切关注学生的学习状态，准确了解学生的体会和感受，并从有利于学生全面发展的实际需要出发，有效开发和利用课堂教学中的生成性资源，修订、充实和完善教学方案，增强教学的针对性。

三是对学生状况的反思分析。一方面，在课堂教学中，通过师生互动，对学生认知水平和学习能力的了解会更加准确，对学生行为习惯和学习风格的认识会更加全面，对如何针对学生实际开展有效的教学也一定会有许多新的感受和新的思考，将这些了解与认识、感受与思考及时进行总结、分析和记录，不仅能为今后的教学提供有益的借鉴，而且也有利于及时补救教学中的不足，尽可能减少失误所造成的不良影响。另一方面，学生课后的练习情况也是进行学情分析的重要依据。如：从学生对待练习的热情，可以感知学生对所学内容的兴趣，有利于更好地把握学生的心理需求；从学生完成练习的质量，则既可以看出学生的接受能力和课堂学习的效果，也可以看出学生的学习态度和学习习惯，对确定学生再学习的起点具有至关重要的作用。

2.2.5.3 学情分析要注意多样性

一是要立足调查研究开展学情分析。首先，对每一个学生的基本学习背景进行全面系统的调查分析；其次，加强与家长的交流和沟通，对学生的学习情况进行客观的分析研究。

二是要依据教学内容开展学情分析。不同的教学内容具有不同的特点，学生在面对不同教学内容时，所具有的学习经验、认知水平和心理需求也不相同，切忌脱离具体的教学内容孤立地进行学情分析。一方面，要考查学生已有的生活经验和知识基础对新知学习的意义，考察新知学习对后续学习的价值；另一方面，应细致地比较新知学习与先前知识的学习在内容上、方法上各自所具有的特点，认真分析学生在学习新知方面所欠缺的是什么。

三是要基于学生问题开展学情分析。这是进行学情分析最直接和最有效的方法之一。教师在认真研究课标和教材的基础上，编制预习提纲并在新课前发给学生，学生围绕预习提纲进行预习，发现并提出问题，教师再对学生提出的问题进行收集整理和归纳提炼，这些源自学生的问题对教师备课有很大的帮助，是选择教学内容、组织教学活动、确定教学重难点的重要依据。另外，注意捕捉学生在课堂活动中暴露出来的问题，以及借助课后作业批阅和与学生交流发现问题，这些都是及时和准确地了解学生问题的重要途径。

▶▶▶ 案例 2.1　“有理数”学情分析

学生在小学已学过关于数和数的运算，已具有非负有理数及其运算知识的生活经验，学生每天在生活中都会接触到大量具有相反意义的量（温度升降、收入支出、向东向西……），有充实的生活经验基础。

▶▶▶ 案例 2.2　“有理数乘法运算”学情分析

(1)在小学，学生已经学习过非负数的乘法，知道乘法的意义以及运算律；

(2)学生在前面已经学习了有理数，知道具有相反意义的量的表示方法；

(3)学生积累了归纳有理数乘法法则的相关生活经验。

▶▶▶ 案例 2.3　“变量与函数概念”学情分析

学生在小学阶段已经学习过的行程问题、效率问题、反比例变化的量等知识为本节内容学习积累了感性经验。学生在日常生活中已经接触过一些有关常量与变量的现象，同时学生已具备了从实际问题抽象出数学问题的能力，具有了独立探究意识，所有这些为本节课中重点和难点的学习打下了基础。

下面举几个高中数学的例子：

▶▶▶ 案例 2.4 "函数概念"学情分析

学生在初中已经从"运动变化"角度学习了函数的定义，知道函数是描述两个变量间具有相互依赖关系的数学模型，并且通过几种具体函数模型(一次函数、二次函数、反比例函数)以及求代数式值等知识，对"对应"已经有了深入认识；高中学生学习了集合的概念，这些为学生从集合与对应关系角度来认识函数的实质打下了基础。相对于初中，学生的逻辑思维能力有所增强，但其抽象思维能力仍然薄弱，对于定义中的关键词"唯一存在"以及定义的符号理解还是有较大困难。

▶▶▶ 案例 2.5 "任意角的三角函数"学情分析

在此之前学生已经学习过：直角三角形中锐角的正弦、余弦、正切(利用边的比来定义)；函数的概念(利用对应与集合语言定义，知道函数三要素)以及几种具体的函数模型(初步掌握了学习函数的模式)；利用坐标系、旋转等方式把角的概念推广到任意角；弧度制(建立了角度和实数的对应关系)。

生活中有大量呈周期性变化的现象和量，如摩天轮旋转、钟表指针旋转、车轮旋转等。

▶▶▶ 案例 2.6 "直线倾斜角与斜率"学情分析

初中已经学习过直角坐标系，知道能用坐标来描述一个点的位置，学习了一次函数及其图象，知道如何来确定一条直线。除此之外，学生还学习了三角函数的相关知识。

对生活中的倾斜现象以及描述倾斜程度的方法有感性认识。

2.3 教学目标设计

教学目标分析也称为学习任务分析，即教学目标的确定与分析。数学教学设计到底要完成哪些内容？任何一堂课必须要有授课目的，这就是教学目标。

教学目标是课程目标的具体反应，也就是说，当数学课程目标反映到具体的教学内容上时，就有了教学目标。教学目标在层次上也可以分类，由宏观到微观，依次包括学科教学目标、单元教学目标、课时教学目标。数学课程目标是通过小的、近期的目标不断地具体化，通过课时教学目标实现。1956 年，美国著名的教育心理学家布鲁姆立足于教育目标的完整性，制定了教育目标分类系统。他提出把教育目标分为认知、情感和动作技能三个目标领域。根据布鲁姆等的教育目标分类理论，结合我国的教育教学实际，2003

年版的《普通高中数学课程标准(实验)》将课程目标分为知识与技能、过程与方法、情感态度与价值观三个维度。

我国《义务教育数学课程标准(2011 年版)》提出“四基＋四能＋数学情感态度与数学精神”的课程目标。四基是指数学基础知识、基本技能、基本思想、基本活动经验。四能是指数学的发现、提出、分析和解决问题的能力。

2017 年重新修订的《普通高中数学课程标准(实验)》提出“双基＋四能＋六个核心素养＋数学情感态度与数学精神”的课程目标。

《普通高中数学课程标准(实验)》从基础知识和基本技能、基本能力、拓展能力、应用意识和创新意识、兴趣和态度、数学视野和理性精神等六个方面阐述具体课程目标。这六个方面基本上可以分为三个层次:第一个层次是知识与技能;第二个层次是过程与方法,具体体现为在这个过程中把握方法,形成能力,在这个过程中发展意识,比如应用意识、创新意识;第三个层次是情感态度与价值观,它是一种对于人的全面和谐发展和社会发展的更高层次的要求。这六个方面的具体目标体现了三维目标。

2.3.1　教学目标设计概述

W. 迪克指出,在教学设计过程中,最为关键的工作或许就是确定教学目标。如果教学目标确定得不合适,再好的教学也可能无法满足组织或学习者的真正需求。没有准确的教学目标,教学设计者就会冒这样的风险:基于根本不存在的需求去教学。因此,迪克把教学目标的确定放在他提出教学设计系统方法模型的第一环节。我们则根据教学实际将这一步骤放在教材分析和学情分析之后。

迪克在其著作《系统化教学设计》中给出了确定教学目标的四种方法:学科专家法、内容纲要法、行政命令法及绩效技术法。由学科专家确立的教学目标经常包括“了解”“掌握”等关于学习内容的要求。

K. M. Price 在《有效的教学设计》一书中指出:撰写教学目标有助于确保你所设计的教学和活动与预期的学习效果相匹配,并能判断你的教学是否有效。

他认为,教学目标指向的是最终目的,而不是过程。规范的教学目标能够帮助教师认清他们想要学生学习什么,并能提供教学重点和方向,还可以指导教师选用合适的练习内容。通过教学目标,教师能够判断学生是否掌握了教学内容,以及教师的教学方法是否有效。教学目标还有助于教师关注并激励学生,同时,它也是教师与其他教师和家庭沟通的工具。

教学目标可以是长期的,也可以是短期的。教师拟定教学目标也有助于指导自身教学技能的发展。

豪威尔和诺莱特给出了一种简单的拟定可测量教学目标的四要素法:内容、行为、条件和标准。给出了拟定教学目标的模板,如表 2.4 所示。

表 2.4　豪威尔和诺莱特的教学目标四要素表

要素	行为	内容	标准	条件
什么人将会	做或说	什么事情	到什么程度	在什么情况下
描述词	可观察动词	具体但普遍	准确性、熟练性或一致性	背景或提供的东西
例:学生能在作业纸上准确无误地写出 20 道减法题答案(三位数减两位数,用错位法)				

教育心理学家对教学目标的陈述,有不同的观点:行为主义强调用可以观察、可以测量的行为来描述教学目标;认知学派则主张用内部心理过程来描述教学目标。中学数学教学实践一般综合这两种倾向,主要围绕学生行为和能力的变化来确定教学目标。

美国心理学家马杰提出,教学目标应该包括三个基本要素:行为、条件和标准。后来美国教学论专家阿姆斯特朗和塞维吉又补充了对象这一要素,形成了所谓的“ABCD”法。

教学对象(A,即 audience)。教学对象即学习者,是行为的主体,行为目标描述的是学生的行为,而不是教师的行为。

行为(B,即 behavior)。行为在教学目标中是最基本的成分,它说明学生在教学过程结束后应该达到的要求。描述行为的基本方法是使用动宾结构的短语,行为动词说明动作的类型,宾语说明学习内容。例如“写出”“比较”“列举”等是行为动词,在它们后面加上动作的对象,就构成了教学目标中关于行为的描述。

《普通高中数学课程标准(实验)》(2003 年版)对诸目标领域每类水平都提供了部分行为动词,这些措辞在 2017 年版的课程标准中继续使用(表 2.5)。

表 2.5　目标领域分类水平的行为动词

目标领域	水平	行为动词
知识与技能	知道/了解/模仿	了解,体会,知道,识别,感知,认识,初步了解,初步体会,初步学会,初步理解
	理解/独立操作	描述,说明,表达,表述,表示,刻画,解释,推测,想象,理解,归纳,总结,抽象,提取,比较,对比,判定,判断,会求,能,运用,初步应用,初步讨论
	掌握/应用/迁移	掌握,导出,分析,推导,证明,研究,讨论,选择,决策,解决问题
过程与方法	经历/模仿	经历,观察,感知,体验,操作,查阅,借助,模仿,收集,回顾,复习,参与,尝试
	发现/探索	设计,梳理,整理,分析,发现,交流,研究,探索,探究,探求,解决,寻求
情感、态度与价值观	反应/认同	感受,认识,了解,初步体会,体会
	领悟/内化	获得,提高,增强,形成,养成,树立,发挥,发展

条件(C,即 condition)。条件是指学生完成行为时所处的情境,也就是在什么情况下评价学生的学习结果。条件包括环境、人、设备、信息、时间、问题明确性等。

标准(D,即 degree)。标准是行为完成质量的可接受的最低衡量依据。对行为标准的具体描述,可使教学目标具有可测量性。

例如:初中二年级下学期的学生,会用计算器求数的立方根,正确率超过 90%。

教学对象是初中二年级下学期的学生;条件是用计算器;行为是会求数的立方根;标准是正确率超过 90%。

在实际编写教学目标时,行为的描述必须写,而且要明确、具体,而条件和标准可写可不写。

需要注意的是,ABCD 法描述教学目标比较具体可测,但它过分强调了行为的结果,而忽视了内在的心理过程。

为此,美国学者格朗伦德建议将内部心理过程和外显行为结合起来描述教学目标:先用描述心理过程的术语陈述教学目标,再用可观察的行为作为例子使这个目标具体化。比如:培养运动变化的观点,这是内在的心理变化,不能直接观察和测量,只能列举一些反应内在心理变化的行为例子,通过对这些具体行为的观察,来判断学生是否培养了运动变化的观点。

如在课题“圆和圆的位置关系”中,可以这样来陈述教学目标:

(1) 通过两个圆在运动时,两圆公共点个数的变化,体会事物是运动变化的;

(2) 通过两个圆在运动时,两圆圆心距与半径之间关系的变化,进一步体会事物是怎样运动变化的。

又如在《普通高中数学课程标准(实验)》(2003 年版)中,人教版(高中数学 数学 4)平面向量关于向量应用的教学目标是:经历用向量方法解决某些简单的平面几何问题、力学问题与其他一些实际问题的过程,体会向量是一种处理几何问题、物理问题等的工具,发展运算能力和解决实际问题的能力。

新颁布的《普通高中数学课程标准(2017 年版)》主题三几何与代数中的“平面向量及其应用”关于向量应用于解三角形的教学目标是:会用向量方法解决简单的平面几何问题、力学问题以及其他实际问题,体会向量在解决数学和实际问题中的应用;借助向量的运算,探索三角形边长与角度的关系,掌握余弦定理、正弦定理;能用余弦定理、正弦定理解决简单的实际问题。

2.3.2　教学目标的含义

教学目标是对学习者通过教学后应该表现出来的可见行为的具体、明确的表述,它是预先确定的、通过教学可以达到的,并且能够用现有技术手段测量的教学结果。

教学目标是指教学活动实施的方向和预期达成的结果,是一切教学活动的出发点和最终归宿，它既与教育目的、培养目标相联系，又不同于教育目的和培养目标。教学目标分为三个层次：一是课程目标；二是课堂教学目标；三是教育成才目标。

课程是指各个教学科目与课外活动的综合。所谓课程目标，实际上就是在教育部各个学科的课程标准中，要求每个参与基础教育的教学工作者在教学的过程中要认真关注的内容。

普通高中 14 个学科的课程目标大都包含如下三个方面：知识与技能；过程与方法；情感、态度与价值观。

课堂教学目标是课程目标分解、细化了的一小部分。有了课堂教学目标，教案中的教学过程的撰写就可以围绕着教学目标展开了。

教学目标一般对应着教学过程中的某一个教学环节，即一对一的关系。教学目标也可以对应着教学过程的某几个教学环节，即一对多的关系。

2.3.3 教学目标研究概况

关于教学目标的研究基本上经历了三个阶段：布鲁姆的教学目标分类体系（20 世纪 50 年代）；加涅的学习结果分类体系（20 世纪 60 年代）；霍恩斯坦的教学目标分类体系（20 世纪 90 年代）。下面分别简要介绍。

2.3.3.1 布鲁姆的教学目标分类理论

本杰明·布鲁姆和他的同事 1956 年设计了一种智力等级，叫作布鲁姆认知领域目标分类法。布鲁姆的这套分类法，是针对学校教学中过分关注学生对事实的记忆，而忽略了更高级的思维能力的培养而提出来的。认知领域目标分类法，从基本的理解力到高级的信息加工能力共有 6 个层次。布鲁姆的认知分类法以不同的方式广泛应用于课堂教学中。

希科克斯曾指出，布鲁姆的认知领域分类法最重要的用途之一就是设计学习活动：以质疑的视角审视教学。也就是说，要考虑所教内容的严谨性、相关性以及复杂性。

后来，布鲁姆的学生对此方法进行了修订，被重新命名为“学习、教学和评价的分类法”（2001 年）。

布鲁姆将教学目标分为认知、情感和动作技能三个领域。每个领域又分为多个层次，如表 2.6、表 2.7 和表 2.8 所示。

表 2.6　认知领域分类举例

认知领域	含义	举例
知道	所获得的实际信息	回忆、说出、写出、标明等
领会	把握知识的意义	转化(转换)、解释、推断、改写等
应用	知识应用于新情境	计算、解答等
分析	知识分解,找联系	要素分析(如论文组成) 关系分析(如因果分析) 组织原理分析(如语法结构分析)
综合	将零碎知识整合成知识系统,强调创造能力	编写创造性的故事
评价	对材料作价值判断	说出……的价值、评定、证明、辩护等

表 2.7　情感领域分类举例

情感领域	含义	举例
接受	愿意注意某件事或某活动	注意、觉察等
反应	主动参与活动,活动满足	如兴趣,心情愉快地阅读课外资料
评价	对知识做态度和信念上的正面肯定	态度、欣赏等
组织	不同价值观组合,价值体系	人生哲学等
个性化	自己同一的价值观	品德等

表 2.8　动作技能领域分类举例

动作技能领域	含义	举例
知觉	通过感官对动作等的意识能力	观看游泳的演示
模仿	学生重复被演示的动作	观看后学生能以一定的精确度演示动作
操作	学生独立操作	经过练习后能在 10 级操作成绩上达到 7 级
准确	错误减少到最低程度	精确地、有控制地、无误地等
连贯	按规定顺序和协调要求,调整行为	流畅、协调、和谐、节奏
习惯化	自觉或自动做出动作	自动地、自然地、完美地

2.3.3.2　加涅的学习结果分类系统

加涅在其著作《学习的条件》中提出,解决教育复杂性的方法是把笼统的目的转化成具体的目标，要确保课程中每个单元实际上都使学生进一步地靠近长远目标，就需要划分这些目标的层次。在书中，他提出了五种学习结果：言语信息、智力技能、认知策略、动作技能、态度。其中，言语信息既是知识，也是能力。知识方面，言语信息是回答"是什么"的问题，而能力要求是培养学生进行"记忆"。也就是说，言语信息是指学习者通过学习后，能记忆事物的名称、符号、地点、时间、定义，以及对事物的描述等具体事实，能够在需要的时候将这些事实表述出来。智力技能是指运用符号办事的能力。智力技能回答为什么和怎么办的问题，而能力要求是培养学生理解和运用概念与规则的能力，以及进行逻辑推理的能力。

加涅提出，智力技能的发展是从简单到复杂，从低级到高级的过程，它可以分为以下几类(图 2.2)：(1)辨别学习；(2)概念学习；(3)规则学习；(4)高级规则学习(问题解决)。智力技能在学校学习中占有核心地位。

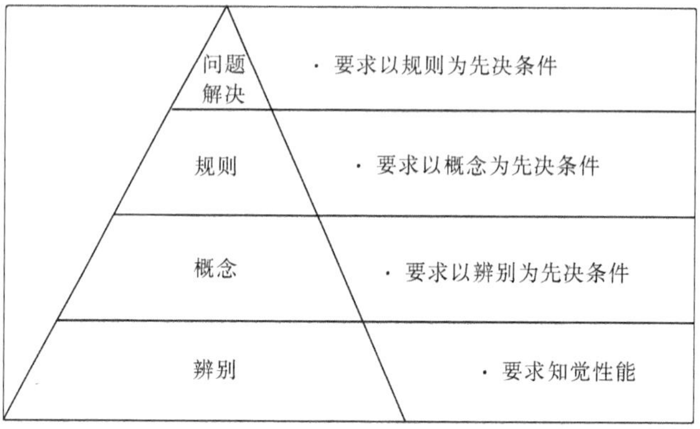

图 2.2　智力技能的复杂性水平

辨别：包括了连锁和辨别两个层次。它是将刺激的一个特征和另一个特征，或者将一个符号和另一个符号加以区别的一种习得能力。

概念：包括了具体概念和抽象概念两个层次。概念的学习是在一系列的事物中找出共同的特征，并给同类事物赋予同一名称的一种习得能力。

规则：提示两个或更多的概念之间的关系的一种学习。

高级规则(问题解决)：把两条或更多的规则结合在一起，组成一个能解决问题的高级规则，它是学习者在解决问题过程中的思维产物。

基于加涅的理论，结合数学教学，有学者给出了数学学习结果分类，如图 2.3 所示。

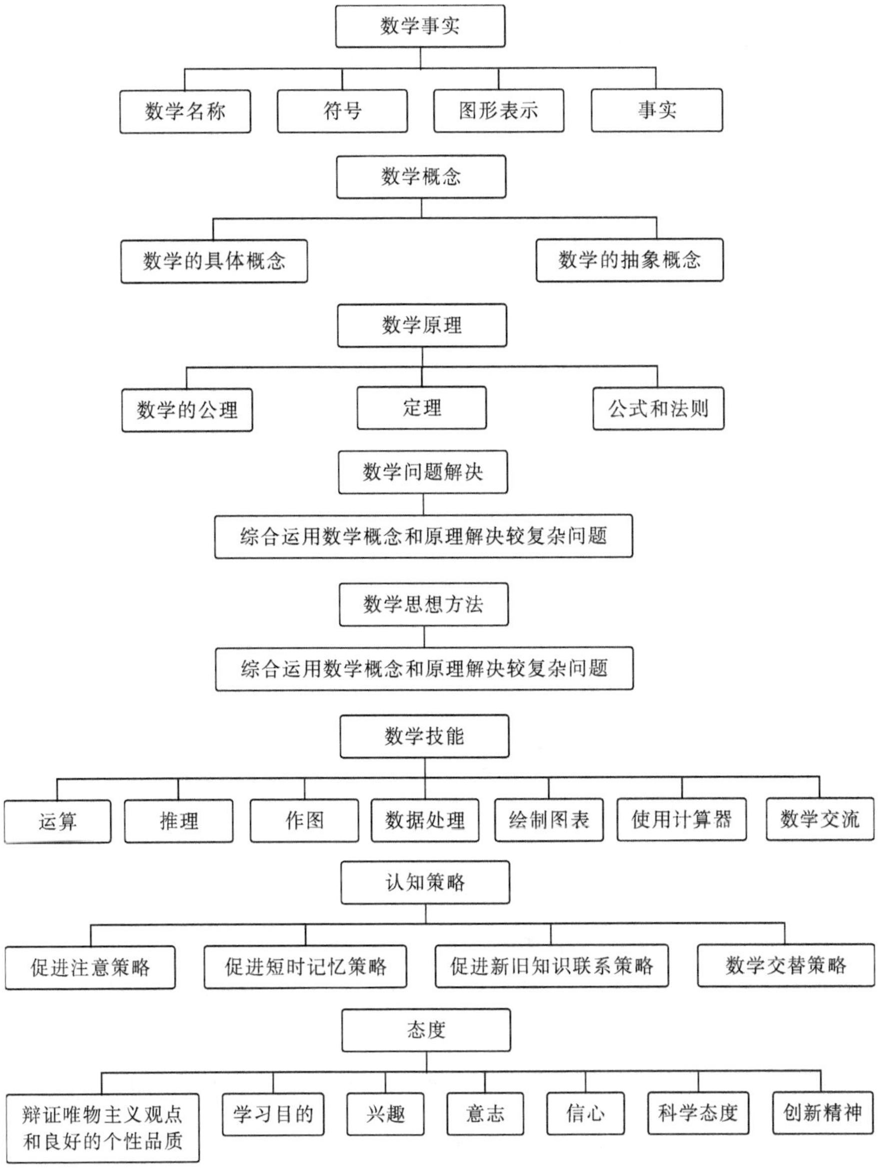

图 2.3　数学学习结果分类

例如，三角形三边关系的教学目标分析如下：

教学目标：知道各种三角形的定义；理解三角形三边关系的定理及推论；会应用上述定理和推论解决有关问题。

记忆：知道不等边三角形、等腰三角形和等边三角形的定义。

理解：能够导出三角形三边关系的定理及推论。

简单应用：根据三条线的长度，判断它们能否构成三角形。

综合应用：运用三角形三边关系定理及推论，解决有关问题。

2.3.3.3 霍恩斯坦的目标分类理论

1998年,美国学者霍恩斯坦推出了一个全新的教学目标分类体系,这个分类体系是对布鲁姆教学目标分类的进一步发展。这个分类将全部教学目标划分为4个领域,即认知领域、情感领域、动作技能领域和行为领域。每个领域又包括5个类别的目标。由于霍恩斯坦的目标分类理论是布鲁姆目标分类理论的进一步发展,因此,和布鲁姆的分类理论相比,两种目标分类理论不仅表现在领域数和类别数的不同,而且它们所依据的理论也不同。霍恩斯坦研究新的教学目标分类时,正是建构主义学习哲学流行的时候,因此,他的教学目标分类受到建构主义的深刻影响,以建构主义为理论基础。霍恩斯坦教学目标分类体现了人的行为的整体性。

霍恩斯坦将全部教育目标划分为4个领域,每个领域包括5个层次或者说5个类别的目标。

1. 认知领域

认知领域是关于知识和心智能力与技能发展的过程的,它包括以下5个层次或类别的目标。

(1) 概念化。概念化是指在一个特殊的情境中认出、定义、概括一个思想的能力。它包括3个亚类的目标:认出,定义,概括。

(2) 理解。理解是翻译和解释一个思想,以及推断内容信息的能力。它包含3个亚类的目标:翻译,解释,推断。

(3) 应用。应用是澄清一个问题或一种情境,并用适当的原理和程序解决一个具体问题或情境的能力。它包含2个亚类的目标:澄清,解答。

(4) 评价。评价是分析和描述信息和资料或情境以进行评判的能力。它包括2个亚类的目标:分析,描述。

(5) 综合。综合是假设或解决产生新的办法或答案的复杂问题的能力。它包括2个亚类的目标:假设,解决。

2. 情感领域

情感领域是关于情感、价值和信仰对个体行为的影响,这个领域的目标分为以下5个层次或类别。

(1) 接受。接受是觉察、愿意和注意的意向。它包括3个亚类的目标:觉察,愿意,注意。

(2) 反应。反应是默认、遵从和评价一种反应情境的倾向。它包括3个亚类的目标:默认,遵从,评价。

(3) 价值评价。价值评价是认可、更喜爱和证实一种价值的倾向。它包括3个亚类的目标:认可,更喜爱,确认。

（4）信奉。信奉是相信并将一种价值作为指导原则的倾向。它包括2个亚类的目标：相信，信奉。

（5）举止。举止是遵照一种价值或信念显示和改变行为的倾向。它包括2个亚类的目标：显示和改变。

3.动作技能领域

动作技能领域是关于发展身体的动作、能力和技能的，这个领域的目标包括以下5个类别或层次。

（1）知觉。知觉是接受和认识到关于概念、思想、物体和现象的详情的能力。它包括4个亚类的目标：感觉，辨认，观察，意向。

（2）模仿。模仿是激活、模仿和协调自然能力以形成一种符合一般模式或情境的行动或行为样式的能力。它包括3个亚类的目标：激活，模仿，协调。

（3）整合。适应是将适当动作整合起来并以达到技能认定的质量和特征做出动作。它指明优先的评价、应用和模仿能力。它包括2个亚类的目标：统整，标准化。

（4）创作。创作是保持、调适，能胜任的、有效的技术和技能以执行指定的职责的能力。它暗示先前的信奉、评价和适应的能力与技能。它包括2个亚类的目标：保持，调适。

（5）熟练。熟练是创始和完善能力与技能的能力和愿望。它追求能力与技能的精纯化以达到出色。它意味着优越的举止、综合和创作的能力与技能。它包括2个亚类的目标：创始，完善化。

4.行为领域

行为领域是一个综合性的领域，是认知领域、情感领域和动作技能领域的综合。与前面3个领域一样，行为领域也包括以下5个层次或类别的目标。

（1）获取。获取是在特殊的情境中接受、知觉并使一个概念、思想或现象概念化的能力。它包括3个亚类的目标：接受，知觉，概念化。

（2）同化。同化是在一种情境中理解做适当反应的能力，是将概念、思想和观念改变或转换为类似情境的能力。它包括3个亚类的目标：反应，理解，模仿。

（3）适应。适应是改变与指定的质量、根据和标准相符合的知识、技能和性格的能力。它包括3个亚类的目标：价值评价，应用，整合。

（4）施行。施行是对情境进行评价和产生结果的能力。它包括3个亚类的目标：信奉，评价，创作。

（5）达成。达成是综合知识和精通技能并将这些表现在行为中的能力。它包括3个亚类的目标：举止，综合，熟练。

霍恩斯坦的目标分类归纳如表2.9所示。

表 2.9 霍恩斯坦的目标分类

层次	认知领域	情感领域	动作技能领域	行为领域
1.0	概念化/认出、定义概括	接受/觉察、愿意、注意	知觉/感觉、辨认、观察、意向	获取/接受、知觉、概念化
2.0	理解/翻译、解释、推断	反应/默认、遵从、估价	模仿/激活、模仿、协调	同化/反应、理解、模仿
3.0	应用/澄清、解答	价值评价/认可、更喜爱、确认	整合/统整、标准化	适应/价值评价、应用、整合
4.0	评价/分析、描述	信奉/相信、信奉	创作/保持、调适	施行/信奉、评价、创作
5.0	综合/假设、解决	举止/显示、改变	熟练/创始、完善化	达成/举止、综合、熟练

2.3.3.4 国内有关数学教学目标的研究与界定

教学目标的确定是教学设计的核心问题。对教学活动而言，教学目标既是起点也是终点。总体而言，构建数学教学目标体系应包括认知目标、能力目标和情感目标三个方面。

具体来说，全日制义务教育数学课程(初中)标准(实验稿)将数学教学目标划分为4个维度：知识与技能、数学思考、解决问题、情感与态度。而普通高中数学课程标准(实验稿，2001年版)则把数学教学目标划分为3个维度：知识与技能，过程与方法，情感、态度与价值观目标。以上教学目标的划分，改变了过去课程过于注重知识传授的倾向，强调形成积极主动的学习态度，使获得基础知识与基本技能的过程同时成为学会学习和形成正确价值观的过程。

2017年版的课程标准提出了数学学科核心素养，并将数学核心素养作为数学课程的重要目标，在课程目标、课程内容、学业质量等方面都对数学核心素养提出了具体要求。这些要求最终要落实到教学中去，这就要求教师在确定教学目标时，关注数学学科核心素养。教学目标类型可以分成总体目标、学段目标、内容目标、课堂教学目标四类。

1.初中数学教学目标简介

1)初中数学总体目标

义务教育阶段数学课程的总体目标大体上分为：获得适应社会生活和进一步发展所必需的数学的基础知识、基本技能、基本思想和基本活动经验；体会数学知识之间、数学与其他学科之间、数学与生活之间的联系，运用数学的思维方式进行思考，提高发现和提出问题的能力、分析和解决问题的能力，增强创新意识；了解数学的价值，激发学习数学的兴趣，增强学好数学的信心，养成认真、严谨、独立思考的习惯，具有尊重事实的科学态度和质疑求真的科学精神。上述总体目标进一步被分成以下 4 点：

(1)知识技能

经历数与代数的抽象、运算与建模等过程，掌握数与代数的基础知识和基本技能。

经历图形的抽象、分类、性质探讨、运动、位置确定等过程，掌握图形与几何的基础知识和基本技能。

经历在实际问题中收集和处理数据、利用数据分析问题、获取信息的过程，掌握统计与概率的基础知识和基本技能。

参与综合实践活动，积累综合运用数学知识、技能和方法等解决简单问题的数学活动经验。

(2)数学思考

建立数感、符号意识和空间观念，初步形成几何直观和运算能力，发展形象思维与抽象思维。

体会统计方法的意义，发展数据分析观念，感受随机现象。

在参与观察、实验、猜想、证明、综合实践等数学活动中，发展合情推理和演绎推理能力。

学会独立思考，体会数学的基本思想和思维方式，能清晰地表达自己的想法。

(3)问题解决

初步学会从数学的角度发现问题和提出问题，综合运用数学知识解决简单的实际问题，发展应用意识和实践能力。

获得分析问题和解决问题的一些基本方法，体验解决问题方法的多样性，发展创新意识。

学会与他人合作交流。

初步形成评价与反思的意识。

(4)情感态度

积极参与数学活动，对数学有好奇心和求知欲。

体验获得成功的乐趣，建立学好数学的自信心。

体会数学抽象、严谨、简洁、统一的特点，了解数学的科学价值和应用价值。

养成认真、严谨、独立思考的习惯，具有尊重事实的科学态度和质疑求真的科学精神。

2)学段目标

九年义务教育阶段被划分为三个学段，每一学段的数学课程都有一个学段目标，每一个学段目标都按照知识技能、数学思考、问题解决和情感态度四个维度来阐述。初中属于第三学段(7—9 年级)，其学段目标为：

(1)知识技能

体验从具体情境中抽象出数学符号的过程，理解有理数、实数、代数式、方程、不等式、函数等概念;掌握必要的运算(包括估算)技能;探索具体问题中的数量关系和变化规律,掌握用代数式、方程、不等式、函数进行表述的数学表示方法。

探索并掌握相交线、平行线、三角形、四边形和圆的基本性质与判定,掌握基本的证明方法和基本的作图技能;探索并理解平面图形的平移、旋转、轴对称;认识投影与视图;探索并理解平面直角坐标系,能确定位置。

体验数据收集、处理、分析和推断过程,理解抽样方法,体验用样本估计总体的过程;进一步认识随机现象,能计算一些简单事件的概率。

(2)数学思考

通过用代数式、方程、不等式、函数等工具来表达数量关系的过程,体会模型的思想,建立符号意识;在研究图形性质和运动、确定物体位置等过程中,进一步发展空间观念;经历借助图形思考问题的过程,初步建立几何直观。了解利用数据可以进行统计推断,发展建立数据分析观念;感受随机现象的特点。

体会通过运用合情推理探索数学结论,运用演绎推理探究证明的过程,在多种形式的数学活动中,发展合情推理与演绎推理的能力。

学会独立思考,体会数学的基本思想和思维方式。

(3)问题解决

在具体的情境中,能从数学的角度发现问题和提出问题,并综合运用数学知识和方法等解决简单的实际问题,发展应用意识和实践能力。

经历从不同角度分析问题和解决问题的过程,体验解决问题方法的多样性。

在与他人合作和交流的过程中,能客观地理解他人的思考方法和结论。

能针对他人所提的问题进行反思,初步形成评价与反思的意识。

(4)情感态度

积极参与数学活动,对数学有好奇心和求知欲。

感受成功的快乐,体验独立解决数学问题的历程,有克服困难的勇气,具备学好数学的信心。

在运用数学表示和解决问题的过程中,认识数学具有抽象、严谨和应用广泛的特点,体会数学的科学价值和应用价值。

敢于发表自己的想法、提出质疑,养成独立思考、合作交流等学习习惯。

3)课堂教学目标

课堂教学目标就是一节课的教学目标。

总体目标、学段目标和内容目标是宏观目标,是远期目标,它们要由一节一节课的课堂教学目标来具体体现、落实。

课堂教学目标是当期目标,它受制于前三类目标,是实现前三类目标的基础。

▶▶▶ **案例 2.7**

二次函数

一、教材分析

“二次函数”选自北京师范大学出版社九年级下册第二章第 1 节 29 页到 31 页的内容。本节课的教学是让学生理解二次函数的概念，并且能够根据实际问题列出二次函数式。在进行本节内容教学之前，学生已经学习了一元二次方程、一次函数、正比例函数、反比例函数。学习本节内容，也为以后学习函数的图象、性质及应用做好铺垫。因此，本节内容具有承上启下的作用。

二、学情分析

虽然学生已经系统学习了一次函数、正比例函数以及反比例函数，在脑海中也初步建立了数形结合的思想。但本阶段的学生在具体问题情境中建立数学模型的能力还有待提高。因此，在教学过程中，一定要紧密联系实际生活，让学生在生活中进行数学的学习，帮助学生更好地理解问题，建立模型。

三、教学目标

根据新课标要求，考虑到学生已有的认知结构以及年龄特征，制定了如下教学目标：

知识与技能：理解二次函数的概念，根据实际问题列出二次函数。

过程与方法：通过引入具体的实例，让学生自己经历探索二次函数概念的过程，培养学生运用数学知识解决实际问题的能力。

情感态度价值观：通过探索解决问题的方法，培养学生合作交流的意识和探究精神。

2. 高中数学课程标准(2017 年版)简介

2017 年版的课程目标由课程总目标、阶段目标、具体内容目标三个系统构成。在课程目标部分，呈现了数学课程的总目标；在学业质量部分，呈现了阶段目标；在课程内容部分，呈现了主题单元下的具体内容目标。

数学课程的总目标、阶段目标、具体内容目标各自构成目标系统，三个目标系统构成了《普通高中数学课程标准(2017 年版)》中的课程目标体系。

课程目标部分的数学课程总目标包括获得四基，提高四能，发展六个核心素养，形成情感、态度与价值观等四个方面。

学业质量部分又分三级水平描述了六个核心素养的质量标准。

课程内容部分，分主题单元、用不同类型的行为动词描述了对主题单元下每个具体内容的结果性目标和过程性目标的要求。这些目标也可以看成相应主题或课程类型学习结束时达成的阶段性目标。

2017 年版的课程内容纵向可以分为主线、主题、单元，横向可以分为必修、选择性必修、必修。

1)高中数学课程基本理念

《普通高中数学课程标准(2017 年版)》指出，高中数学课程以学生发展为本，落实立德树人根本任务，培育科学精神和创新意识，提升数学学科核心素养。高中课程面向全体学生，实现人人都能获得良好的数学教育，不同的人在数学上得到不同的发展。这是新的时代背景下数学课程价值观的方向定位。

2)高中数学课程的性质

课程标准指出:高中数学课程是义务教育阶段后普通高级中学的主要课程，具有基础性、选择性和发展性。这是高中教育阶段数学课程的基本性质。

高中数学课程具有基础性，是指高中数学课程在课程内容上包含了数学中最基本的部分，它面向全体学生，是学生未来发展的基础;是学生为了适应未来社会生活、高等教育和职业发展必需具备的数学基础;它还为高中物理、化学、技术等其他学科学习提供必要的知识准备。

高中数学课程具有选择性，是指在保证每个学生达到共同基础的前提下，充分考虑学生不同的发展需求，结合数学学科特点，为学生的个性化发展提供多样化的课程形式和内容，充分满足学生的自主选择，促进学生的自主发展。

高中数学课程具有发展性，是指高中数学课程在基础教育的高级阶段具备的承前继后的功能。课程不仅可以在义务教育之后进一步促进学生数学学科核心素养获得阶段性的提升，而且为学生适应终身学习和未来可持续发展创造条件，做好准备。总之，高中数学课程所具有的基本属性首先是由高中教育阶段的定位所决定的。

3)高中数学课程的结构

课程结构及内容的选择是根据特定的教育价值观及相应的课程目标来确定课程要素的过程。影响和制约数学课程发展的主要因素来自社会、数学和学生三个方面，这三方面因素也是课程结构设计及内容选择的基本依据。

课程标准指出，高中数学课程体现现代社会发展的需求、数学学科的特征和学生的认知规律，发展学生数学学科核心素养。这就明确了确定数学课程结构、内容的依据。正如史宁中教授指出的那样，选择什么样的课程内容才最有价值，从来都是课程改革中根本性的问题，无论是对于课程设计者还是课程实施者皆是如此。数学课程要处理好社会、数学和学生三个方面的关系，找准它们在制约课程结构和内容上的平衡点，而这一平衡点就是发展学生数学学科核心素养。发展学生数学学科核心素养是高中数学课程的基本属性。关于这一点，在课程结构上，课程标准进一步提出，优化课程结构，为学生发展提供共同基础和多样化选择。

作为教学设计者，应在课程结构上处理好基础性与发展性、统一性与多样性的关系，把握好整体与局部、必修与选修、板块与单元等的关系，形成一个内部有机关联、功能良性互补的数学课程结构。

4)高中数学学科核心素养

2016 年 9 月，中国学生发展核心素养研究团队正式发布了研究结果，并将研究结果不断完善。学生发展的核心素养主要指学生应具备的、能够适应终身发展和社会发展需要的正确价值观念、必备品格和关键能力。

数学学科核心素养是学生发展核心素养在数学学科中的具体化，是数学育人价值的集中体现，从学生的角度看，是学生学习数学后期望成就的表现。数学学科核心素养，既要体现与学生发展核心素养的关联性，更要体现数学学科独有的特点。

数学学科核心素养包括：数学抽象、逻辑推理、数学建模、直观想象、数学运算和数据分析。数学学科的这些核心素养既相对独立又相互交融，是一个有机的整体。

数学抽象是从情境中的数量关系与空间形式抽象得到数学研究对象的思维过程。主要包括：从数量与数量关系、图形与图形关系中抽象出数学概念及概念之间的关系，从事物的具体背景中抽象出一般规律和结构，用数学语言予以表征。主要表现在：形成数学概念和规则，形成数学命题和模型，形成数学方法与思想，形成数学结构与体系。

逻辑推理是指从一些事实和命题出发，依据规则推出其他命题的思维过程。主要包括两类：一类是从特殊到一般的推理，推理形式主要有归纳、类比；一类是从一般到特殊的推理，推理形式主要有演绎。主要表现在：发现和提出命题，掌握推理的基本形式和规则，探索和表述论证的过程，构建命题体系，有逻辑地表达与交流。

数学建模是对现实问题进行数学抽象，用数学语言表达问题、用数学知识与方法构建模型、解决问题的过程。主要包括：在实际情境中从数学的视角发现问题，提出问题，分析问题，建立模型，求解结论，验证结果并改进模型，最终解决实际问题。主要表现在：发现和提出问题，建立模型，求解模型，检验结果和完善模型。

直观想象是指借助几何直观和空间想象感知事物的形态与变化，利用图形理解和解决数学问题的过程。主要包括：借助空间认识事物的位置关系、形态变化与运动规律；利用图形描述、分析数学问题；建立数与形的联系，构建数学问题的直观模型，探索解决问题的思路。主要表现在：利用图形描述数学问题，利用图形理解数学问题，利用图形探索和解决数学问题，构建数学问题的直观模型。

数学运算是指在明晰运算对象的基础上，依据运算法则解决数学问题的过程。主要包括：理解运算对象，掌握运算法则，探究运算方向，选择运算方法，设计运算程序，求得运算结果等。主要表现在：理解运算对象，掌握运算法则，探索运算思路，设计运算程序进行运算。

数据分析是指针对研究对象获取相关数据，运用统计方法对数据进行整理、分析和推断，形成关于研究对象知识的过程。主要包括：收集数据，整理数据，提取信息，构建模型，对信息进行分析、推断，获得结论。主要表现在：数据获取，数据分析，知识构建。

数学学科核心素养是课程目标的集中体现，"三会"（会用数学眼光观察世界，会用数学思维思考世界，会用数学语言表达世界）是数学学科核心素养的外在表现。

5）基于数学学科核心素养的课程目标分析

课程标准指出，学科核心素养是育人价值的集中体现，是学生通过学科学习而逐步形成的正确价值观念、必备品格和关键能力。数学学科核心素养是数学课程目标的集中体现，是具有数学基本特征的思维品质、关键能力，以及情感、态度与价值观的综合体现，是在数学学习和应用的过程中逐步形成和发展的。

"集中体现"表明学科核心素养是数学育人价值的凝聚点、聚焦点，它对高中数学课程目标中的其他目标点具有统整、综合的意义。数学学科核心素养是在数学学习和应用的过程中逐步形成的，体现出它特有的养成性、阶段性和发展性特征。这些都是由核心素养本身的属性所决定的。

高中数学课程目标分析：通过高中数学课程的学习，学生能获得进一步学习以及未来发展所必需的数学基础知识、基本技能、基本思想、基本活动经验（简称"四基"）；提高从数学角度发现和提出问题的能力、分析和解决问题的能力（简称"四能"）。发展数学学科核心素养，学会用数学眼光观察世界，用数学思维思考世界，用数学语言表达世界。

通过普通高中数学课程的学习，学生能提高学习数学的兴趣，增强学好数学的自信心，养成良好的数学学习习惯，发展自主学习的能力，树立敢于质疑、善于思考、严谨求实的科学精神；不断提高实践能力，提升创新意识，认识数学的科学价值、应用价值、文化价值和审美价值。

在新课标的要求下，在做教学设计的教学目标设计时，要突出数学学科核心素养。

教学设计的第一步就是制定教学目标，在制定教学目标时，要充分关注数学学科核心素养如何去达成，教学中要引导学生理解基础知识，掌握基本技能，感悟数学基本思想，积累数学基本活动经验，促进学生数学学科核心素养的不断提升。要做到这些就必须深入研究新课程标准，研读学业质量水平划分，研读课程内容的要求。

我们可以通过以下几个方面新、旧课程标准的比较来更好地理解新的课程标准。

(1)教学理念的比较(表 2.10)。

表 2.10　新旧课程教学理念的比较

	新课程的理念	旧课程的理念
课程宗旨	高中数学课程以学生发展为本,落实立德树人根本任务,培养科学精神和创新意识,提升数学学科核心素养。高中数学课程面向全体学生,实现人人都能获得良好的数学教育,不同的人在数学上得到不同发展	构建共同基础,提供发展平台
课程内容	高中数学课程体现社会发展的需求、数学学科的特征和学生的认知规律,发展学生数学学科核心素养。优化课程结构,为学生发展提供共同基础和多样化选择;突出数学主线,凸显数学的内在逻辑和思想方法;精选课程内容,处理好数学学科素养与知识技能之间的关系,强调数学与生活以及其他学科的联系,提升学生应用数学解决实际问题的能力,同时注重数学文化的渗透	提供多样课程,适应个性选择
教学活动	高中数学教学活动的关键是启发学生学会数学思考,使学生会学数学,会用数学。根据数学学科的特点,深入挖掘数学的育人价值,强调数学教学的育人功能,树立以发展学生数学核心素养为导向的课程意识与教学意识,将核心素养贯穿于数学教学的全过程。在教学中,教师应结合相应的教学内容,落实"四基",培养"四能",促进学生数学核心素养的形成与发展	倡导积极主导,勇于探索的学习方式;注重提高学生的数学思维能力;发展学生的数学应用意识;与时俱进的认识"双基";强调本质,注意适度形式化;体现数学的文化价值;注重信息技术与数学课程的整合
学习评价	评价的依据是相应学习阶段学生数学核心素养的发展水平,应建立目标多元、方法多样的评价体系	建立合理、科学的评价体系

(2)课程目标表述的比较(表 2.11)。

表 2.11　新旧课程目标表述的比较

新课程目标	旧课程目标
1.获得进一步学习以及未来发展所必需的"四基"(基础知识、基本技能、基本思想、基本活动经验),提高"四能"(从数学角度发现和提出问题的能力,分析和解决问题的能力),增强创新意识和应用能力	1.获得必要的数学基础知识和基本技能,理解基本的数学概念、数学结论的本质
2.发展数学核心素养(数学抽象、逻辑推理、数学建模、直观想象、数学运算和数据分析),学会用数学眼光观察世界,用数学思维分析世界,用数学语言表达世界	2.提高空间想象,抽象概括、推理论证、运算求解、数据处理等基本能力
	3.提高提出、分析、解决问题的能力,独立获取数学知识的能力
	4.发展数学应用意识和创新意识,对现实世界中蕴涵的一些数学模式进行思考和做出判断

续表

新课程目标	旧课程目标
3.提高学习数学的兴趣，增强学好数学的自信心，养成良好的数学学习习惯；树立敢于质疑、善于思考、严谨求实的科学精神；认识数学的科学价值、应用价值和文化价值	5.提高学习数学的兴趣，树立学好数学的信心
	6.具有一定的数学视野，逐步认识数学的科学价值、应用价值和文化价值

(3)课程结构的比较(表2.12)。

表2.12　新旧课程结构的比较

<table>
<tr><th></th><th>新课程目标</th><th>旧课程目标</th></tr>
<tr><td>结构图</td><td>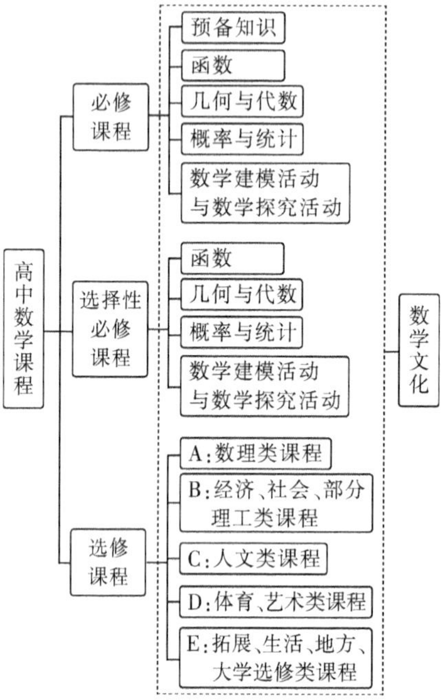
</td><td>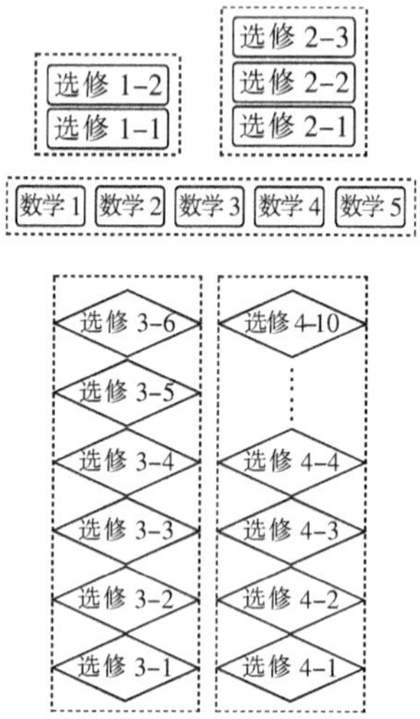
</td></tr>
<tr><td>学分</td><td>必修:8学分
选修1:6学分
选修2:6学分</td><td>必修:10学分
选修2系列:6学分
选修4系列:3学分(每个专题1学分，共10个专题，高考修3学分)</td></tr>
<tr><td>学时</td><td>必修:144学时
选修1:108学时
选修2:没建议学时</td><td>必修:180学时
选修2系列:108学时
选修4系列:没建议学时</td></tr>
<tr><td>内容安排</td><td>高一上必修1
高一下必修1
高二上选修1，选修2</td><td>高一上必修1，必修4
高一下必修5，必修2，必修3
高二上选修2系列，选修4系列</td></tr>
</table>

在新版高中数学课程标准中特别提出了数学核心素养的概念(表 2.13)。

表 2.13　2017 年版高中数学课程标准中的数学核心素养

概念	包含的内容	涉及的方面	描述与层次划分
具有数学基本特征的、适应个人终身发展和社会发展需要的人的关键能力与思维品质	数学抽象	情境与问题	情境包括现实情境、数学情境、科学情境 层次:简单、较为复杂、发展 问题指情境中的问题 层次:熟悉的问题、关联的问题、综合问题
	逻辑推理	知识与技能	主要指能够体现相应数学核心素养的知识、技能 层次:了解、理解、掌握,以及经历、体验、探索
	数学建模	思维与表达 交流与反思	这两者是学生在具有情境的数学活动中逐渐养成、表现出来的,是对数学基本思想的感悟,是数学基本活动经验的积累
	直观想象		
	数学运算		
	数据分析		

2.3.4　教学目标的表述方法

下面介绍在教学设计过程中如何撰写教学目标。

2.3.4.1　知识与技能目标的表述

知识与技能目标主要是发展学生的学科知识。可简单地分为三个层次:记忆、理解、运用。

(1) 记忆是指学生对知识的储存和回忆。

(2) 理解是指学生对课文意义的建构,学生能用与课文的表达方式不同的方式表达课文的意义。

(3) 运用是指学生将课堂所学到的知识运用于相似或不同的情境中。

教学目标的陈述必须从学生的角度出发,陈述行为结果的典型特征,行为的主体必须是学生,而不能以教师为目标的行为主体。"使学生……""提高学生……"等方式都是不符合陈述要求的。比如,使学生学会用代入消元法解二元一次方程组。

尽管有时行为主体"学生"两字没有出现,但也必须是隐含着的。可以是:会解简单的一元一次不等式,并能在数轴上表示出解集。

2.3.4.2　过程与方法目标的表述

过程与方法,既是课堂教学的目标之一,又是课堂教学的操作系统。新课程(2001 年版)倡导对学与教的过程的体验、方法的选择,是在知识与能力目标基础上对教学目标的进一步开发。

在写过程与方法目标时，可以根据内容和以下术语描述：

通过数学学习过程，把握数学思想方法，形成数学能力，发展数学思维和数学意识（如统计意识、应用意识、创新意识），提高问题解决能力。

描述过程与方法目标的常见术语有：经历……过程，培养……能力，领悟……思想方法，发展……意识，学习……的问题解决方法；观察、参与、尝试；探索、研究、发现；合作、交流、反思。

2.3.4.3　情感、态度与价值观目标的表述

情感、态度与价值观既是课堂教学的目标之一，又是课堂教学的动力系统。

新课程倡导对学与教的情感体验、态度形成、价值观的体现，是在知识与能力、过程与方法目标基础上对教学目标深层次的开拓。这里的情感是指在数学活动过程中的比较稳定的情绪体验。

数学态度是指对数学活动、数学对象的心理倾向或立场。表现出兴趣、爱好、喜欢与否、看法立场等。数学态度可以演变为数学信念——对数学持有的较为稳定的总体看法、观念。

数学态度包括对数学学科的态度（即数学信念）、对数学的兴趣、对数学具体内容的态度。这一维度目标的内容还包括宏观的价值观和数学审美观，如对数学的科学价值、应用价值和文化价值的看法，辩证法的观点，数学的简洁整齐之美、统一和谐之美、抽象概括之美、对称之美、精确之美。刻画情感态度目标的术语有：感受……，体会……，领悟……，形成……观点，养成……的习惯，欣赏……之美。

在写情感与态度目标时，可以根据其内容和上述术语来写。

情感态度价值观属于内隐的心理结构，不是明确知识，而是意会知识，无法通过传授而直接获得，必须通过学生的过程学习间接获得。

教师在进行教学设计时，要以知识技能为基础，以过程方法为途径，在引导学生学习数学的过程中，为学生情感态度与价值观的发展创设适宜的土壤，把知识与技能的学习和情感态度与价值观的培养结合起来，使学生受到潜移默化的影响，最终形成良好的情感态度与价值观。

注意：三维目标不是三个独立的个体，而是互相融合的一个整体，具有内在的统一性，统一指向人的发展。

可以说，知识与技能维度的目标立足于让学生学会，过程与方法维度的目标立足于让学生会学，情感、态度与价值观维度的目标立足于让学生乐学。

2.3.5 教学目标撰写案例

▶▶▶ **案例 2.8**

“函数模型的应用实例”教学三维目标

（摘自《数学教学研究》2017 年 11 期　李玉萍，甘肃省兰州市第 4 中学）

一、知识与技能目标

（1）能根据图象和表格提供的有关信息和数据，建立函数模型。

（2）会利用建立的函数模型解决实际问题。

（3）培养学生阅读理解、抽象概括、数据处理、语言转换、数学建模等数学能力。

二、过程与方法目标

（1）通过实例分析，使学生感受到函数的广泛应用，体会建立函数模型解决实际问题的思维过程。

（2）渗透数形结合、分类讨论、化归转换等数学思想方法。

三、情感、态度与价值观目标

（1）让学生体验解决问题的成功喜悦，激发学习数学的兴趣，增强学好数学的自信心。

（2）培养学生的应用意识、创新意识和探索精神，优化学生的理性思维和求真务实的科学态度。

（3）经历建立函数模型解决实际问题的过程，领悟“认识来源于实践又服务于实践”的辩证观点。

▶▶▶ **案例 2.9**

“函数的表示法”教学三维目标

（摘自《数学教学研究》2017 年 1 期　蓝云波，广东省兴宁市第一中学）

一、知识与技能目标

（1）通过对函数表示方法的研究，进一步加强对函数概念的理解和体会。

（2）掌握函数的列表法、图象法、解析法 3 种主要表示方法。

（3）通过具体的实例，在不同表示法的选择、转化中，逐步学会用恰当的方法表示一个函数，逐步养成用不同方法表示一个函数的习惯，尤其是增强数形结合的意识，了解函数不同表示法的优缺点。

二、过程与方法目标

(1)体验用不同方法表示函数的过程,结合实例,尝试选择合适的方法表示函数。

(2)初步探求用数形结合法解决问题。

(3)会根据实际问题中的条件列出函数解析式。

三、情感态度与价值观目标

(1)感受对应关系在刻画函数概念中的作用,使学生对数学的高度抽象性、概括性和广泛的应用性有进一步的认识。

(2)体会数形结合的重要方法,进一步向学生渗透事物间是普遍联系和相互转化的辩证唯物主义观点,树立辩证唯物主义思想。

(3)培养学生把实际问题抽象成数学问题的能力,即数学的发现问题、提出问题和解决问题的能力。

▶▶▶ 案例 2.10

"确定二次函数表达式"教学三维目标

(《数学教学研究》2017 年 1 期　张春霞,甘肃省兰州市第五十中学)

一、知识与技能目标

能够根据二次函数的图象和性质建立适当的直角系,并能根据条件用待定系数法确立二次函数的表达式。

二、过程与方法目标

经历确定适当的平面直角坐标系以及根据点的坐标确定二次函数表达式的思维过程,类比求一次函数的表达式的方法,体会求二次函数表达式的思想方法。

三、情感与态度目标

调动学生学习的积极性,培养良好的学习习惯及数学的应用意识;逐步培养学生观察、比较、分析、概括等逻辑思维能力。

2.4　教法与学法设计

在前期教材分析、学情分析的基础上,为达成教学目标,在教学过程中需要选择合适的教学方法、教学模式以及恰当的学习方法。

2.4.1　教学方法与教学模式

2.4.1.1　教学方法与教学策略

要正确认识教学方法，首先要区分教学方法与教学策略这两个概念。教学策略与教学方法的区别与联系是什么？教学方法在教学实践过程中谈得比较多，一般认为，教学方法是指教学设计者为了完成一定的教学目的和任务，师生在共同活动中所采用的方式、手段，既包括教的方法，也包括学的方法，是教法与学法的统一。

一般的教学方法大致有以下几种：讲授法、演示法、讨论法、训练和实践法、合作学习法、示范模仿法、强化法、实验法、练习法等。

教学策略是指在不同的教学条件下，为达到不同的教学结果所采用的方式、方法、媒体的总和。如先行组织者教学策略、掌握学习教学策略、情境-陶冶教学策略、示范-模仿教学策略等。

建构主义中的自主学习策略包括：支架式教学策略、抛锚式教学策略、随机进入教学策略、启发式教学策略、自我反馈式教学策略、基于 Internet 的探索学习策略。协作式教学策略包括：课堂讨论、角色扮演、竞争、协同和伙伴等。

教学方法是较为微观的和具体的，而教学策略则是比较宏观的、笼统的。比如，选择一门课的教学内容和组织安排知识内容体系，这就属于宏观的教学策略。根据这一教学策略，我们可以选择不同的教学方法。比如，怎样讲解某个概念，怎样介绍某篇课文，等等。它们的共同点是都与教学内容和教学关系密切。

在教学设计过程中，我们可以这样辨析方法与策略：教学方法是指解决问题的具体做法；教学策略是如何选择，如何使用方法。要注意的是，教学设计过程中，一节课中选用的教学方法可能有好几种，针对不同的教学环节可以采用不同的教学方法，针对不同的教学内容也可能采用不同的教学方法，甚至相同的教学内容针对不同的学生也可以采用不同的教学方法，所以教学方法在教学设计过程中是比较灵活的。

2.4.1.2　教学模式

教学模式是在一定的教育思想、教学理论和学习理论指导下，为完成特定的教学目标和内容而围绕某一主题形成的比较稳定且简明的教学结构理论框架及其具体可操作的教学活动方式。

一般认为，教学模式具备以下特点：

(1) 在一定理论指导下；

(2) 需要完成规定的教学目标和内容；

(3) 表现一定的教学活动序列及其方法策略。

2.4.2 国内外对教学模式的研究

心理学家阿伦得认为，教学模式是教师以特定的方式，引导学生达成教学目的的一种整体的教学方法。根据墨瑟等的观点，教师需要根据学生的不同需求来做出教学决策。这意味着教师需要提供一系列连续的教学方法，包括“显性”和“隐性”的教学。他们还指出，坚持运用单一的教学方法，不论是对于教师还是对于学生来说，都会减少选择适当教学的余地。

不同的教学模式以不同的方式引导学生达到特定的教学目标。课堂教学模式主要有直接教学、知识呈现、引导发现式教学。

一些教学模式，如直接教学及知识呈现，通常被应用于讲授基本的知识与技能。而另外一些教学模式，如引导发现式教学，则可能被运用于提高归纳及解决问题的能力。

因为各种教学模式的目的是不一样的，所以对其特征的深入理解将有助于教师决定哪种模式最适合某一特征的教学或活动。

教师应当在拟定教学目标之后再选择教学模式。首先决定自己想让学生通往哪里（教学目标），然后再决定如何帮助他们到达那里（教学模式）。一旦选择好了教学模式，就一定要确保所拟定的设计能反应该模式的核心要素。

比如，你设计的是一堂直接教学课，那么该设计就应该详细描述你将如何解释及演示信息，如何检验理解，以及提供何种练习的机会，因为这是直接教学的一些核心要素。

了解各种不同的方法及模式是至关重要的，因为只有考虑到了学生的需求、兴趣及长处，你的选择才是最为有效的。多样化的呈现和多种方法的使用，可以自动地激发学生的兴趣。

教学模式的内涵取决于每个具体模式中各个要素的内容。教师可以增加、重组或省略要素的某些内容，但必须要有充分的依据。

一般地，在选择具体的教学模式之前，应该先完成以下预先设计：

(1) 确定将要讲授的具体内容并对其进行分析；

(2) 拟定教学目标；

(3) 拟定教学依据；

(4) 选择模式并参阅合适的章节以获取更多的信息。

2.4.2.1 直接教学模式

1. 直接教学模式简介

直接教学通常被概括为一种“我做，我们做，你做”的教学模式。

也就是说，在这一模式下，教师先解释并演示某一技能，接着，学生在教师的帮助下演练这个技能，然后由学生自己加以实践。

描绘直接教学的另一组常用词是“模拟—引导—测试”，它指的是教师先进行演示和陈述，再引导学生进行操练，然后对学生进行评价。

这两种说法均表明，教师应该仔细地引导学生的学习，而这正是直接教学模式的目的所在。

直接教学是一种显性的教学。

在直接教学课上，教学事件主要集中于使学生达到特定的短期目标。教师通常一开始就清楚地向学生陈述该课的教学目标或教学目的；然后再利用多种示例来解释并演示将要学习的知识或技能；接着，学生在教师严密的监督下对新知识或技能进行大量的练习。通常情况下，先进行全班练习，然后是小组或两人练习，最后进行的是独立练习。

这一环节能让教师清楚地了解每位学生的进展情况。对此，教师应该认真设计每一个教学要素，确保所有的学生都能到达教学目标的要求。

直接教学课是以教师为中心的，但这并不意味着学生只是被动的倾听者。相反，他们可以在整个教学过程中积极参与。教师应利用自己的创造力，运用有趣的方法来陈述教学并激发学生思考、讨论、书写及表演新的知识或技能。

教师在监督指导练习时，应对学生的表现予以反馈。这有助于确保学生正确地练习新的知识或技能。此外，仔细监督还能帮助教师决定是否需要重新讲授，以及何时进行及时评价。

在采用直接教学方法时，教师对知识的陈述是逐步展开的，因而学生能够在进入下一步之前牢固掌握当前的知识。

直接教学最终能够让学生在没有帮助的情况下独立地演示新学的技能或知识。

2. 直接教学模式的应用情境

直接教学模式一般可以应用于以下情境。

(1) 用于直接讲授大量的适合于分步陈述或可以再细分的技能或知识的教学中，样例如表2.14所示。

表2.14　直接教学模式应用情境要素和样例

要素	样例
程序(系列的步骤)	如何打排球；如何把分数转换成整数；如何主动交谈
策略(用于帮助学生学习、研究或组织的特定程序)	如何做理解性阅读；如何做选择题；如何校对作业
原理(合理的规则，如果/那么)	如果一个句子是疑问句，那么它后面应该要用问号； 如果 $A(B+C)=D$，那么 $AB+AC=D$
概念(知识的类别)	三角形；社会主义；生态系统

(2) 用于强调较高层次思维的教学中。如果没有对要思考的对象了解基本的情况或信息,学生就不可能进行较高层次的思考,而在直接教学中讲授的内容,可以成为注重理性思维及问题解决能力的教学的基础。

2.4.2.2 知识呈现教学模式

1.知识呈现教学模式简介

知识呈现教学模式的目的就在于用清晰而简明的方式向学生传授知识。阿伦德曾指出,这种以教师为主导的模式是当今学校里最为流行的一种教学模式。他还指出,这种教学模式的盛行是毋庸置疑的,因为这可以为教师提供一种有效的途径来帮助学生掌握浩如烟海的知识。

这一模式的基本思路是:教师首先告诉学生他们将要学到什么,然后呈现给他们,最后再总结出他们已经学到了什么。

阿伦德还指出,在各个学科领域,精心的设计都可以使教学更有效,不管班级规模是大是小,或年龄和能力的差别如何。

有效的知识呈现教学旨在引导学生达到一个具体的教学目标。教学内容需要以一种清晰、有趣的方式呈现给学生,与此同时,课程的主旨也可以通过先行组织者、图形组织者、视觉支持等得以强化。

在这一教学模式中,学生以各种方式积极参与教学活动,演练新知识,如提问和回答问题、总结概念、与伙伴讨论要点或举例。

通过知识呈现课程的学习,学生应该能够对新知识进行描述、解释、对比、下定义,或者能够应用这些新知识。

此外,这一教学模式还具有以下优点:

(1) 这类课程极有益于那些阅读困难或理解困扰的学生。该模式能够修正他们对知识的理解,他们可以不必单靠书面材料来获得必要的知识。

(2) 省时高效。教师可以同时对大批的学生进行相同内容的教学。

2.知识呈现教学模式应用情境

教师通常运用知识呈现模式来讲授陈述性知识。也就是说,以这种模式讲授的知识是关于"是什么"的知识,而不是"怎么做"的知识。

例如,事实、原理和概念就是典型的陈述性知识。

教师可以根据想要讲授的知识类型,以不同的方式组织陈述性知识。例如,如果教师想要讲授一个原理,就要预先设计对这一原理的清晰陈述和一些示例,以便在教学过程中与学生进行有效的交流。

在知识呈现教学中,教师最好将有关事实知识的要点设计成主题大纲的形式。主题大纲能够帮助我们组织要呈现的知识。一个精心设计的主题大纲可以用于教学的主体部分，来指导内容的组织和呈现知识的顺序。

在教学设计时，教师应该特别考虑如下要素：教学内容、先行组织者、知识传递、拓展练习等(表 2.15)。

表 2.15　知识呈现教学设计的撰写

要素或环节	内容
预设	关联分析 内容分析 目标 目标理由
预备	吸引注意力 表达行为期待
导课	教学目标陈述 目标意图陈述 关联性 积极参与策略 理解检查 先行组织者
主体	主题大纲、建立兴趣、积极参与策略、理解检测、视觉支持、通用和选择性干预
练习	要计划出是在呈现后立即练习还是在一两天内完成
结课	对导课部分的参照、对本节课的复习、对日后相关学习活动的预览、对于何时何地可以运用所学新知识的描述等
评价	对于评价的描述、设计评价的时间和方式
编辑(反思)	写下关键的管理技巧，复核有效的通用性教学设计和选择性教学干预，评估一致性，等等

2.4.2.3　引导发现式教学模式

1. 引导发现式教学模式内涵

引导发现式教学模式是让学生自己“发现”信息，而不是教师直接将这些信息告诉他们的一种教学模式。

但这种“发现”是设计好的，此模式的理念就是让学生自己探索发现预设的教学目标，学生以一种趋同而不是求异的方式被引向具体的目标。

引导发现式教学模式运用的是归纳法教学而不是演绎法教学，这种教学模式还有助于完善教学设计所需要的全部技能。

引导发现式教学模式与直接教学模式有很多相似之处。比如,两种教学模式的目的都是让学生能够达到具体的课程目标。二者的主要区别在于达到目标的教学途径不同。尤其在教学主体部分,二者区别比较明显:在引导发现式教学中,教师通过为学生呈现样例以及非样例的方式,让学生探索发现;在直接教学的教学中,教师往往直接解释并展示知识,以帮助学生完成教学目标。在其他环节中,二者则大体相同。比如,在引导发现式教学中,教师往往在学生自主发现过后会进行总结、回顾并提供与新知识有关的附加练习;而在直接教学中的展示则是在讲解环节过后,也可以运用同样的方法。

引导发现式教学模式通常与教学中的探究法或探究模式相混淆。在这两种模式中,学生都会进行自我"发现",但是发现的目的和结果则大不相同。

引导发现式教学的主要目的在于让学生学习课程的知识,而探究模式的主要目的,一方面是让学生经历并实践真实的发现过程,另一方面可能在于让学生做出准确的科学观察。

引导发现式教学是一种在教师讲授陈述性知识时所选择的教学模式,其教学过程只是起到辅助作用,也可以说是次要目标,并非重要部分。

2. 引导发现式教学模式的适用情境

虽然引导发现式教学是一种有效的手段,但并不是在所有情况下都适用。

当学生可能对所讲授的话题没有兴趣时,教师就可以考虑运用引导发现式教学模式,它能激发学生适当的学习动机。

引导发现式教学模式能够促进高层次的思维,所以,当需要发展学生的推理和解决问题的能力时,引导发现式教学模式就是一种很好的途径。需要特别注意的是:在教学计划中除了要有基本的短期教学目标外,最好还能包括一个强调思维技能(比如解题、分析、咨询相关问题或是下结论的技能等)的长期目标。

引导发现式教学模式有助于加深记忆。学生可能会更加容易记起那些他们有机会自己弄明白的知识。积极参与到学习中去能够加深他们的印象,延长遗忘时间。

2.4.2.4 概念的教学模式设计举例

1. 概念的内涵

概念是知识的范畴。例如"三角形"就是一个概念。我们有很多三角形的具体的示例,它们都属于"三角形"这一范畴,此时教三角形的概念就比仅仅教具体的例子更有效。因为教授概念能够让学生泛化知识,所以数学老师就不需要把世界上所有"三角形"的例子统统都给学生讲。如果学生能够理解"三角形"的概念,他们就能够通过一些必要的特点,判断一个新的图形是不是"三角形"。

2. 概念的教学模式

在教概念时,教师可以选择使用直接教学模式或引导发现式教学模式。直接教学模式运用的是演绎法，而引导发现式教学模式运用的则是归纳法。两种教学模式在最初阶段会有所不同，但最后阶段是相同的。

1）直接教学模式

运用直接教学模式教授概念的步骤如下：

(1)教师给概念命名或下定义；

(2)在呈现样例以及非样例的同时，教师陈述此概念的关键和非关键属性；

(3)教师提供新的样例以及非样例，让学生从中进行区分；

(4)教师让学生解释他们的答案——也就是说，分析其是否具有有关关键属性。

2）引导发现式教学模式

运用引导发现式教学模式教授概念的步骤如下：

(1)教师给出概念的名称；

(2)教师展示样例和非样例；

(3)教师让学生研究样例和非样例，并辨认出关键属性和非关键属性；

(4)教师让学生给概念下定义或解释概念规则；

(5)教师提供新的样例和非样例，让学生从中进行区分；

(6)教师让学生解释他们的概念——也就是说，分析其是否具有有关关键属性。

通过以上两种教学模式的步骤，我们发现用直接教学模式教授概念能够减少学生的困扰和误解，同时还能够节省时间。所以，在学生对概念的原有知识很少时，该模式很有用。

用引导发现式模式教概念，能够激发学生的学习动机，为他们提供一种更有趣的学习途径，并能锻炼他们逻辑归纳的思维技巧。此模式有助于学生完善他们对于熟悉的概念的理解。

在学习之前，学生大多对概念有一定的原有知识，这有助于评估和建立每一个学生的知识体系。

直接教学模式和引导发现式教学模式都可以用来有效地教授概念。每种教学模式也各有优点，这就要求教师首先确定所要教的概念是什么，写出教学目标，然后权衡两种教学模式的优点，选择最适合学生的教学模式。

3. 概念教学的核心设计要素

1）概念分析

精细的概念分析是概念教学必不可少的组成部分。概念分析主要包括该概念的定义、关键和非关键属性以及概念的样例和非样例。

概念的阐述要适应学生的水平。也就是说，描述某一定义的语言和定义本身的复杂性，必须适应学生的理解水平。

此外，在进行概念分析时，列出关键和非关键属性，对于区分概念是很有帮助的。关键属性是某一概念的本质属性，如“四条边”就是正方形的一个关键属性。

在给概念下定义时，任何一个关键属性都是必要的，而不是充分的。一个正方形必须有四条边，但是这四条边还必须是等长的，而一个概念的非关键属性则不是必须的，边长是3厘米还是30厘米并不重要，所以大小就是正方形的一个非关键属性，无论大小，正方形就是正方形。

精心挑选样例和非样例，使学生能够体现概念的关键和非关键属性。最重要的是，应该先呈现“最好的”示例，或者说最直观、最直白、最好理解的例子，然后逐渐介绍较难区分的样例和非样例。比如介绍说菱形不是正方形。

在设计如何讲授概念时，教师还要考虑其他因素，如样例和非样例的多样性、视觉支持等。

2)概念教学的目标设计

认真考虑学生需要学习什么，才能够理解和使用所要讲授的概念。概念教学的目标应该包括：

(1)概念定义；

(2)列出概念的关键属性；

(3)辨认概念的样例和非样例；

(4)陈述属于样例和非样例的理由；

(5)举例；

(6)陈述相关概念的相同点和不同点；

(7)以一种新的方式使用这一概念；

(8)制出概念的图形组织者。

3)概念教学的导课设计

教师评估学生对已有的知识是否有错误的认识。

4)概念教学的结课设计

概念教学的结课方式有很多，比如在教学设计过程中可以采用以下方式：

(1)回顾概念的定义、关键属性以及最典型的示例；

(2)讨论相关概念或预习下节课将要学习的相关概念；

(3)回顾学习这一概念的目的；

(4)告诉学生在今后如何运用这一概念知识；

(5)让学生展示他们的图形组织者，或列举新例子；

(6)让学生扩展或修改他们的“想想写写”记录下来的知识等。

2.4.2.5　国内学者对教学模式的研究与实践

20世纪80年代，我国开始了教学模式的研究，并从理论到实践全面展开，数学教学模式是教育理论指导数学教学实践的重要形式，现有的数学教学理论解决了为什么教，通过何种形式、运用何种方法、采用何种原则去教什么内容，而教学模式则具体回答了怎么教，采取何种程序、运用何种教学策略，围绕何种教学主题、课程理念及教学目标。

经过多年的数学教学实践，总结出了如下的常用教学模式：讲练结合、引导探究、合作交流、指导自学、复习总结等。

同时认为，确定教学模式的依据主要有：教学观念、课程理念、数学教学主题、数学教学目标、教学条件等要素。

不同的数学教学内容可运用不同的教学模式，但同一内容的数学教学设计，因主题不同也可以采用不同的教学模式。

相同的教学模式也存在差异，其教学程序有可能不同。

1. 讲练结合的教学模式

1）讲练结合教学模式的结构

讲练结合的教学模式是以奥苏贝尔的有意义的接受学习和课程目标为依据，以掌握扎实的数学基本功为主题，以五基（基础知识、基本技能、基本能力、基本方法和基本情感）为教学目标，以讲练结合为教学策略，以讲讲练练为教学程序的教学思路。

奥苏贝尔主张，讲授应是中小学的主要的教学方式，教师讲授系统的数学基础知识、基本方法，学生把新知识与自己的数学认知结构中已有的观念建立非人为的、实质性的联系，并通过同化、顺应的方式建构数学认知结构，实现教学目标。

教师讲什么，如何讲，范例教学理论为我们提供了答案。W. 克拉夫斯基的范例教学理论告诉我们，讲练结合的教学模式注意精选典型的数学案例和内容，通过有针对性的讲授，揭示其所蕴含的数学基本概念、数学基本规律和数学的基本结构，对我们的数学学习起到示范的作用，有举一反三的教学效果，最终做到既传授了数学知识又发展了数学能力，既能学习数学系统知识也能学会解决问题的方法。

讲练结合教学模式的要素有：具体的数学教学三维目标、教师的讲（教）、学生的练（学）三个基本部分和两个典型。两个典型是指教师所讲的数学范例和学生所练的典型数学习题。

2）讲练结合的教学模式程序

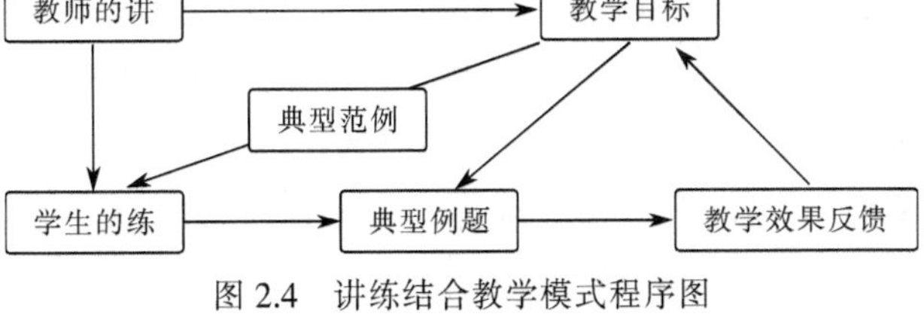

图 2.4　讲练结合教学模式程序图

如图 2.4 所示，数学教学目标确定了教师的讲授，要求教师通过典型范例去启发学生理解数学基本原理、基本方法,教学目标通过教师的讲和教师对数学中典型例题的编制、调控间接地去影响学生,也间接地影响学生的练。教师的讲授与学生的练习要保持一致,教师讲的内容确定学生练的内容,通过学生的练习逐步达到学生的数学学习目标,针对学生的数学学习效果情况反馈,调整教师的讲授(包括讲的内容和方式)。

一个目标:数学教学目标。

两个环节:教师讲的环节和学生练的环节。

两个典型:教师讲的数学范例和学生所练的典型习题。

3)讲练结合模式教学案例

案例 2.11

对数函数及其性质(2)

一、教学内容分析

《普通高中课程标准实验教科书·数学 必修1》(人民教育出版社)高中一年级第二单元"2.2.2 对数函数的图象和性质"第一课时。

函数是高中数学的主体内容——变量数学的主要研究对象之一,是中学数学的重点知识。研究函数的一般理论和基本方法,用函数的思想方法解决实际问题,是函数教学的主要目标。对数函数及其性质,按课程标准要求教学时间为3学时,本节课为第1学时。本节课教学是学生在学过正比例函数、一次函数、二次函数、反比例函数和指数函数的基础上进一步学习的一种新函数,对对数函数概念的理解,图象和性质的掌握和应用,有利于学生对初等函数认识的系统性,有利于进一步加深对函数思想方法的理解,为后面进一步探究对数函数的应用及指数函数、对数函数的综合应用起到承上启下的作用。

二、学情与教材分析

对数函数是高中引进的第二个初等函数,是本章的重点内容。学生在前面的函数性质、指数函数学习的基础上,用研究指数函数的方法,进一步研究和学习对数函数的概念、图象和性质以及初步应用,有利于学生进一步完善对初等函数认识的系统性,加深对函数的思想方法的理解。在教学过程中,由于学生的认知水平有限,要让学生体验对数函数来源于实践,通过教师课件的演示,通过数形结合,让学生感受 $y=\log_a^x$($a>0$ 且 $a\neq1$)中,a 取不同的值时反映出不同的函数图象,通过学生观察、小组讨论,发现、归纳出图象的共同特征、函数图象的规律,进而探究学习对数函数的性质。

最后,将对数函数、指数函数的图象和性质进行比较,以便加深对对数函数的概念、图象和性质的理解,同时也为后面的教学做准备。

三、设计思想

在本节课的教学过程中,通过对古遗址上死亡生物体内碳14含量与生物死亡年代关系的探索，引出对数函数的概念。通过对底数 a 的分类讨论，探究总结出对数函数的图象与性质，使学生经历从特殊到一般的过程，体验知识的产生、形成过程。通过例题的分析与练习，进一步培养学生自主探索、合作交流的学习方式，让学生经历直观感知，通过观察、发现、归纳类比、抽象概括等思维过程，落实培养学生积极探索的学习习惯，提高学生的数学思维能力的新课程理念。

四、教学目标

(1) 通过对对数函数概念的学习，培养学生的实践能力，使学生理解对数函数的概念，激发学生的学习兴趣。

(2) 通过对对数函数有关性质的研究，渗透数形结合、分类讨论的数学思想。培养观察、分析、归纳的思维能力和交流能力，增强学习的积极性。掌握对数函数的图象与性质，并会初步应用。

(3) 培养学生自主学习能力、数学交流能力和数学应用意识。通过联系观点分析，解决两数比较大小的问题。

五、教学重点和难点

重点：(1)对数函数的定义、图象、性质；(2)对数函数的性质的初步应用。

难点：底数 a 对对数函数图象、性质的影响。

六、教学过程设计(表 2.16)

表 2.16　对数函数教学过程设计

<table>
<tr><th>问题与情境</th><th>师生活动</th><th>设计意图</th></tr>
<tr><td>活动一：
1. 你知道指数函数的概念、图象、性质吗？
2.(课件演示)看 2.2.1 的例 6，在 $t=\log^{P}_{\sqrt[5730]{\frac{1}{2}}}$ 中，请同学们用计算器计算，与古遗址上生物体内碳 14 的含量 P 相对应的生物死亡年代 t 的值，完成下表：
<table>
<tr><td>P</td><td>0.5</td><td>0.3</td><td>0.01</td></tr>
<tr><td>t</td><td></td><td></td><td></td></tr>
</table>
3. 你能归纳出这类函数的一般式吗？</td><td>生：回答问题 1。
师：组织学生计算，注意引导学生从函数的实际出发，解释两个变量之间的关系。

教师提出问题，注意引导学生把解析式概括到 $y=\log_a^x$ 形式。
学生思考，归纳概括函数特征。</td><td>通过回顾旧知识，使新旧知识得到联系。

创设问题情境，让学生从生活中发现问题，激发学生的学习兴趣。

初步建立对数函数模型。</td></tr>
<tr><td>活动二：
归纳出对数函数的概念。

你知道为什么 $a>0$ 且 $a\neq 1$ 和 $x>0$ 吗？</td><td>师：(板书)一般地，我们把函数 $y=\log_a x$ $(a>0$ 且 $a\neq 1)$ 叫作对数函数，其中 x 是自变量，定义域为 $x\in(0,+\infty)$。

教学引导学生用对数的定义分析、回答。</td><td>抽象出对数函数的一般形式，让学生感受从特殊到一般的数学思维方法，发展学生抽象思维能力。</td></tr>
</table>

续表

<table>
<tr><th>问题与情境</th><th>师生活动</th><th>设计意图</th></tr>
<tr><td>活动三：
1. 你能用描点法画出 $y=\log_2 x$ 和 $y=\log_{\frac{1}{2}} x$ 的图象吗？

2. 从画出的图象中，你发现解析式的区别在哪里？图象有什么不同和联系？</td><td>生：独立画图，同学间交流。
师：课堂巡视，个别辅导，展示画得较好的个别同学的图象。
如下图：
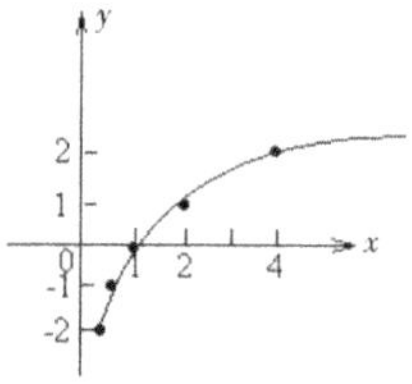

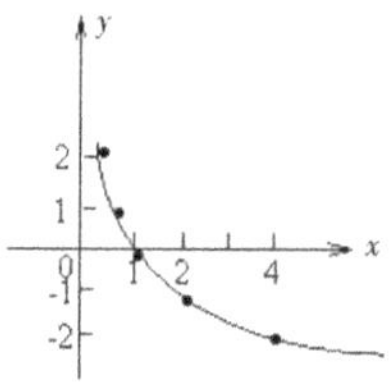

生：个别同学尝试回答。
师：引导学生发现、观察、对比底数不同对函数图象的影响。</td><td>会用描点法画出这两个函数的图象。

为学习对数函数的图象和性质作铺垫。</td></tr>
<tr><td>活动四：
1. 你知道下列函数的图象吗？
(1) $y=\log_2 x, y=\log_3 x, y=\log_4 x$;
(2) $y=\log_{\frac{1}{2}} x, y=\log_{\frac{1}{3}} x$,
$y=\log_{\frac{1}{4}} x$
观察并回答它们有什么共同点和不同点。
2. 你能思考并归纳出 $y=\log_a x$ ($a>0$ 且 $a\neq 1$) 中，当 $a>1$ 和 $0<a<1$ 时，两种图象的特点吗？</td><td>生：独立思考，小组讨论。
师：用多媒体课件展示各个函数的图象。
生：观察图象，讨论、交流合作，归纳出对数函数的共同性质。
师：注意引导学生从函数性质去分析。</td><td>通过学生讨论，培养学生交流合作能力。
获得对数函数的图象和性质。
明确底数 a 是确定对数函数的要素，渗透分类讨论思想。</td></tr>
<tr><td colspan="2">给出对数函数 $y=\log_a x$ ($a>0$ 且 $a\neq 1$) 的图象和性质。
<table>
<tr><th></th><th>$a>1$</th><th>$0<a<1$</th></tr>
<tr><td>图象</td><td>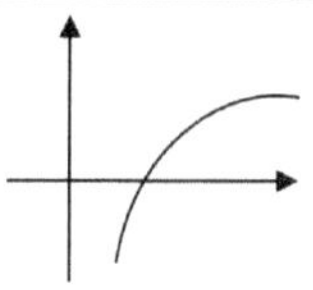</td><td>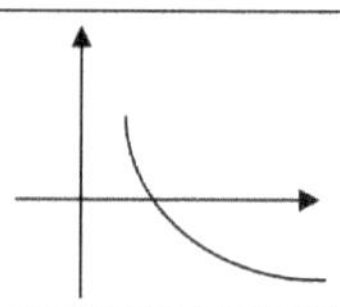</td></tr>
<tr><td>定义域</td><td>$x\in(0,+\infty)$</td><td>$x\in(0,+\infty)$</td></tr>
<tr><td>值域</td><td>$\mathbf{R}$</td><td>$\mathbf{R}$</td></tr>
<tr><td colspan="3">过定点(1,0)</td></tr>
<tr><td></td><td>在 $x\in(0,+\infty)$ 上为增函数。
当 $x>1$ 时，$y>0$；
当 $0<x<1$ 时，$y<0$</td><td>在 $x\in(0,+\infty)$ 上为减函数。
当 $x>1$ 时，$y<0$；
当 $0<x<1$ 时，$y>0$</td></tr>
</table></td><td>通过对对数函数图象的观察，分析总结出对数函数的性质，有利于加深学生对性质的理解和掌握，使学生经历从特殊到一般的过程，体验知识的产生形成过程，逐步培养学生的抽象概括能力。</td></tr>
<tr><td>活动五：
练习，81 页第 1 题。画出函数 $y=\log_3 x$ 和 $y=\log_{\frac{1}{3}} x$ 的图象，并且说明这两个函数图象有什么不同点和相同点。</td><td>生：独立完成。
师：课堂巡视，注意收集学生存在的问题，集中讲评。</td><td>掌握对数函数图象的画法。</td></tr>
</table>

续表

问题与情境	师生活动	设计意图
活动六： 例 1 求下列函数的定义域： (1) $y=\log_a x^2$ (2) $y=\log_a(4-x)$	师：(分析) 函数的定义域必须使函数的解析式有意义，根据 $y=\log_a x$ 中 $x>0$ 中，所以(1) 中 $x^2>0$，即 $x\neq 0$；(2) $4-x>0$，即 $x<4$。 师：(板书) 解：(1) $\because x^2>0$， $\therefore x\neq 0$，即函数 $y=\log_a x^2$ 的定义域为 $\{x\mid x\neq 0\}$。 (2) $\because 4-x>0$， $\therefore x<4$，即函数 $y=\log_a(4-x)$ 的定义域为 $\{x\mid x<4\}$。 生：认真听讲，积极思考，叙述解例 1 的步骤。	明确真数大于 0 的条件，掌握解题步骤。
练习：81 页第 2 题。求下列函数的定义域： (1) $y=\log_5(1-x)$ (2) $y=\dfrac{1}{\log_2 x}$ (3) $y=\log_7\dfrac{1}{1-3x}$ (4) $y=\sqrt{\log_3 x}$	师：请 4 个同学上台板演。 生：独立完成。 师：课堂巡视，个别辅导，对学生完成情况进行点评。	对函数图象性质的认识得到进一步的巩固和提高。
活动七： 例 2 比较下列各组数中两个数值的大小。 (1) $\log_2 3.4$ $\log_2 8.5$ (2) $\log_{0.3} 1.8$ $\log_{0.3} 2.7$ (3) $\log_2 0.5$ $\log_{0.3} 0.4$ (4) $\log_5 6$ $\log_6 5$	师：(分析) 请同学们观察(1)(2) 两题，这两组对数底数相同，因此(1) 可认为是 $y=\log_2 x$ 中，x 取 3.4 和 8.5 时的函数值，(2) 可认为是 $y=\log_{0.3} x$ 中，x 取 1.8 和 2.7 的函数值，由 $y=\log_a x$ 的单调性可以比较。(3) 中底数不相同，真数也不相同，结合函数图象，如何探索出比较方法？(4) 根据函数的单调性，可寻找中间量 1 进行比较。 (板书) 解： (1) $\because y=\log_2 x$ 在 $(0,+\infty)$ 上是增函数，且 $3.4<8.5$， $\therefore \log_2 3.4<\log_2 8.5$。 (2) $\because y=\log_{0.3} x$ 在 $(0,+\infty)$ 上是减函数，且 $1.8<2.7$， $\therefore \log_{0.3} 1.8>\log_{0.3} 2.7$。 (3) 由 $y=\log_2 x$ 图象可知： $\log_2 0.3<0$；由 $y=\log_{0.3} x$ 图象可知，$\log_{0.3} 0.4>0$。 $\therefore \log_2 0.3<\log_{0.3} 0.4$。 (4) $\because \log_5 6>\log_5 5=1$， $\log_6 5<\log_6 6=1$， $\therefore \log_5 6>\log_6 5$。	利用对数函数的单调性，进行两个函数对数值的大小比较，函数的性质得到初步应用。 补充的(3)(4) 两小题是为了更好地探索出各种比较方法。

续表

问题与情境	师生活动	设计意图
练习：81 页第 3 题。比较下列各题中的两个数值的大小。 (1) $\log_{10}6$　　$\log_{10}8$ (2) $\log_{0.5}6$　　$\log_{0.5}4$ (3) $\log_{\frac{2}{3}}0.5$　　$\log_{\frac{2}{3}}0.6$ (4) $\log_{1.5}1.6$　　$\log_{1.5}1.4$	师：请4个同学上台板演，其余同学独立完成。 教师在巡视中，个别辅导。结合学生完成情况，有针对性地点评。	使学生进一步应用对数函数的性质。
活动八： （补充思考题）看谁能解答下题： 设 $\log_a \frac{2}{3}<1$，则实数 a 的取值范围是（　）。 A. $0<a<\frac{2}{3}$　　B. $\frac{2}{3}<a<1$ C. $0<a<\frac{2}{3}$ 或 $a>1$　　D. $a>\frac{2}{3}$	师：鼓励学生大胆尝试。 教师注意引导学生应用分类讨论思想，应用函数性质去解答。	本题是让部分学有余力的同学积极去完成的，培养学生的探索精神，渗透分类讨论思想。
小结： 1. 你能归纳出这节课的学习内容吗？ 2. 对数函数及其性质和指数函数及其性质有什么区别和联系？ 3. 你能谈谈这节课的收获和体会吗？	小组讨论，合作交流，由学生代表总结表达，教师补充。	学生在教学反思中，整理知识，进一步巩固和提高对对数函数及其性质的理解。

七、教学反思

函数是学生学习的一个难点，本节课的教学设计通过实例，渗透数学方法和思想，与指数函数的类比学习注重学生探究学习的过程。能够根据教学内容、学生的认知规律和教学设计的情境原则、过程原则进行设计，突出教师的指导和学生自主探究、合作交流的学习理念，使学生对概念的产生、图象的形成过程有了较深入的理解。通过对对数函数的图象和性质的研究，对底数 a 的分类讨论，以达到突破难点的目的。通过例题的分析和讲解，以及学生的练习，使函数的图象和性质得到初步应用。活动八补充的思考题是让层度较高的同学去完成，如果课堂时间不允许，可将此部分内容留给学生课后去完成。

2. 引导探究的教学模式

1) 引导探究教学模式的结构

引导探究教学模式要求学生在教师的指导下，采用实验、观察、分析、类比、归纳等方法，进行探究学习活动，发展探究能力，培养科学态度，建构自己的数学认知结构。

引导探究的数学教学模式是由探究学习的理论、探究教学的主题，以培养学生探究意识和能力为教学目标，共同探究的师生关系、“疑惑、猜想、验证、总结”的教学程序、“学生探究、教师指导”的教学策略和“以探究意识和创新能力为目标”的教学评价。

布鲁纳的发现学习理论、皮亚杰的建构学习理论为引导探究的教学模式提供了理论依据。

心理学家布鲁纳的研究成果告诉我们，任何学生均有探究的欲望和创新的动机，在教师的指导下进行实验、比较、探索、讨论，必能发现数学规律，激发学习数学的热情，培养探究的习惯和意识，在探究中构建数学认知结构，加深对数学的理解，巩固和灵活运用知识。

在引导探究教学模式的运用过程中，依据发现学习和建构学习理论，教师创设探究情境，引导学生运用探究方法，让学生主动探究，发现问题，提出猜想，验证猜想，总结规律，理解数学知识，形成数学技能，建构自我的知识体系，并激发学习兴趣，萌发创造意识，提高创新能力，培养数学的科学精神，实现数学教学目标。

引导探究教学模式由问题情境、提出猜想、共同验证、总结概况、拓展练习等 5 个阶段组成。

2)引导探究教学模式的程序(图 2.5)

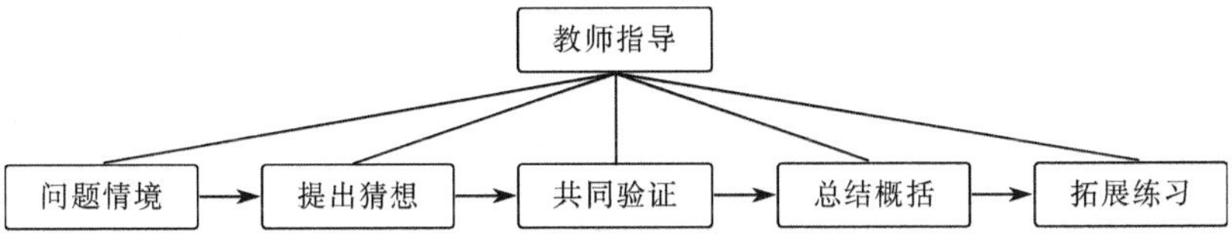

图 2.5　引导探究教学模式程序图

第一阶段：问题情境。教师创设问题情境，学生产生疑惑，激发探究的欲望。

第二阶段：提出猜想。在此阶段，教师引导学生的探究方向，引导学生寻求探究方法，集中所有的疑惑，针对疑惑引导学生寻找产生的原因，提出猜想，讨论方案。针对第一阶段产生的种种疑惑，提出各种假设，交流个人猜想，引发思想碰撞，启迪数学思维，寻找解决办法。

第三阶段：共同验证。教师将调控学生的探究活动，特别是将学生提出的所有解决方案集中起来，引导学生进行比较、筛选、甄别、探索答案、去伪存真、由表及里，将数学探究活动进一步引向深入。

第四阶段：总结概括。教师引导学生主动积极、全面地进行总结。既总结数学方法又总结学习方法；既对数学知识进行总结，又对策略知识进行总结；既对整个探究过程进行总结，又对数学探究的方法进行总结。

第五阶段：拓展练习。通过课外读物或相关问题让学生运用数学方法和探究策略再次进行数学的探究训练，综合运用数学知识进行研究，提高分析问题、解决问题的能力。

在这5个阶段中始终离不开教师的指导。

3)引导探究教学模式教学案例

▶▶▶ **案例 2.12**

正态分布

我说课的内容是“正态分布”,根据新课程标准理念,我将从教材分析、学情分析、目标设计、教法学法、教学过程设计和设计说明这六个方面来谈一谈我对本节课的整体设计。

一、教材分析

“正态分布”为人教B版普通高中数学教材选修2—3第二章第四节,课本第65至68页的内容。

本节课是第二章随机变量及其分布的最后一节内容。正态分布是描述连续型随机变量的一种重要概率分布,在学习了离散型随机变量之后,学习正态分布既是对前面内容的一种拓展,又是必修3第二章频率分布直方图和第三章概率知识的后续。

二、学情分析

在必修3的学习中,学生已经掌握了统计等知识,这为学生理解利用频率分布直方图来研究生产产品的分布奠定了基础。正态分布的密度函数表达式较为复杂抽象,学生理解比较困难。

三、目标设计

根据新课程标准要求及学生原有的知识经验和心理智力发展水平,我从以下三个不同方面确定教学目标。

知识与技能:了解正态分布在生产生活中的实际背景,抽象出正态分布的定义,认识正态分布曲线的特点、性质及简单应用。

过程与方法:从频率分布直方图入手探究正态分布曲线,依据正态分布曲线研究其性质和应用。在此过程中,体会数形结合的思想,增强观察、分析和归纳的能力。

情感态度与价值观:通过了解生活中符合正态分布的随机变量实例,培养学生用数学的眼光看世界,提高其学习数学的积极性。

根据以上的分析和新课程标准对本节课的教学要求,本节课的教学重点是正态分布的意义和正态分布曲线的性质及其应用,难点是正态分布的意义和正态分布曲线的特点。

四、教法学法

根据教材特点、课程教学目标和学生特点选用以下教学方法:

1.本节课采用启发探究式的教学方法,由浅入深地引导学生发现问题、解决问题,在此过程中培养学生的归纳概括能力及分析能力。

根据新课程标准的要求，教师应注重学生可持续性发展，培养学生终身学习的能力。因此，在教学过程中始终让学生主动参与，独立思考，合作交流，让学生真正成为知识的发现者和探究者。

2.运用多媒体课件，为学生提供直观感性的材料，有助于学生对问题的理解和认识。

五、教学过程设计

为达到本节课的教学目标，突出重点，突破难点，我把教学过程设计为六个环节：创设情境，引入概念；合作探究，形成概念，联系实际，深化概念；学以致用，巩固新知；课堂小结，梳理收获；布置作业，拓展延伸。具体过程如下：

第一环节　创设情境，引入概念

首先向学生介绍西安市博物馆中实验装置的特点，每一行钉子等距离排列，且每下一行钉子在上一行的中间。通过播放视频，让学生观察这种实验装置所产生的实验现象。在告诉学生这是高尔顿板后，让学生课下思考产生这种现象的原因，从而达到提高学生注意力的目的。接着，分别向学生展示某地新生婴儿体重及高二期中考试数学成绩的条形统计图，观察图象特点并引导学生回顾条形统计图的特点，为下面具体问题的分析做好铺垫。

第二环节　合作探究，形成概念

首先举例，一钢管加工厂为了检验产品的质量，从一批产品中任取100件检测，测得它们的实际尺寸。为探究对象，让学生思考如何画频率分布直方图。在学生回答首先要做频率分布表后，接着给出学生频率分布表。

因此，我设计了问题1：能否根据频率分布表完成频率分布直方图呢？

学生在小组协作下能顺利完成。这只是取其中的100件产品，那200件产品呢？接着，我让学生观察200件产品的频率分布直方图。以牛顿的名言“没有大胆的猜测，就没有伟大的发现”引导学生观察图象，大胆猜想当所取的样本无限增多时，图象会是怎么样的。在学生回答后，通过演示证明学生的猜想，并向学生说明当样本容量无限大，分组的组距无限缩小时，这个频率直方图上面的频率分布折线就会无限接近于一条光滑曲线，这只是一种理想状态，不可能实现。在频率分布直方图中，所有小矩形的面积之和是事件的总概率，为1，因此，这个频率直方图上面的光滑曲线与x轴所围成的面积也为1。且由这个实验引入了正态分布的概念。

对于这条光滑曲线，如果从随机变量x的角度来看，它就称为x的概率密度曲线。讲解：某个区间内的面积即为随机变量在这一区间取值的频率。

联系本节课开头的实例，为了让学生感受生活中正态分布的广泛应用，我设计了问题2：举例说明生活中正态分布的实例。

学生讨论交流后，通过实际图象向学生展示正态分布的广泛应用及重要地位。为了拓展学生的数学知识，我引入了正态分布的历史。由德国10马克钞票上所印的正态分布的密度曲线自然地过渡到研究正态分布曲线上来。

首先，向学生讲授通过大量的实验推导出的正态分布曲线的函数表达式，以及函数表达式中参数的含义。接着，分别让学生观察不同的正态分布曲线。在讲授标准正态分布的同时，设置了问题3：观察图象，思考正态分布曲线的性质。

学生独立思考，小组合作探究，师生共同归纳出正态分布曲线的两条性质，并总结得出正态分布曲线与x轴所围成的面积是1。接着，我再让学生思考：μ、σ对曲线有影响吗？学生独立思考及小组交流后，我通过图象的变换分别向学生演示两参数分别是如何影响图象的，并引导学生归纳出正态分布曲线的第三条性质。最后，向学生强调根据这三条性质解题时，通过数形结合的方法可以简化解题步骤。

为了加深学生对正态分布曲线性质的理解及数形结合思想的应用，设计了例1，同时也讲述了标准正态分布曲线的特点。

通过上述层层递进式的探究过程，突破难点，做好铺垫，注重知识的生成过程，遵循学生的认知规律。

接下来，采用探究启发式的教学方法，让学生仔细观察韦克斯勒智力分数图中的信息。学生通过观察能发现，根据图象可以看出不同智力分数段内的人数占总体的百分比。由此图告诉学生“智慧出于勤奋，天才出于积累”。接着讲述正态分布总体在不同区间取值概率也不同，并给出表格使学生一目了然。之后，请学生思考：观察图象及表格后有什么发现？学生独立思考观察后，小组内共同讨论，在综合学生的探讨结果后，讲授实际应用中比较重要的3σ原则。为了使学生对3σ原则有进一步的了解，我向学生说明小概率事件，并列举生产中的一张由计算机控制产品质量的打印纸带，产品正常情况下会分布在3σ区间以内，如果有产品分布在3σ区间以外，则说明生产产品的机器出现故障。向学生说明小概率事件通常情况下不会发生。

至此，学生通过“观察—交流—归纳”已经完成了本节课新知识的学习。

第三环节　联系实际，深化概念

以本节课某钢管加工厂的问题为实际背景，在给出其所服从的正态分布后，分别让学生计算不同范围的钢管数量。既强化了对所学知识的运用，也让学生体会到知识来源于生活又服务于生活。

第四环节　学以致用，巩固新知

通过一道高考题，既考察学生对正态分布曲线性质的理解，又加深学生对数形结合思想的运用。

第五环节　课堂小结，梳理收获

让学生梳理所学的知识及数学方法，一个同学回答不全时其他同学加以补充，最后教师进行完善，不仅能培养学生的归纳总结能力，还能有效地监控学生的学习行为，从而达到提高学生学习效率的目的。

第六环节　布置作业，拓展延伸

为了督促学生课后及时回顾所学知识，使教师了解学生对知识的掌握情况，尊重学生的个体差异，满足学生多样化的学习需要，我设计了分模块的作业模式。

六、设计说明

根据本节课的内容特点做了相应的板书设计。

根据学生的认知结构做了相应的时间安排。

最后是我的设计理念，本节课的设计始终贯彻新课标以学生发展为本的理念，通过学生的自主探究，组织学生的行为参与和认知参与。在内容设计上，由实际生活引发探究，让学生体会到数学与实际生活的紧密联系。在练习及作业的布置上都体现了分层教学的理念，让所有的学生都有收获。

以上就是我对本节课的整体设计。

3. 讨论交流的教学模式

1）讨论交流教学模式的结构

讨论交流教学模式是将整个班级分成若干个小组，针对某个数学学习主题，在深入思考的基础上展开讨论，平等交流，发表各自的意见，提出不同的看法、观点，披露各自的思考方法，展示多种多样的数学思维方式的过程。

这种教学模式适合于对数学知识的理解，数学方法的运用，数学问题的分析、综合以及数学结果的评估。

皮亚杰的社会建构的观点提醒我们，学生的数学认知是在思考、交谈、讨论中获得的，是在社会交流中构建的。学生在思考、讨论、交流中学习，建构数学意义。

加涅的信息加工理论认为，数学教学是数学信息的交流过程，数学学习是数学信息的选择、获取、加工、交流、反馈、储存的过程。

讨论交流的数学教学模式的教学主题就是让学生在数学思考中交流，在数学交流中讨论，在数学讨论中思考，在思考中构建、在交流中构建、在讨论中构建。

讨论交流的教学模式的教学目标是：通过讨论交流，增强学生的合作精神，学会处理人际关系，增强反应速度，学生能做出自我评价，增强沟通能力，提高语言表达能力；让学生在对信息的交流中、对信息的讨论中建构数学意义，掌握数学的基础知识，学会数学的思维，形成良好的数学情感态度与价值观。

讨论交流教学模式的教学程序主要由教学目标、情境内容、师生交流、总结应用等四部分组成。

2）讨论交流教学模式的程序（图 2.6）

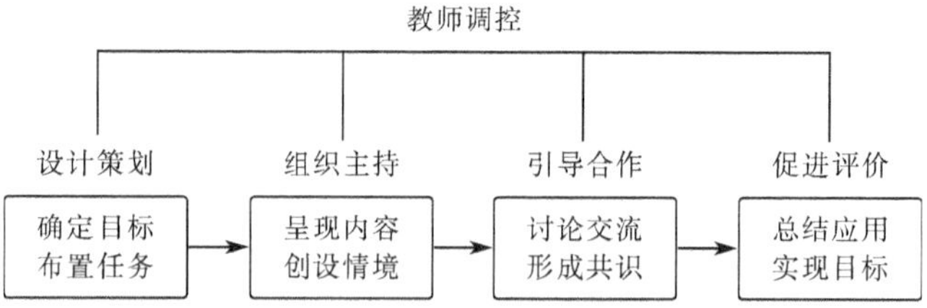

图 2.6　讨论交流的教学模式教学设计流程图

讨论交流的教学模式分为四个阶段。

第一阶段:确定目标,布置任务。

教师确定教学目标,根据教学目标和学生的具体情况进行设计策划,布置相应任务,预习学习内容。

第二阶段:呈现内容,创设情境。

教师主持课堂活动,主要是设置数学学习情境,提供讨论交流的课题,组织呈现学习材料与内容,逐步培养学生提问、讨论的言语技能。创设讨论交流的学习氛围,激发学生讨论的欲望,引出有趣味性的、有价值的、有启发性的话题。

第三阶段:讨论交流,形成共识。

在讨论交流中,学生不是回答问题,而是积极地思考问题、探讨问题等。

第四阶段:总结应用,实现目标。

对讨论交流所达成一致、形成共识的数学原理、数学规律加以运用。加强应用,在应用中进行反思,在运用中体验原理,在运用中加深理解,学生实现了学习目标,教师实现了教学目标。

3)讨论交流教学模式案例

▶▶▶ 案例 2.13

集合与函数概念实习作业

一、教学内容分析

《普通高中课程标准实验教科书·数学 必修 1》(人教 A 版)第 44 页“实习作业”。本节课体现数学文化的特色,学生通过了解函数的发展历史进一步感受数学的魅力。学生在自己动手收集、整理资料信息的过程中,对函数的概念有了更深刻的理解;感受新的学习方式带给他们学习数学的乐趣。

二、学生学习情况分析

学生第一次完成实习作业,积极性高,有热情和新鲜感,但缺乏经验,所以需要教师精心设计,做好准备工作,充分体现教师的“导演”角色。特别是在分组时要注意学生的合理搭配（成绩、家庭有无电脑、男女生比例、口头表达能力等），选题时，各组之间尽量不要重复，尽量多地选不同的题目，可以让所有的学生在学习共享的过程中受到更多的数学文化的熏陶。

三、设计思想

课程标准强调数学文化的重要作用，体现数学的文化价值。数学教育不仅应该帮助学生学习和掌握数学知识和技能，还应该有助于学生了解数学的价值，让学生逐步了解数学的思想方法、理性精神，体会数学家的创新精神，以及数学文明的深刻内涵。

四、教学目标

（1）了解函数概念的形成、发展的历史，以及在这个过程中起重大作用的历史事件和人物。

（2）体验合作学习的方式，通过合作学习品尝分享获得知识的快乐。

（3）在合作形式的小组学习活动中，培养学生的领导意识、社会实践技能和民主价值观。

五、教学重点和难点

重点：了解函数在数学中的核心地位，以及在生活中的广泛应用。

难点：培养学生合作交流的能力以及收集和处理信息的能力。

六、教学过程设计

1. 课堂准备

（1）分组：4～6 人为一个实习小组，确定一人为组长。教师需要做好协调工作，确保每位学生都参加。

（2）选题：根据个人兴趣初步确定实习作业的题目。教师应该到各组中去了解选题情况，尽量多地选择不同的题目。

参考题目：① 函数产生的社会背景；② 函数概念发展的历史过程；③ 函数符号的故事；④ 数学家（如开普勒、伽利略、笛卡儿、牛顿、莱布尼兹、贝努利、欧拉、柯西、狄里克雷、罗巴契夫斯基等）与函数；⑤ 自拟题目。

（3）分配任务：根据个人情况和优势，经小组共同商议，由组长确定每人的具体任务。

（4）搜集资料：针对所选题目，通过各种方式（相关书籍——《函数在你身边》《世界函数通史》《世界著名科学家传记》等；相关网页等）搜集素材，包括文字、图片、数据以及音像资料等，并记录相关资料，写出实习报告（表 2.17）。

表 2.17 实习报告表

实习报告　　　　　　　　　　　　　　　　　　　　年　　月　　日

题目	
组长及参加人员	
教师审核意见及等级	
正文	
备注	（指出参考文献或相关网页）

(5) 使用投影仪、多媒体。

(6) 把各组的实习报告贴在班级的学习栏内，让学生学习交流。

2. 教学过程

(1) 出示课题：交流、分享实习报告。

(2) 交流分享：由数学科代表主持，小组推荐中心发言人。（以下记录均为发言概述）

① 学生1：函数小史。

数学史表明，重要的数学概念的产生和发展，对数学发展起着不可估量的作用。有些重要的数学概念对数学分支的产生起着奠定性的作用。我们刚学过的函数就是这样的重要概念。在笛卡尔引入变量以后，变量和函数等概念日益渗透到科学技术的各个领域。最早提出函数概念的，是17世纪德国数学家莱布尼茨。最初，莱布尼茨用"函数"一词表示幂。1755年，瑞士数学家欧拉给出了不同的函数定义。中文数学书上使用的"函数"一词是转译词，我国清代数学家李善兰在翻译《代数学》(1895年)一书时，把"function"译成"函数"。

我们可以预计，关于函数的争论、研究、发展、拓展将不会完结，也正是这些影响着数学及其相邻学科的发展。

② 教师带头鼓掌并简单评价。

③ 学生2：函数概念的纵向发展。

该学生从早期函数概念——几何观念下的函数，到18世纪函数概念——代数观念下的函数，讲述了函数概念的发展。其中包括18世纪中叶著名的数学家欧拉对函数概念发展的贡献。接着又讲述了19世纪函数的概念——对应关系下的函数，以及现代函数概念——集合论下的函数。函数概念的定义经过 300 多年的锤炼、变革，形成了函数的现代定义形式。

④ 教师带头鼓掌并简单评价。

⑤ 学生 3：我国数学家李国平与函数。

该学生描述了数学家中国科学院数学物理学部委员李国平(1910—1996)的身世和他的成长历程。李国平 1933 年毕业于中山大学数学天文系，后历任中国科学院数学计算技术研究所所长，中国科学院武汉数学物理研究所所长，中国数学会理事，中国科学院学部委员等职务。该学生还通俗地讲述了李国平先生在微分方程复变函数论领域的卓越贡献。

⑥ 教师带头鼓掌并简单评价。

⑦ 学生 4：函数概念对数学发展的影响。

该学生从历史上重要数学概念对数学发展的作用是不可估量的事实出发，讲述了函数概念对数学发展的深刻影响，可以说是贯穿古今，旷日持久，作用非凡。回顾函数概念的发展历史，了解函数概念不断被精炼、深化、丰富的历史过程，是一件十分有益的事情，它不仅有助于我们提高对函数概念来龙去脉认识的清晰度，而且能帮助我们领悟数学概念对数学发展、数学学习的巨大作用。

函数概念来源于代数学中不定方程的研究。由于罗马时代的丢番图对不定方程已有一些研究，所以函数概念至少在那时已经萌芽。该学生说道，早在函数概念尚未明确提出以前，数学家已经接触并研究了不少具体的函数，如对数函数、三角函数、双曲函数等。1673 年前后，笛卡儿在他的解析几何中，已经注意到了一个变量对于另一个变量的依赖关系，但由于当时尚未意识到需要提炼一般的函数概念，因此，直到 17 世纪后期牛顿、莱布尼兹建立微积分的时候，数学家还没有明确函数的一般意义。

从以上函数概念发展的全过程中，我们体会到联系实际、联系大量数学素材，研究、发掘、拓广数学概念的内涵是何等重要。

⑧ 教师带头鼓掌并简单评价。

⑨ 学生 5：函数概念的历史演变过程。

该学生说，数学的抽象完全舍弃了事物的质的内容，而仅仅保留了它们的量的属性，即数学抽象的目的只是数量关系和空间形式，这就决定了数学与其他自然科学的区别，也决定了数学的特殊性。如果在两个集合元素之间存在确定的对应关系，就称为是一个映射。

上述函数概念的历史演变过程，就是一系列弱抽象的过程。该学生展示了函数概念的历史演变过程，如图2.7所示。

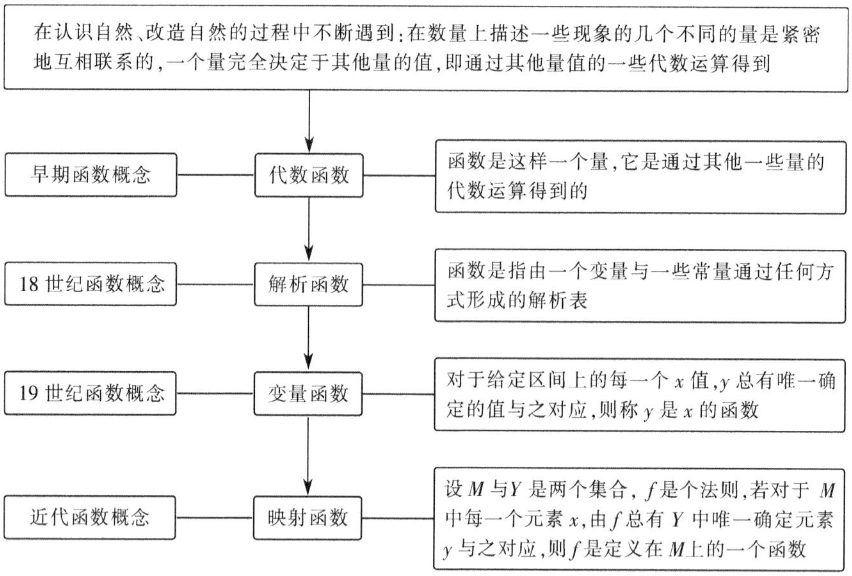

图 2.7　函数概念的历史演变过程

⑩ 教师带头鼓掌并简单评价。

(3) 课堂小结。

(4) 实习作业的评定(表 2.18)。

表 2.18　实习作业评价参考

级别	标准
很好	1. 小组配合默契(有计划、任务分配合理、每人积极认真) 2. 报告材料丰富、可靠,线索清晰 3. 拥有自己的独立见解
好	1. 小组配合良好 2. 报告材料丰富、可靠,线索较清晰 3. 有一定的独立见解
一般	1. 小组配合一般 2. 报告材料一般,线索基本清晰 3. 有一定的分析
较差	1. 小组配合欠佳 2. 报告材料贫乏,线索不够清晰

七、教学反思

实习作业是新课程的一个亮点,是培养学生的团队精神,体验合作学习的方式的重要途径。但事实上,实习作业很容易被教师忽视,所以想通过该教学设计引起教师们的重视。在高一刚开始的时候做好第一次实习作业是很关键的。就我们学校的条件和学生情况而言,完全可以做好实习作业,事实也证明学生做得很好。可以通过这次实习作业，让学生体验合作学习的方式，通过合作学习品尝分享获得知识的快乐。通过对数学家的了解，感受数学家的精神，增加学好数学的信心，为今后的学习打下好基础。

5. 指导自学的教学模式

1)指导自学的教学模式概述

中国科学院心理研究所卢仲衡教授在长期的初中数学教学实验中总结出中学数学自学辅导模式，简称学导式的教学模式。这种模式是在教师指导下，以学生自学为主的教学模式。其基本做法是：在一节课中，学生自学五分钟左右，配有供学生自学的课本、进行练习的习题本和核对答案的答案本等自学辅导教材，学生在自学的基础上进行练习并自我批改作业，教师主要起启发指导、检查督促和辅导提高的作用，实施自学辅导模式的前提是学生要有较好的自学能力和习惯。

上海育才中学1977年创用"读读、议议、练练、讲讲"的教学模式。"读读"即学生在课外阅读课本；"议议"即让学生议论阅读中发现的问题或由教师提出的问题；"练练"即学生在课内做由教师组织安排的练习题；"讲讲"即教师给学生进行启发诱导、答疑解惑。"读读"是基础，"议议"是关键，"练练"是应用，"讲讲"贯穿教学始终。以上两种教学模式都是指导自学式的教学模式。

2)指导自学的教学模式结构

指导自学的数学教学模式最基本的策略就是先学后教、先练后讲、教师指导学生自学。其基本的教学程序是：教师布置数学自学任务，根据课程目标提出自学目标，在教师课堂巡视、自学引导下，学生依据自学目标独立地进行阅读、思考，提出数学疑难问题，查阅资料，相互讨论研究，同学间、师生间进行交流，最后对自学、讨论、练习进行点评和总结。

3)指导自学的教学模式的教学程序框图(图2.8)

图2.8　指导自学的教学模式的教学程序框图

第一，教师根据课程目标提出自学任务和学习要求。教师要了解学生，熟悉教材，有明确具体的自学要求，特别是要了解学生的数学水平和自学能力的高低，根据学生的实际水平和能力高低确定自学目标，布置合理的学习任务，必要时教师要指出阅读的重点，出示阅读提纲及思考要点，这是学生进行自学、实现自学目标的必备条件。

第二，学生明确数学自学的目标，明白数学学习的任务。只有自觉地接受学习任务，明确学习目标，学生才能自主地进行自学学习。根据自学目标和学习内容，自学又分为若干阶段，每个阶段有各自的自学目标。因此，学生必须把自学目标细化到各个阶段，这样数学自学才能有的放矢，学生自学才能正常地开展下去。在自学过程中，也离不开教师的指导。在课堂来回巡视的过程中,教师要善于发现学生的疑惑、难处,以及带有共性的问题,找到问题的根源,给予学生及时的指导,以保障学生的数学自学能正常进行。

第三,对学生数学自学目标的检测、监控和反馈落实。待学生数学自学阶段完成后,利用学生提出的疑难问题,以及教师给出的若干思考题,对学生的自学情况进行检测。也可提出一些自学目标的测试题,对学生的学习进行诊断性评价,对数学自学效果进行检测。根据学生自学检测结果的反馈,教师调整数学自学进度和自学任务,提高数学自学目标的达标度。

第四,学生进行数学演练。根据自学目标和自学所获得的数学规律,确定一定量的、能反映学习要求的思考题或数学习题,让学生进行巩固性练习,加强知识的应用,并注意纠正学生可能会出现的一些错误,如知识性错误、计算错误、思路错误、策略性错误,通过训练巩固,经历数学思考的过程,体验数学思想,熟悉数学规则和公式,掌握解题方法和解题技巧,提高数学能力。

最后,师生评价和总结。一个人要想成为独立自主的学习者,真正地学会学习,就必须学会归纳、研究、总结自己的学习过程,学生的自我评价除了要对数学知识、数学规律、数学方法进行评价外,还应注意对自己的自学过程进行评价,注意对自学策略进行评价,对自学方法进行评价。教师的评价应着重引导学生对数学知识进行系统的总结,注意数学知识的来龙去脉,同时还要注意对学生的自学策略、自学能力进行评估。

2.5 重点与难点分析

教学活动是师生积极参与、交往互动、共同发展的过程,有效的教学活动是学生学与教师教的统一。在这个过程中,学生是学习的主体,学习要靠学生主动思考、探索与建构,教师是学习的组织者、引导者与合作者。在这种教学模式下,教师要充当好学生学习的组织者、合作者和引导者角色,通过积极引导,发挥学生的主观能动性。在建构知识的过程中,离不开教师的有效指导,所以教师要做好教学设计,突出重点、突破难点是每位教师在课堂上都必须经历的教学环节。同时,在教学设计过程中,教学方法或教学模式的实施,教学目标的达成,关键就在于在教学设计过程中如何突出重点和突破难点。

2.5.1 数学教学重点的含义与形成

2.5.1.1 数学教学重点概述

教学重点是课堂教学的重点内容,是课堂教学中需要解决的主要矛盾,是教学的重心,是教材中最基本、最核心的部分。

一般来讲，要科学地分析教材内容，在此基础上最终确定最主要的教学内容，当然这一过程的主要依据是教学目标。这部分内容的掌握对巩固已学知识、学习新知识都具有决定性的作用。数学学科的教学重点主要是这门课程所表述的最重要的概念、原理、定理、规律、法则、判断、性质等，它能够集中体现出数学学科的主要特色和数学思想。

2.5.1.2　数学教学重点的界定

中学数学教学重点是由其在整个数学知识体系中的地位和作用、数学的育人功能和学生的疑难问题三方面共同决定的。它是数学教材中最重要的基础知识，基本技能，基本的数学思想、精神和方法，以及学生数学学习中遇到的疑难问题。

教学重点的界定可从以下三个方面考虑：从学科知识系统而言，教学重点是指那些与前面知识联系紧密，对后续学习具有重大影响的知识、技能，即重点是学科知识体系中具有重要地位和作用的知识、技能；从文化教育功能本身来看，教学重点主要是影响学生今后的学习、工作、生活，使学生从中受益的精神、思想和方法；从学生的学习需求看，教学重点是学生学习中反复运用并且理解起来相对较难的问题。

据此，可将教学重点分为知识重点、育人重点和问题重点三类。

2.5.1.3　数学教学重点确定的意义

教学重点对于学生学习和教学质量具有重要作用，教学中的重点内容不仅要求学生理解，还要求学生掌握和灵活运用，即教学重点在教学中具有突出的地位。

在进行教学设计时，不论是教学目标的确定，还是教学方法或教学模式的选择，教学过程中教学活动的安排(包括教师的分析讲解，学生的交流讨论与巩固练习等)，学生练习题的设计等都应围绕重点进行。

比如，对重点内容必须设计一定数量和不同层次的练习题，不但要单项练习，还要变式练习和综合练习，这样才能实现对重点内容的巩固、理解和灵活运用。

2.5.1.4　在教学设计过程中确立教学重点的基本方法

1. 地位作用分析法

通过比较分析，在教材体系中具有重要地位和作用的知识、技能是教学重点。

比如，“函数单调性”是函数的重要性质，在各种函数的研究中都会涉及到，而且也是比较函数值大小，求函数极值、最值，以及证明不等式的重要工具。尽管课程标准和考试大纲都把它列为“了解”层次，但由于它的独特地位与作用，因而必须是重点。

再如，“基本函数的图象”既是初等数学中研究函数性质的重要工具和手段，也是数学解题中“数形结合”的重要思想方法，所以它是教学重点。

又如，“向量”由于其具有数与形的双重特征，利用它处理数学中的许多问题，如长度、角度、平行和垂直,比传统方法更快捷、方便、有效,是数学学习研究的重要工具,因而是教学重点。

2.课题分析法

即根据学习内容的标题来确定教学重点,即本章、本节课、本阶段的课题一般来讲就是本章、本节课或本阶段的重点,也有可能是别的章节的重点。这在我们的数学教学设计过程中比较常见。如"对数函数的性质"这节课的重点就是对数函数的性质及其应用;再如"反函数的概念",课程标准和考试大纲只要求"了解",因而它不是章节重点,但在学习"反函数的概念"一节课时它就是教学重点。

3.例题、习题分析法

重点内容的学习要求学生达到理解、掌握、灵活运用,因而教材一般都配备了一定数量的例题、习题供学生练习和巩固,并形成技能与能力。因此,分析教材中练习题的配置可以确定教学重点。

如"两角和与差的正弦、余弦、正切",教材安排了两个例题,一个是逆用公式,一个是顺用和综合运用公式解题,课后练习和习题一共配有 18 个顺用、逆用、变用公式的习题。教材这样的配备就是要求学习者不但要能推导公式,了解公式的来龙去脉,而且要掌握公式的结构和特征,形成熟练运用公式的技能并形成能力。

4.理论分析法

根据数学学习理论,数学学习的关键在于理解,只有真正理解了意义,才能感悟和体会实质,因而在数学公式、定理的教学之前应把概念含义的理解作为教学重点。

2.5.1.5 在教学设计过程中如何突出教学重点

当我们确立了课题中的教学重点,之后考虑的问题就是通过怎样的设计才能在教学过程中突出重点。现代教学理论认为:为了使学生掌握数学学科的基本结构和发展数学能力,培养良好的个性品质,数学课堂必须遵循展现思维过程的原则,其中包括概念的发生、发展过程,命题的形成过程,解题思路的探索过程,以及解题方法的概括过程。因此,在数学教学设计过程中,要突出重点就必须设计数学思维的暴露过程,在教学过程中通过学生的"再发现",实施过程教学。为此,下面提供几种教学设计过程中的策略。

1.让学生充分地参与

设计合理的产生形成过程,让学生参与归纳与概括,参与发现与探索,做知识的研究者和发现者,通过再创造,让学生获得知识和能力。正如荷兰数学教育家弗赖登塔尔所说:科学的顶峰总是创造性的发现。学习的过程也必须含有直接创造的侧面,即从学生的观点看是创造,通过再创造获得的知识与能力,要比以被动方式获得的,理解得更好,也更容易保持。

▶▶▶ 案例 2.14

“两个变量的线性相关”教学设计

本节内容选自普通高中课程标准实验教科书 B 版必修 3，第 2 章，第 3 节，第 2 课时，78—85 页。根据新课标的理念，对于本节课，我将以教什么、怎样教、为什么这样教为思路，从教材分析、学情分析、教学目标、教学重点和难点、教法学法、教学过程六个方面加以说明。

一、教材分析

本节课是学习利用散点图直观认识变量间的相关关系的延续与扩展，同时又是学习选修 2—3 回归分析中相关性检验和非线性相关的基础。因此，在整个统计体系中起到承上启下的重要作用。

二、学情分析

知识方面，学生已经学习了平均数、方差等统计量的产生过程。在能力上，高一学生思维活跃，初步具备类比迁移能力，且具有一定的建模意识。在技术上，学生已经会用 Excel 软件做散点图，这就使得探究线性回归方程具有一定的认知基础。

三、教学目标

(1) 知识与技能。经历用不同的估算方法描述两个变量线性相关的过程，了解最小二乘法的思想。能根据给出的线性回归方程系数公式建立线性回归方程。

(2) 过程与方法。发现随机变量存在的规律，经历线性回归分析过程，借助图形计算器得出回归直线，增强应用数学知识和信息技术解决实际问题的意识。

(3) 情感态度与价值观。通过学习激发学生认识线性问题的兴趣和热情。让学生养成实事求是、精确计算、严格推理的态度。培养学生热爱数学，用数学为社会做贡献的社会责任感。

四、教学重点和难点

根据课程标准要求，本节课的重点是：能根据给出的线性回归方程系数公式建立线性回归方程。同时，根据问题的需要，依据回归方程，对某些问题做出预测。

根据教材特点和学生特点，本节课的难点是：用最小二乘法分析得出回归分析计算公式的过程。

五、教法学法

根据新课标的要求，数学课要培养学生独立探究、合作讨论的思维习惯和创新意识。

在教法上我采取启发式、引导式的教学方法。以问题的提出、问题的解决为主线，始终在学生知识的“最近发展区”设置问题，从而更好地促进学生知识的生成和建构，充分调动学生的积极性。

另外，教学中使用了多媒体和导学案来辅助教学，以直观呈现教学素材，从而更好地激发学生的学习兴趣。

在学法上重视学生的主体参与，通过自主学习、合作交流的学习方法，逐步提升学生对概念的理解，培养学生发现问题、研究问题和分析问题的能力。

六、教学过程

(1)创设情景，提出问题。

上课前检查学生导学案，充分发挥学习组长的作用。通过作业讲解，让学生理解散点图如何形象地反映各对数据的密切程度，并可判断变量间有无相关关系。

(2)归纳探索，形成概念。

通过生活中的实例引入例1，有利于学生体会到数学来源于生活并服务于生活，更有利于学生进入学习情境。

对于例1，让学生独立画出散点图。观察散点图，从整体上看所有的点大致在一条直线附近，我们称变量之间是有线性相关关系的。

提出问题1:如何找出直线?

确定标准时，要引导学生进行自主学习、合作探究，动手画出这条直线。设这条直线可动，选择通过最左侧和最右侧的点，然后，让尽可能多的点在一条直线上，我们希望这条直线最贴近已知数据点。给出思考与讨论题，引导学生得到回归直线方程。

提出问题2:找出这条直线的标准是什么?

教师给出求回归直线的关键是如何用数学的方法来刻画“从整体上看，各点到此直线的距离最小”。将距离进一步演变，由于垂直距离不好操作，请学生思考能否变成竖直距离，用坐标差来表示。但坐标差有正有负，可以互相抵消，不能反映直线的线性相关。引导学生想办法不出现正负值，学生得出要么取绝对值，要么取平方。

提出问题3:如何求回归直线方程呢?

为了方便计算，取 $n=3$，通过配方法得到 a、b 的计算公式。正因为我们考察的是平方和最小，所以这个方法叫作最小二乘法。

接下来引导学生领会回归直线的预测功能。回到原题中，让学生经历完整的回归分析过程，体会回归分析就是寻找相关关系中非确定性关系的某种确定性。能够根据系数公式求回归直线方程。引导学生进一步体会回归分析的思想。从总体抽样，由样本数据确定回归直线方程，接着预测总体事件。

(3)例题讲解，巩固提高。

设置一道例题，通过小组合作，师生交流，帮助学生突破难点，充分体现了以学生为主体，教师为主导的新课程理念，有利于学生对所学知识的主动建构。

设置练习题，通过讲练结合的方式，更有利于进行奥苏伯尔有意义学习。

(4)总结归纳，启迪升华。

课堂小结是巩固新知的必要环节之一。本节课采用启发引导学生谈一谈自己收获的方式，引导学生回顾解决问题的全过程，先由学生总结，再由教师补充完善。

作业：必做题、选做题和数学反思。必做题是为了达到课程标准的要求。选做题是为了照顾学生学习差异，实现因材施教，满足不同层次的学生需求。数学反思可以让学生自己了解哪些知识已掌握，哪些知识未掌握，以便以后复习。

(5)板书设计。

板书设计采用大纲式，这样的板书简明扼要，思路清晰，突出重点，分散难点，有利于对重点知识的理解和掌握，便于记忆，有利于提高教学效果。

2. 有步骤的引入

在体现必要性的前提下，逐步引入新知识，揭示引入的合理性，使之与学生的认知水平同步进行，即"知其然，知其所以然"。而传统的"满堂灌"注入式教学正是忽视了这一环节，缩减了由感性到理性的过程。

3. 全方位的审视

要使学生深刻理解、掌握重点知识，就必须引导学生从各个侧面对其进行深入认识。

案例1：反函数。

视角1：反函数是函数，应满足函数的定义与特征要素。

视角2：反函数中的"反"如何体现：表达式，定义域，值域。

视角3：如何求一个函数的反函数？

视角4：函数和反函数都是函数，函数有图象，图象有什么关系？

视角5：函数和反函数都是函数，函数有性质，性质有什么关系？

案例2：函数的单调性。

视角1：增函数与减函数的定义有哪些差别？

视角2：增函数与减函数定义中的关键字：任意，区间。

视角3：增函数与减函数的图象特点是什么？

视角4：如何判断一个函数是增函数还是减函数？

视角5：如何证明一个函数是增函数还是减函数？

4. 多层次的练习

对既是重点又是难点的概念、定理等教学内容，不仅要重视其形成发现过程的教学，也要通过循环反复的螺旋递进的方式进行练习，使学生充分地领会，并学会应用。

当看似孤立的问题运用知识的重点加以串联以后，就形成了具有密切联系的问题链，随着逐层深入的思考，对重点知识的认识就更加透彻，对知识的运用就更加灵活。

5. 变式教学

变式教学一般包括两大类：第一，概念外延的集合变式，也被称为正例变式，其又可以分为标准概念变式和非标准概念变式。第二，非概念外延集合变式，其又包括反例变式。数学概念和科学概念一样，都属于具有一定外延性的概念，换句话说，就是每个数学概念都有清晰的界限。如果学生理解并掌握了数学概念，那就意味着他们可以利用数学概念的内涵来判定某一对象是否在这一概念界限内。重要公式的教学，可以通过公式的正用、逆用、变用、连用等方式，在加强记忆的同时增强思维的灵活性。在教学设计过程中，设计者应引导学生从不同的方向去思考问题，以此获得不同的思路和不同的解决方案。例如，在设计"一元二次不等式及其解法"一课的例题时，可以从横向和纵向两个方向通过设计改变例题的条件、结论，获得更多的变式题型。随后，引导学生自主解答这些新形成的题目。另外，在教学设计过程中，还可以将学生比较容易混淆的一些知识点进行整理和重新组合，以此设计成对比性变式数学题目，从而促使学生可以明确地将这些知识点区分开来。这样，通过对重要例题的条件的增减、或条件与结论的交换、或特殊到一般的推广、或几个例题的共性分析的设计，提高学生的数学思维能力。

6. 多角度的联系

通过知识内在联系的揭示，在拓展思维层次的同时进一步强化对新知识的认识。

例如：

数列通项的理解——函数理解(特殊函数)；

对概率古典概型的理解——集合理解(集合运算)；

指数与对数关系的理解——加与减、乘与除(互逆运算)；

直线与圆的关系理解——几何(距离)、代数(方程组的解)。

数学知识的内在联系广泛存在于数学知识结构之中，重视其挖掘，在促进数学知识理解的同时，有利于培养思维的广阔性。

7. 适度的引申

引申作为一种教学手段，能有效促进对重点知识的理解。例如，正弦、余弦函数的奇偶性是该节教学的重点，如果蜻蜓点水般地得到结果，难以对三角函数图象形成充分的认识，应更深入揭示其一般规律：① 函数奇偶性的实质是反映函数图象的对称性。② 正弦、余弦函数的奇偶性分别说明它们是中心对称图形和轴对称图形。可设置以下问题：① 正弦函数的图形还有别的对称中心吗？② 余弦函数还有别的对称轴吗？③ 正弦函数的图形是轴对称图形吗？④ 余弦函数的图形是中心对称图形吗？

需要指出的是：对重点内容的挖掘不是越深越好，要弄清教学要求的层次，有时挖掘得过深学生难以理解，反而削弱或淡化了重点。

8. 分阶段巩固

对于重点的教学内容，不能"毕其功于一役"，应该分阶段完成。分阶段巩固还表现为对重点内容的一种定期检测、训练。

▶▶▶ 案例 2.15

“两直线交点的坐标”课堂实录节选

师：上一节，我们在平面直角坐标系中建立了直线方程，接下来，我们将通过直线方程，用代数方法解决直线的有关问题。这一节课我们先来学习两条直线的交点坐标(板书题目)。

师：请同学们先来看这样两条特殊的直线：$x=1$，$y=2$(板书图象)，它们的交点坐标是?

生：(1,2)。

师：我们从几何直观上可以直接观察得到。实际上，这也是这两条直线方程联立后的解。

师：那么，对于一般的两条相交直线 l_1 和 l_2，如何求解它们的交点坐标呢？我听有的同学说也可以联立方程组求解，那方程组的解就一定是直线的交点吗？从几何上来看，如果两条直线相交，那么交点就同时在两条直线上，也就是说，交点同时适合两条直线的方程，因此交点坐标一定是它们组成的方程组的解。反过来，如果方程组只有一组解，那么这组解就同时在两条直线上，以这个解为坐标的点就是两条直线的交点。

因此，求解两条直线的交点的问题可以转化为求解方程组的解的问题。这样我们就得到了用代数求解两条直线的交点的方法：只需写出两条直线的方程，然后建立方程组求解即可。

师：既然掌握了这样的好方法，相信同学们能快速地完成例 1 的求解，给同学们两分钟的时间。

例 1：求下列两条直线的交点坐标：l_1：$3x+4y-2=0$，l_2：$2x+y+2=0$。

(板书：一、相交直线交点坐标的求法　联立方程组)

师：同学们都完成了，谁能来说一下答案?

师：好，1 号同学。

生：首先建立方程组，其次求解方程组，最后写出交点坐标。

师：非常好，请坐。

师：通过这道例题，同学们对求解两条直线的解的问题已经有了初步的掌握，那么请同学们趁热打铁完成下面的练习。

练一练：判断下列两条直线的位置关系，如果相交求出交点坐标。

1. l_1：$x=2$，l_2：$3x+2y-12=0$
2. l_1：$y=x$，l_2：$-x+y+1=0$
3. l_1：$x+y=0$，l_2：$3x+3y=0$

师:同学们都完成了吗？谁能来说一下第1题的答案呢？

师:2号同学。

生:联立方程组求解可得交点坐标为(2,3)。

师:请坐。第2道题目请3号同学回答一下。

师:3号同学说该方程组无解,那这两条直线有没有交点坐标呢？

师:我们不妨把这两条直线的图象画出来,看看它们到底有没有交点坐标。

师:我们将 l_1 和 l_2 的函数图象画出后发现,这两条直线是平行的,因此,这两条直线没有交点。

师:从方程的形式上也可以看出,这两条直线的斜率是相等的,也就是满足 $\frac{a_1}{b_1}=\frac{a_2}{b_2}$。

师:接下来看第3个问题,这组方程有解吗？

师:6号同学说无解,大家同意吗？

师:8号同学说有解,解是什么呢？

师:我们联立方程后求得 $y=-x$,也就是说,所有满足 $y=-x$ 形式的数组都是方程的解。

师:为了理解,我们不妨带入几个特殊的值:$x=1$,$y=-1$;$x=2$,$y=-2$;……都是方程的解,只要满足一般形式 $y=-x$ 的都是方程的解。也就是说,这个方程组有无数组解。

师:我们再从方程的形式上来看,实际上这两个方程是等价的。因此,该方程组有无数组解。

师:我们将对应的函数图象画出后发现,这两条直线是重合的。

师:通过上面3个小题我们发现,在求解直线的交点坐标时,建立的方程组不一定有唯一解,也有可能无解,或者有无数组解。

师:通过2、3小题我们发现:方程组无解,两直线平行;方程组有无数解,两直线重合。那么这样的结论适合于一般的直线吗？请同学们小组讨论(板书:判断两条直线的位置关系)。

师:哪个小组想来交流一下？

师:第三组同学。

师:嗯,通过分析,我们可以得到二元一次方程组解的情况和平面中两条直线的位置关系是一一对应的。当二元一次方程有唯一解,两条直线相交;当方程组无解,两直线平行;当方程组有无穷多解,两直线重合。由此,我们得到了判断两条直线位置关系的方法。

师:除了通过求解方程组的解判断,还有其他方法吗？

师:我们再做进一步的探索。我们不妨求解一下这一组一般方程,运用初中学习的方法,我们很容易得到这样的结论,有兴趣的同学课下可以进行求解。

师：实际上，方程组的系数比与方程的解的情况以及两条直线的位置关系之间存在对应关系（见 PPT 课件）。因此，我们可以通过讨论系数比来确定两条直线的位置，如果两条直线相交，再通过联立方程组求解的方法得到交点坐标。

师：掌握了做题步骤，请同学们完成以下小题。

例 2：判断下列直线的位置关系，如果相交，求出交点坐标。

(1) l_1：$x-y=0$，l_2：$3x+3y-10=0$

(2) l_1：$3x-y+4=0$，l_2：$6x-2y=0$

(3) l_1：$3x+4y-5=0$，l_2：$6x+8y-10=0$

(4) l_1：$x+2y=0$，l_2：$2x+4y=0$

第(1)题，通过联立方程求解得到唯一解$\left(\frac{5}{3},\frac{5}{3}\right)$，知道这两条直线是相交的。

第(2)题，可以通过方程组系数的关系判断，方程组无解，因此，两直线平行。

第(3)题，从$\frac{3}{6}=\frac{4}{8}=\frac{-5}{-10}$，可以判断方程组有无数组解，因此，两直线重合。

第(4)题，不能通过方程组的系数比判断，同学们可以直接比较这两条直线的斜率或者直接解方程组，得到方程组有无数组解。因此，两直线重合。

师：接下来，给同学们几分钟来做一下老师给出的练习题（教材 109 页习题 3.3）。

练习：A 和 C 取什么值时，直线 $Ax-2y-1=0$ 与直线 $6x-4y+C=0$：

(1)平行；(2) 相交；(3) 垂直。

师：有哪位同学可以起来说一下？

师：3 号同学。他说这两条直线平行，则这两条直线方程的系数要满足$\frac{A}{6}=\frac{-2}{-4}\neq\frac{-1}{C}$，计算求得 $A=3$，$C\neq-2$。非常好，请坐！

师：两直线相交，则只需满足$\frac{A_1}{A_2}\neq\frac{B_1}{B_2}$即可，也就是$\frac{A}{6}\neq\frac{-2}{-4}$，解得 $A\neq3$，此时的 C 可以取任意值。

师：两直线垂直就是要求 $6A+8=0$，得到 $A=-\frac{4}{3}$，C 也取任意值。

师：通过前面的学习，咱们学习了如何通过直线方程求两条直线的交点坐标，以及如何判断两条直线的位置关系。接下来，请同学们来看这样的一个思考题。

思考：当 λ 变化时，方程 $3x+4y-2+\lambda(2x+y+2)=0$ 表示什么图形？图形有什么特点？

师：对于这样的一个含 λ 的参数方程（课件 PPT），表示什么图形？图形有何特点？咱们先进行整理，得到一个二元一次方程，当 λ 确定，它表示的就是一条直线。接下来请同学们赋予 λ 几个不同的值并画出相应的直线。

师：看同学们基本上都画完了，老师也取了几个不同的 λ 值，得到了这样的图形，同学们做的图形和老师做的有什么共同特点吗？

师：嗯，都经过点(－2,2)。那同学们有没有思考过为什么呢？

师：嗯，1 号同学。

师：嗯，他说将(－2,2)带入方程，λ 的前边的部分为零，λ 后边的部分也是零，所以 λ 取什么等式都成立，而且通过计算可以知道(－2,2)是这个方程组的唯一解，也就是这两条直线的唯一交点。

2.5.2 教学难点

2.5.2.1 教学难点的含义

教学难点是指那些太抽象、离学生生活实际太远的、过程太复杂的、学生难以理解和掌握的知识、技能与方法。课堂教学中是指对于一般学生来说比较深的，需要经过一定的理解才能掌握的知识或技能。

依据苏联教育学家维果斯基“最近发展区”理论，如果学生的已有发展水平与教学要求之间的水平跨越较大，教学要求就变成了教学难点。美国社会心理学家费斯丁格则认为，在学生认知发展过程中，其原有概念与现实情境不相符时，心理上产生的矛盾和冲突，阻碍学生的认知理解，认知失调形成认知难点。

教学难点是指由于教材上有些知识比较抽象、距离学生日常生活比较远而产生的与学生已有的认知不符合，导致知识迁移出现困难；或者是有些知识点比较隐蔽，导致学生认识的“功能固着”引起困难；或者是教材中学生不易掌握的技能、技巧等。所以，教学难点是知识要求与学生原有的知识基础、认知能力差异较大的，学生难以理解和掌握的，以及教师难以处理、难以讲授的那部分知识。

教学难点，从学生的角度讲是学生的学习难点。美国学者柯克认为，学习难点指不同性质困难的总称，即表现为听、说、读等基本学力出现明显的困难。霍姆林斯基提出学习难点是能被转化的，在这种转化中教师应寻找学生的闪光点，激发学生的学习情感和兴趣，推荐、编写适合学生的学习材料。

注意：教学难点不一定是教学重点，是众多知识点的难点内容，对于不同的学生要求不一样，教学难点的教学更具“策略性”。教学难点的特点：(1) 障碍性。影响后续知识的学习。(2) 相对性。它的特征是针对具体学生而言，它不受教师和教材内容的确定而固定，同一教材是否构成学习难点，可能因人而异。(3) 两重性。是成绩划分的“临界点”和智力的“开发点”；为了拓展学生的思维能力，教学难点的学习对于不同的学生要求是不一样的。

2.5.2.2　教学难点形成原因

根据以上的理论，结合具体教学实际，造成教学难点的主要原因可以从学生、教师、教学内容和教学环境等方面分析。

1. 学生因素

学生因素，包括学生的智力因素及非智力因素。首先，学生先前的知识水平、思维方式、智力水平、迁移能力都可能是造成教学难点的因素，影响学生对教学内容的认知；其次，学生的视觉、听觉、嗅觉等感觉通道对信息加工产生的冲突也是造成学习难点的重要原因；最后，学生的心理状态、兴趣、生理因素、学生的学习动机等非智力因素也不同程度地影响着学生对教学难点的突破。

2. 教师因素

首先，教师由于教学理论的局限和教学理念的缺失，忽视数学思维的训练，偏重学生知识学习，偏重成绩而轻视能力的提升。

其次，教师在教学过程中对学情的分析不够。教师教学之前对教学设计效果的预测和评判及程序化的教学设计使教师严格执行教案，给学生留下的空余时间较少，即教师的预设与生成存在认知的偏差，造成学生学习困难。

3. 教学内容因素

教材内容比较隐蔽，教学内容理论性较强且不易讲清，新知的难度较高，等等。一是知识远离学生生活实际，学生缺乏相应的感性知识；二是知识较为抽象，学生难以理解；三是知识包含多个知识点，知识点过于集中；四是新知识与旧知识联系不大，旧知识掌握不牢，或因大多数学生对旧知识遗忘所致。

4. 教学环境因素

首先，苏联学者巴班斯基认为，学生学习的可能条件及教育教学发展的社会条件，这两个内外因素影响学生的学业成绩。

其次，森永良认为，学习的前提条件是感官没有困难，情绪发展、认知能力、运动功能发展正常，所处环境不利时可能出现学习困难。

再次，班级制采用统一的进度、相同的教学方法和评价方法，把学生放在一个知识基础、思维发展、智力水平，不足以体现学生的个体状况，造成学生对教学内容的认知困难。

最后，课堂纪律、课堂气氛、师生关系作为课堂管理因素也影响着学生对教学内容难度的认知。

当然，上述因素有可能交叉，如日本学者北尾伦彦从直接原因（教学内容不适、教法不当、学生本身智力因素）、心理因素（性格、兴趣、情绪等）、环境因素（家庭、学校、班级）分析，强调学生学习难点与直接因素关系最密切。

2.5.2.3 教学设计过程中难点的确立

教学难点因人而异，教师必须在教学设计中分析难点可能产生的原因，正确估计难点。可以从以下几个方面考虑：

1.教学内容的抽象性与学生思维形象性之间的矛盾产生难点

例：初二代数“无理数”。

无理数的概念是本节教学难点。主要原因：无理数的概念十分抽象，需要有一定的抽象思维能力和初步的极限思想，而初中学生的抽象思维能力弱，主要还是以经验型的形象思维为主。

例：高中“集合概念”。

集合概念是难点。一是集合是原始概念，它不是由已有的其他概念来定义，学生头脑中缺乏帮助其理解集合的其他概念；二是集合涉及的知识面广，所涉及的初中数学知识学生已有所遗忘；三是与集合有关的新概念相应的符号、术语较多，这些新概念、新符号学生容易混淆，接受和理解都比较困难。

例：高中“函数的概念”。

本节的教学难点是函数的概念。主要原因：由于函数的概念涉及集合语言，其实质是集合之间元素的对应。教材采用了映射语言进行叙述，但在本节之前却没有先讲映射作为铺垫。因此，需要学生具备一定的抽象思维与辩证思维能力。同时，学生还要注意初高中函数概念的整合。这些特点对抽象思维能力较弱的高一学生而言确实较难理解。

例：高中“双曲线的几何性质”。

本节教学难点是双曲线的渐进线。主要原因：双曲线的渐进线看似形，却难以用形来描述，同时渐进线的概念包含着极限思想。

2.教学内容的深化和学生思维定势之间的矛盾

例：初中“一元一次方程的应用”。

受小学定势思维——算术法解方程的影响，常想到列算式而忽视建立等量关系，从而成为教学难点。

例：初中“不等式的性质”。

受方程解法的影响，忽视不等号的变向而成为教学难点。

例：高中“逻辑连接词”。

教学难点为对“或”的含义的理解。主要是容易与日常用语中“或”的含义混淆。

3.教学内容之间的关系复杂

例：“交集并集”。

本节教学难点是交集并集的概念及它们之间的区别与联系。因为逻辑中的“且”与“或”只是一字之差，关系却很复杂，而且这种理解与日常理解有别。

例:“一元二次不等式的解法”。

本节教学难点是三个二次之间的关系。三个二次紧密联系,相辅相成,而且运用中又需要灵活处理。

4. 问题的解决途径难以探索

例:“函数的单调性”。

本节的教学难点是利用单调性的概念证明或判断函数的单调性。因为证明中需要运用通分、提取公因式等变形技巧,还需要运用分类讨论等思想方法,灵活性强。

例:“四种命题”。

本节的教学难点是反证法的理解与应用。因为反证法的理解虽说与逆否命题有密切联系,但也仅仅是浅层理解,而且推导矛盾的方式、方法多种多样,灵活性强。

2.5.2.4　突破难点的策略

1. 发现性策略

即将克服难点的过程组织成教师引导下的学生独立发现的过程,这样能较好发挥难点促进学生思维发展的作用。使用这一策略的条件是学生具备较好的基础知识、能力准备和较充裕的时间。

例:“两变量的线性相关性”。

教学难点:最小二乘法的形成过程。解决该问题可以设置相关的启发性问题。

2. 举例归纳突破

例:“等差数列前 n 项和”。

教学难点:求和公式的推导。

解决方法:高斯故事,钢管堆放……

例:“二元一次不等式表示的平面区域”(必修 5)。

问题 1:将点 $(-1,3)$,$(2,2)$,$(3,-1)$,$(1,-2)$,$(4,1)$,$(0,4)$ 代入直线 L 的方程 $2x+y-4=0$ 的左边,其值是大于零? 等于零? 小于零?

问题 2:在直角坐标系中画出这些点和直线 L,观察这些点是否在直线 L 上或在直线 L 的哪一侧?

问题 3:请你再取一些点试一试,你能得出哪些结论?

问题 4:直角坐标系中,$2x+y-4>0$,$2x+y-4<0$ 表示的图形是什么? 为什么?

通过学生的尝试操作,举例归纳得出二元一次不等式表示平面上的一个区域,通过师生的共同探究,突破教学中的难点:为什么要分类? 这样分类合理吗?

3. 操作演示突破

例:“探索勾股定理”。

教学难点:定理的发现。

解决方法:教师设置问题,学生操作。自己画图,自己测量;利用几何画板,让学生观察。

4.类比迁移突破

例:二面角概念。

问题1:你能说出角的定义吗?你能说出几种?

问题2:两个半平面之间有“夹角”吗?你能否类比角的两种定义,分别给它下一个定义?

问题3:如何刻画或度量二面角的大小?

本例中的难点就是二面角、二面角的平面角概念的形成过程,教师在教学中正是通过类比迁移的方法,将新旧知识联系起来,使得难点不攻自破,当然这其中还需要辅之实例演示、图形观察、方案论证、联系生活举出应用的例子等。

5.层层铺垫策略

层层铺垫策略并不是等难点充分暴露时才设法破解,而是采取有目的、有计划地进行分化、铺垫、分解等,使学生有序地渡过思维障碍。

采用这种方式,有时需要有意设计递进式教学环节;有时需要因势利导,旁敲侧击。

6.提示性策略

即在解决问题的过程中,教师适当提示解决问题的思考原则,逐步缩小学生的探索范围,求得问题的解。这种策略多用于例题与习题的教学之中。提示的范围包括相关数学知识、常见数学思想(如数形结合、转化思想、构造思想、整体思想等)、常用的数学方法(如配方法、换元法、待定系数法、间接法等)等。

提示的类型一般有三种:

一般性提示——方法论水平上的提示,提升学生一般性的思考方法与原则。

功能性提示——介于一般性与特殊性提示之间,提醒学生应用针对某一类问题的解决方法与策略。

特殊性提示——具体的提示,针对解决的问题,提醒学生解决问题的具体方法与步骤。

7.分散性策略

实际情况不允许采用发现性策略或提示性策略,如学生的知识水平达不到或时间有限,教师可以直接讲授难点问题或让学生阅读课本,绕过知识被探索发现的过程。

由于这种做法越过了重要的思维环节,应该在上述环节之后,加强反思环节。一是具体性反思,即对某一数学方法或解题过程回头看,对具体解决问题的过程加深理解和认识。如等比数列前 n 项的和的公式推导,教师可以回头再讨论错位相减法。二是整体性反思,即在某一章节之后,对解决问题的思想方法进行归纳总结。如学生在学习了解一次方程组之后对消元的思想方法这个教学难点进行整体回顾。

2.5.3　教学设计中的其他几个关键“点”

教学设计过程中除了重点和难点外，还需找准教材中对教学质量和教学效果起着重要作用的其他几个的关键“点”。

2.5.3.1　教学的衔接点

教材中的知识总是前后联系又相互独立的。在分析教材时，不能把着眼点只放在教材的局部、具体问题的分析上，而忽视对教材整体的把握，应该从整体和局部两个方面入手，找准教材的衔接点，从而明确教材编写的来龙去脉，以及各知识点在教材中的地位和作用。如初中一年级“负数”应放在整个初中去分析，既是小学“非负数”的衔接，也把整数系扩充到整个有理数，进而引出数轴、相反数、绝对值等概念，不难看出，负数是初中数学知识的衔接点。

2.5.3.2　知识的发生点

教材的知识按一定的体系编排，在相互联系中展示各个知识点的发生发展过程。教师在分析教材时要依据教材的教学目的要求，找准知识的发生点。依据知识的发生过程提出恰当的问题，引导学生参与揭示知识的发生发展过程。

2.5.3.3　教学的立足点

分析教材时要针对具体章节的教学，依据知识本身的特点和其在整个知识体系中所处的位置确定相应的立足点，使教学有的放矢，目标明确。如“一元二次方程的解法”这一节的教学立足点是“配方法”，它不仅为求根公式的推导、证明打下基础，而且它本身也是一种重要的数学思想方法。

2.5.3.4　教学的分化点

教材中的某些重点，学生不易掌握，影响后续内容的学习，容易形成数学成绩的分化，这样的内容称为分化点。教师在教学设计时，应在掌握重点难点的基础上，找准教学的分化点，突破这些分化点，才能避免学习成绩分化，大面积提高教学质量。如：初中绝对值的概念，列方程解应用题，平面几何图形，几何语言，几何推理；高中立体几何中空间图形等。

2.5.3.5　找准训练点

在教学设计时，要研究各种类型题目的特点和其在教学中的作用，选择适宜的题目类型，突出基本概念、基本方法和基本规律。充分利用典型题目进行变式训练，把握好训练度。

第3章　数学教学过程设计

我们常说，教学不仅是一门科学，而且也是一门艺术。这实际上就是说教师在实施教学的过程中，可以充分地发挥自己的聪明才智、创造精神，具体问题具体分析，根据班级、学生的当时当地的情况，采取适合当前具体情况的方法进行教学。

教学过程是纷繁复杂的，在这一过程中包含了形形色色的矛盾运动，针对其中的主要矛盾关系，各种矛盾因素不同的组合方式，教师设计一定的教学结构，在这样的结构下，解决教学中的矛盾，达到教学目的。因此，教师应对教学结构进行系统研究，掌握针对具体情况建立并实施教学结构的教学设计。从实践方面来说，教学结构的设计是教学基本理论应用于教学实践的中间转化环节，其中包括了可供达到某一教学目标的必备条件和实施教学的程序、方法，教学结构是直接受教学目标制约的。

教学过程是有一定的内在规律的，只有正确了解了教学结构才能深刻认识教学过程中的内在规律。教学设计的结构是教学内在规律的直接反应。例如：

(1) 夸美纽斯(1592—1670，捷克教育家)以“一切知识都是从感官的知觉开始的”思想为基础，提出的教学结构是：观察，记忆，理解，练习(图 3.1)。

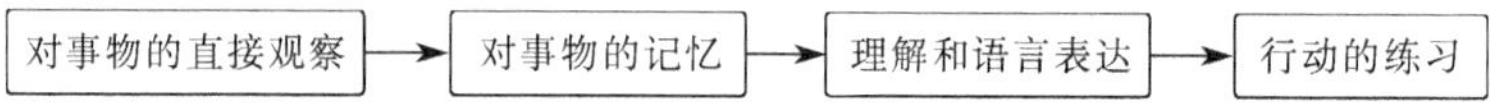

图 3.1　夸美纽斯的教学结构

(2) 杜威(1859—1952，美国哲学家、教育家)从实用主义哲学思想出发，强调直接经验、学生主体及其发展，主张教学应“以儿童为中心”，让学生从活动中去学习，即所谓的“从做中学”。根据这一思想，杜威的学生克伯屈(1871—1965，美国教育家)提出了“设计教学法”，其教学结构如图 3.2 所示。

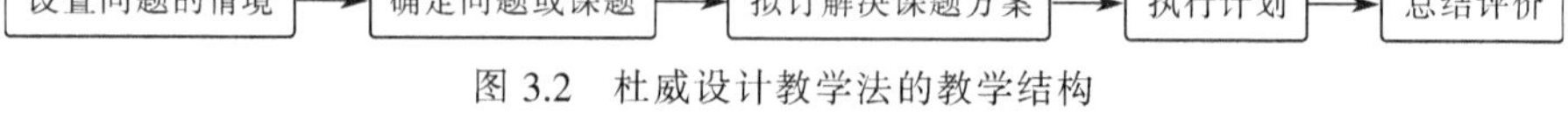

图 3.2　杜威设计教学法的教学结构

(3) 苏联教学论专家根据马克思主义认识论原理，吸收历史成果，总结教学经验，提出了一个师生系统地传授和学习书本知识的教学结构，如图 3.3 所示。

诱导学习动机 → 领会新教材 → 巩固知识 → 动用知识 → 检查

图 3.3　苏联教学结构图

这一教学结构应用了心理学研究的成果：认识过程从对事实、现象、事件、规则等的感知和意识开始，经过比较、分析、对比、类比等逻辑操作引导对新知识的实质进行理解和领会，然后通过归纳、总结、抽象、概括等把所学的知识系统化。从教学进程来看，基本上属于教师帮助学生形成科学概念的过程，层次清晰，但它是一种外部灌输的模式，对调动学生学习的主动性，发挥学生思维的能动作用不太有利。

(4) 20 世纪 50 年代以后，为适应世界范围内的新的重大科技革命对教学提出的新要求，美国的布鲁纳根据教材结构化和通过发现来学习知识的思想，提出的一种教学结构，如图 3.4 所示。

明确结构，掌握课题，提供资料 → 建立假说，推测答案 → 验证(一次或几次) → 作出结论

图 3.4　布鲁纳教学结构图

在这一教学结构中，既要求教材达到结构化程度，又要求在教学中不把现成结论教给学生，让学生利用教师与教材所提供的某些材料，亲自去发现应得的结论和规律，成为“发现者”。美国的“新数运动”就是布鲁纳的这种教学思想的产物，由于所用教材“结构化”程度过高，脱离了学生的发展水平，再加上其他一些社会原因，使“新数运动”遭受了挫折，但布鲁纳的教育思想以及据此提出的教学结构还是具有重要的借鉴意义的。这一教学结构对于发展学生的智力，激发学生的学习兴趣，使学生产生学习的内部动机，对于培养学生发现问题、解决问题的能力，使学生掌握探索实际问题的方法，对于知识的掌握和记忆等都是比较有利的。但这一结构也有它的缺点：首先是比较费时，对学生掌握系统的知识，进行基本技能的训练也不太有利，同时，教师对教学进程的控制也比较困难。

(5) 程序教学发源于美国，早在 20 世纪 20 年代，辛南、普莱西就提出程序教学思想，到了 20 世纪 50 年代，在斯金纳等人的推动下，程序教学开始发展，其理论基础主要是行为主义的“操作性条件反射”和“积极强化”的学习理论。根据这一理论，人们可以认为行为即使不是由它的后果决定的，也是由它的后果所形成的。人的行为可以因产生愉快的后果被加以重复，也可以因产生不愉快的后果被人避免。这里，强化是至关重要的因素。只要我们把握强化这一工具，运用恰当的强化物，组织适宜的强化序列，我们就可以控制产生我们所期望出现的行为，并避免我们不期望的行为，最终达到教育目的。

程序教学根据上述理论，把学生掌握知识、技能与技巧的过程程序化，使学生按程序进行独立的、个别化的学习。它把教材分成许多小段，布置便于检查对每段教材掌

握情况的作业，给出学生可能得到的正误答案，按照答案指明下一步学习内容，这样，学生就可以自定步调，学生自己掌握学习速度。程序的模式主要分直线式和分支式两大类。

（6）史密斯认为，无论教学目标怎么变化，组织学习的教学策略似乎都有一些共同点。其中一个共同点就是单节课的组织通常要遵循以下模式：导入（导课）、主体、结尾、评估。有时，一堂课中并不包含评估，而是推迟到多堂课结束后。然而，其他三个部分是大多数教学理论家一致认为组成一堂课的几个阶段。

加涅建议一堂课应该包含：① 引起注意；② 告知学习者目标；③ 促进先行知识的回忆；④ 呈现刺激材料；⑤ 提供学习指导；⑥ 引出行为表现；⑦ 提供反馈；⑧ 评估实绩；⑨ 提高、保持和迁移。

史密斯还给出了如下的教学结构图（图 3.5）。

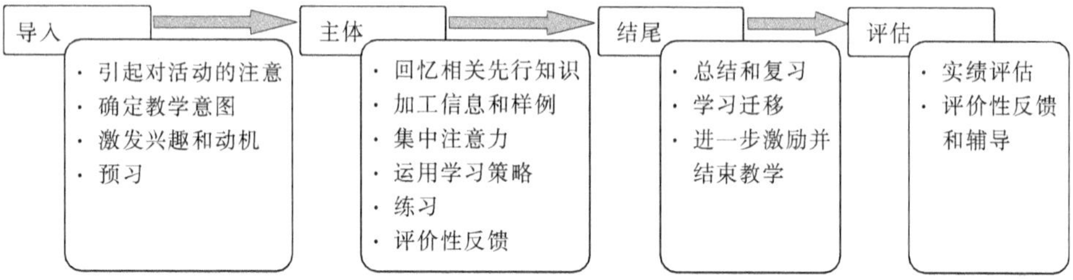

图 3.5　史密斯的教学结构图

结合上述教学结构图，史密斯还给出了陈述性知识的教学过程中教学导入、主体、结尾和评估等教学环节的要点及建议，如图 3.6 至图 3.9 所示。

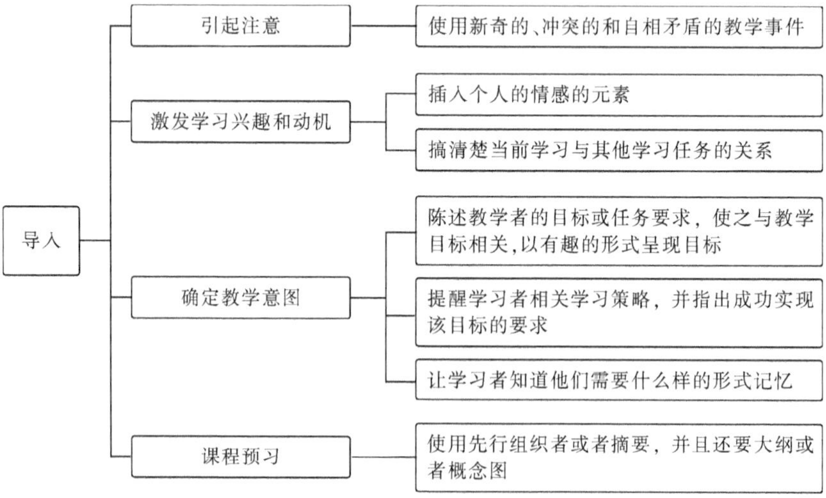

图 3.6　教学导入设计的要点及建议

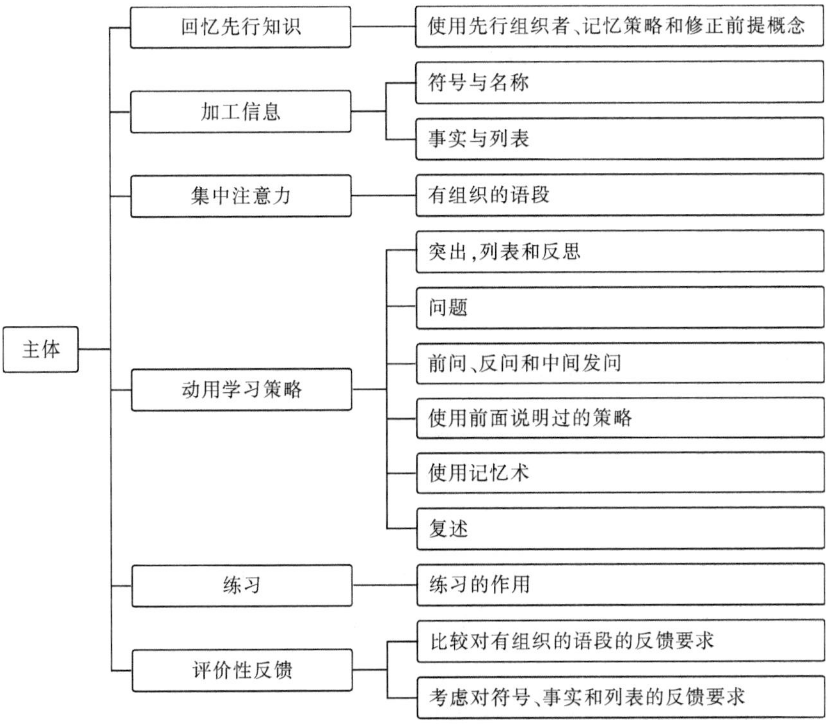

图 3.7　教学主体设计的要点与建议

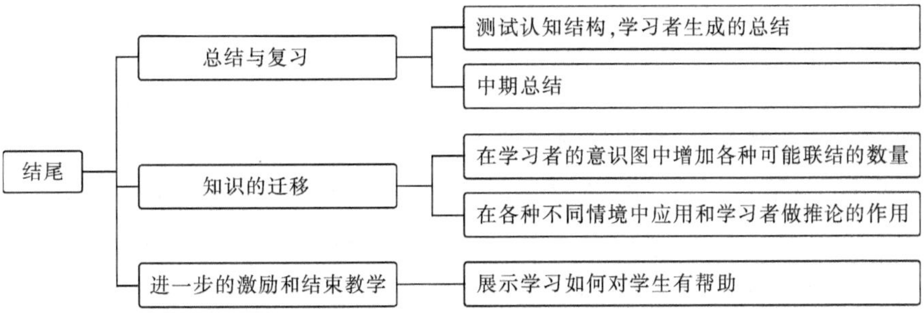

图 3.8　教学结尾设计的要点与建议

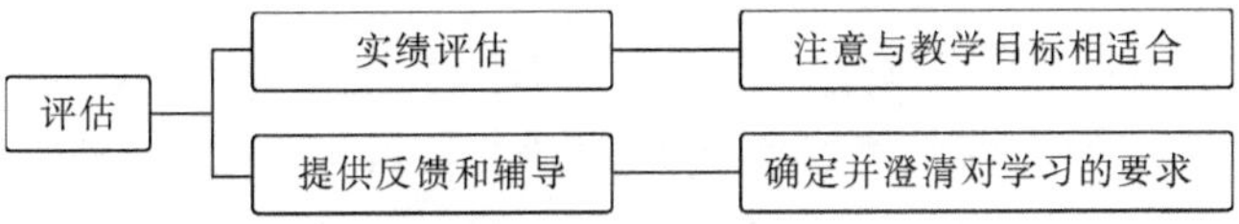

图 3.9　教学评估设计的要点与建议

熊惠民教授认为,教学过程的设计一般考虑横向和纵向两个维度。横向包括内容呈现设计、教师活动设计、学生活动设计;纵向则可分为导入设计、情境设计、提问设计、例题设计、练习设计、讨论设计和小结设计。由于横向三个方面是同步进行的,必须整体设计,所以在教学实践中,数学教学的教学过程一般都以纵向为线索分阶段实施,称为数学教学过程设计。

本章我们选择在教学设计过程中比较有代表性的导入、提问、例题、练习和小结等设计为例，简要介绍如何在教学过程中进行具体的教学设计。

3.1 导入设计

3.1.1 课堂导入的理论基础与内涵

课堂导入是指在讲解新知或教学活动开始时，教师有意识、有目的地引导学生进入新的学习情境的一种教学行为方式，也是课堂教学的启导环节，领起环节。其中“导”指的是教师以教学内容为目标，用精心设计的方式集中学生的注意力，激发学生对知识的兴趣、渴望和追求；“入”是将学生引导到学习的内容上来，让学生从导语中捕捉到教学内容的头绪，帮助学生明确学习目的，形成学习的内部动机，进而在教师的启发引导下，积极地愉快地进入学习状态。“课堂导入”中的“课堂”则是指“导入”的一种场所和环境。

建构主义学习理论认为：学习是根据学习者已有的知识经验对外部获得的信息进行选择、加工和处理，纳入已有的知识系统中来的过程；学习是一种社会性质的活动，个体的学习与社会中其他人的学习密切相关，这就要求教师一定要充分发挥教育者的作用，帮助学习者学习知识；学习是在一定的教学情境中进行的，学生知识的建构依赖于一定的情境。

课堂导入就是让学生利用现有的知识，把知识与现实背景结合起来进行新的知识的补充，激发学生对有关知识内容的探索，同时也是为了让学生更好地理解学习的新知识，建构知识网络。这就要求教师要引导学生主动去发现问题并分析问题，主动建构数学知识网络，加强学生运用数学知识的能力。

课堂导入是课堂教学的第一环节，也是教师在课堂教学伊始为吸引学生注意力、激发学生兴趣、协助学生搭建知识框架，以及引导学生进入学习情境的一种教学方式。

最近发展区理论是指教育对学习者的个体发展起到主导和促进作用，需要明确学习者发展的两种水平：一种是学习者知识已经达到的发展水平；另一种是学习者知识可能达到的发展水平。教师的作用就是帮助学习者从第一种水平发展成为第二种水平，在这个过程中，学习者要经历发现问题、解决问题的过程的循环，而教师要为学习者创设问题情境，帮助学生解决问题，实现自我提高，突破最近发展区。

导入就是把知识建立在学生的最近发展区内，通过教师的有效引导，让学生发现和自己已有知识相关的内容，找到自己的最近发展区，进而构建新知识。这就要求教师要准确了解学生，把握教材，选择适合学生的导入材料，为问题设置创设情境，使学生在学习的过程中获得成就感。

认知同化理论是指学习者根据已有的知识与新知识建立联系，进而同化新知识的过程。奥苏伯尔认为学习者应该进行有意义的学习而不是机械学习。有意义的学习，就是学习者的认知结构中能够与新知识形成联系，使新知识能够纳入认知结构中来。进而他提出了先行组织者策略，先行组织者就是在学习知识之前呈现的具有引导意义的材料，可以是一个概念、一个定理、一段文字或者一个图片，能够在新旧知识之间起桥梁作用。

导入与先行组织者有着相同的作用，不同的是，导入可能更加丰富，能够在一定的情境中帮助学生融入课堂中去。导入和先行组织者一样，可以是全新的内容也可以是学生学习过的内容，只要能够帮助学生在新、旧知识之间建立桥梁，就可以称之为导入或先行组织者。

3.1.2　课堂导入的功能

李如密在《教学艺术论》中指出：好的导课如同桥梁，联系着旧课和新课；如同序幕，预示着后面的高潮和结局；如同路标，引导着学生的思维方向。课堂导入虽然在每节课所占的时间不多，但所起到的作用却是不可忽视的，不仅可以从学生的认知上吸引学生的注意力，激发兴趣和动机，还从教学内容、教学目标等角度上搭建学生新旧经验的联系，引导学生在学习过程中产生学习预期，明确本节课的教学目标等。

关于课堂导入功能的认识，国内外学者做了大量的研究。史密斯认为，导入部分的功能是做好课程学习的准备，促进学习者的选择性注意并将相关记忆带进工作记忆中，在这里已有的知识可以帮助他们理解新知识。

20 世纪 70 年代 C. Turney 等人在 *Sydney Micro Skills* 一书中提出，导入技能的构成要素为：引起注意，激起动机，构建教学目标，明确学习任务以及建立联系。他们认为，对于新的学习内容，学生往往是不容易进入的，那么能够解决这一问题就会对教师的教学效果以及学生的学习效果产生积极的作用。研究发现，动机是使得个体进步的因素之一，而教学所需要的积极的动机，也就是求知欲。所以，教师在教学的开始需要引起学生的关注，引导学生进入课堂，激发学生的学习动机。激发求知欲，让学生拥有良好的学习状态，然后才能做到深入课堂进行探索。

20 世纪 80 年代 C. Turney 及 Roger Gower 等人的研究，都强调了在新的教学内容开始时，应采用多种方法。他们意识到固定的课堂导入是不恰当的，不同的教学设计要适合不同的学生群体，目的是激发学生学习的动力，激发学生的学习好奇心，建立现有知识与新知识之间的联系。学生学习新知识的心理障碍得到了平滑，从而自然地进入新课程的学习。

也就是说，课题导入可以引起学生注意、激发学习动机、构建学习目标和明确学习任务。

詹姆斯·M. 库伯认为,在课堂导入环节,进行情景教学的目的是激发学生学习知识的兴趣。课堂导入的主要作用就是让学生把注意力集中在课堂教学上,教师的课堂导入通常借助于日常活动、典型事件、现实问题抽象的数学模型,或者其他有利于激发学生学习兴趣、唤醒学生经历的事件或者事物开始。新课开始时,学生的积极参与能够不断增加他们对于知识的好奇心,激发起学习新知识的兴趣。

Robert E. Slave 认为导入的最主要的作用是促使学生在学习兴趣和欲望的驱动下,积极主动地学习新知,变被动学习为主动学习。

著名的数学教育家张奠宙教授认为,课堂导入不同于一般的课题导入,它是以学生为主体,站在学生的角度设计问题情境,慢慢地引导学生,发散学生思维,让学生在问题情境中分析、总结,得出概念。

史宁中教授也指出,一个理想的数学教学过程,应当注意几个环节:把握数学知识,把握学生认知过程;创设合适的教学情境,提出合适的数学问题;启发学生独立思考,鼓励学生相互交流;掌握知识技能,理解数学本质;感悟数学基本思想,发展数学学科核心素养。即:教师能创设一种融洽的教学情调和课堂氛围,把学生带进一个与教学任务和教学内容相适应的理想境界。心理学理论告诉我们,在教与学活动开始之前,学生普遍都有学好新知识的动力准备,即"心向"。这种"心向"虽然强烈,但在时间上却非常短暂,因此,教师要善于将这种"心向"进行激发和提升。在教学过程中,对这种"心向"进行激发和提升的主要手段是精心的导入,从而强化学生学习新知识的动机,激发学生对将要学习的知识的兴趣,甚至促使学生产生一种强烈的渴求和欲望。

熊惠民教授认为,导入是教师引导学生做好学习新课知识的心理准备、认知准备,并让学生明确教学内容、学习目的、学习方式以及产生学习期待、参与需要的一种教学行为。简言之,导入是教师在一个新的教学内容和教学活动开始时,引导学生进入学习状态的行为方式。

罗新兵、李三平的著作《中学数学教师教学技能》中指出课堂导入的七种功能,包括帮助学生集中注意力、激发学生对新知识的学习兴趣、启迪学生数学思维、激发学生主动学习的动机、诱导学生学习、统领知识脉络、获得反馈信息等功能。

杨曼和王运武认为,课堂导入可以使学生明确新知识的学习内容和目标,教学活动的方向和方式,使学生对新知识学习的重要性与必要性有所领悟,产生对学习的期待;为学生学习新知起铺垫和引导作用,使学生对要学习的课题产生浓厚兴趣,体会思维的乐趣,保持高昂的学习情绪。

总的来讲,课堂导入一般有三个作用:

(1) 引起注意。课堂导入最主要的作用就是引起学生的注意,从而在课堂的开始成功地进入高效课堂。

(2) 唤起相关知识。任何一个科目的教学都不可进行独立章节的知识传授，螺旋式的知识结构更加符合我们的思维结构。在章节之间，如果不搭建桥梁，学生也无法进行联系，难以得到章节之间的知识关系。因此，在课堂导入时，最好将与本节课相关的数学知识进行总结和融会，从而唤醒学生对相关知识的记忆，不仅可以复习之前的数学知识，还能完善学生的数学知识结构。

(3) 指引思维的走向。学生在课堂导入时也有各种不一样的思维方法和理解，教师却不能任由学生思维遨游千里，要及时拉回学生的思维，指引学生的思维走向。

3.1.3 课堂导入的策略与相关研究

课堂导入的方法多种多样，单一的导入方法难以在现实的课堂教学过程中起到作用，反而会使教师陷入困境，因此，在教学设计过程中，教师要切实了解课堂导入的策略和方法。针对课型、教学环境以及学情的不同，对课堂导入方法进行设计创新，从而为教学提供有效的导入设计。

Price 在《有效教学设计》中指出，导课是教学或活动真正开始的一部分，用以帮助学生集中注意力，并将新旧知识联系起来。导课最重要的功能是帮助学生做好学习准备。它既可以包含用来激发学习动机并使其注意力集中的特殊策略，又可以包含帮助学生了解新旧知识或技能之间联系的一般策略。通常，导课会同时涵盖这两种策略。他给出了导课的策略：

1. 陈述教学目标及其意图

在一节课或活动的导课中，最有效的策略之一是直接告诉学生他们将要学什么，以及为什么学这些。通常情况下，当学生知道他们要做什么和学习的价值时，他们会更积极地做出回应。当告诉学生他们要做什么以及这样做的价值时，教师便是在陈述教学目标。

2. 多样性的导课设计

导课既可简短，也可以详细阐述。在确定导课内容时，教师要考虑：

(1) 各种变量，如学生的背景、经验，以前的相关知识；

(2) 前提技能和知识；

(3) 内容是抽象的还是具体的；

(4) 是否是一系列知识的第一堂课或第一次活动；

(5) 学生可能的兴趣和动机；

(6) 可用的教学时间。

Steve Walters 和 Roger Gower 在 *Teaching Practice Handbook* 中提出：教师要学会交叉使用各种导入方法，尤其是"socializing"，即教师在展开课堂导入时，选择一个能在学生个人经历中找到相似点且能被理解的事物来过渡到新课学习。James M. Cooper

提出“新课导入是教师取得教学成果的重要开始”这一重要论断，认为教师借助各种教学方式，如情境导入、新旧知识导入、目标导学等呈现生动的教学情境，学生通过多种感官获得感性材料，并进行深入分析和思考，以此可以不断增强学生的探究欲望。

同样的教学内容，不同的教师有不同的处理方法。有经验的教师总是十分重视一节课的开端和知识的转折与衔接。他们总是采取一定的策略精心设计导入，追求导入的科学性。

3.新课程标准背景下对教学导入设计的研究

2001年版的数学新课程标准提倡的数学模式是“问题情境—建立模型—求解—解释—应用”，其中，问题情境放在首位，要求教师寻找到知识的载体，把问题作为教学的出发点，创设情境，激发学生的学习兴趣和求知欲，为发现新知识创造一个最佳的心理环境和认识新知识的理想阶梯。

《普通高中数学课程标准(2017年版)》从突出数学本质、设计合适的情境问题、不断提升自身素养三个方面，对如何创设情境提出建议。设计适合学生实际的情境对教师具有挑战性，需要教师提升自身的数学素养。2017年版课程标准提出，数学学科核心素养通常是在综合化、复杂化的情境中，通过个体与情境的有效互动生成的，可见，素养的形成与情境有密不可分的关系。数学教学活动是学生的数学学科素养形成和发展的重要途径，在数学教学中需要创设合适的教学情境，促进学生数学学科核心素养的发展。数学核心素养蕴含在数学知识中，教师在课堂教学中要不断地通过数学知识的形成和发展过程引领学生参与数学抽象、逻辑推理、数学建模等过程，从而使数学学科素养内化成为学生认知世界的必备品格和关键能力。

随着新课标的颁布，课堂教学导入设计引起越来越多的学者的重视。新课标指出，课堂教学的导入是为了教学目标的实现，是数学核心素养养成的重要方法和步骤。课堂导入作为一节课的开始环节，是学生学习知识的起点，好的课堂导入可以帮助学生理解“为什么学”“学什么”“怎么学”和“学了能做什么”，所以在课堂导入环节培养学生的核心素养是非常重要的。导入设计要符合学生的身心发展特点，应契合教学内容的需要。即导入内容要能够被学生接受，适应学生阶段的理解水平和身心发展特点，防止过犹不及的出现，应该恰到好处，言简意赅。

福建师范大学李祎教授提出，应注重从学科知识点角度进行教学导入的设计，并给出了着眼于学科知识的不同方面进行导入设计的建议。

1)基于学科知识本质的教学导入设计

揭示数学知识本质是数学教学的灵魂。在进行数学教学导入设计时，要在直抵知识本质方面多花时间，削枝强干，去伪存真，淡化对非本质问题的时论，这样才有利于学习从表面趋向本质。由于教材通常以简约形式来呈现教学内容，因此，教师在进行教学导入设计时，要结合具体内容进行再创造式的开发和设计，通过解读教材内容形成的背景及缘由，帮助学生理解和把握知识的本质。

比如，对于“函数的单调性”的教学，其教学导入多是从具体实例出发，如炮弹发射或气温变化曲线，直接引出对图象的升降趋势进行符号刻画。此时，学生的学习带有很大的盲目性和机械性，对什么是函数性质，函数的单调性意味着什么，为何要进一步研究函数的增减性等本原性问题缺乏深刻认识。若着眼于知识本质按如下方式导入，则可有效地克服这一现象。

▶▶▶ 案例 3.1　“函数的单调性”的教学导入

在数学中学完一个概念之后，往往要接着研究其性质。什么是事物的性质呢？“变化当中保持不变的规律”就是事物的性质。我们在前面学习了数的概念。从函数的定义来看，函数的基本研究对象是事物的“变化”，而事物变化最简单的情形就是变大还是变小(还有变快或变慢等)，即当自变量增加或减少时，因变量是增加还是减少。从函数图象来看，观察并比较几个具体函数的图象，发现函数图象千变万化，但无论如何变化，图象经常会呈现出升降趋势。在初中的学习中已从直观上认识了函数的这一性质，但直观的观察并不可靠。比如，函数 $y=0.001x+1$ 的图象是升还是降，从图象观察并不明显；又如，有的函数图象如 $y=\frac{1}{x}$ 是无限延伸的，其在远端的变化趋势不得而知；再如，有的函数图象如 $y=x+\frac{1}{x}$ 难以画出，其升降判断无法依赖图象。因此，本节课我们从量化角度研究函数的这一性质，用符号语言对函数图象的升降特征进行精确刻画，并据此实现数学中严密的推理和演算。

对数学学科知识本质的把握，既涉及从整体上认识数学对象产生的背景、缘由等，也涉及从微观上揭示数学对象的本质属性。因此，立足于知识本质进行导入时，既可以着眼于追溯知识的生成背景和本原思想，也可以着眼于挖掘知识的内在本质和根本特征。

比如对“任意角三角函数”概念的教学，常见的导入方式有两种：一种是采用“以旧引新”进行导入，即通过复习锐角三角函数来引入任意角三角函数，但由于初中是从几何角度研究三角函数，引入该概念的目的是研究直角三角形中的边角关系，因而通过这种方式导入难以让学生确立起函数观念；另一种是采用创设“摩天旋转轮”等问题情境进行导入，但由于情境中信息的复杂、冗余等，无法让学生立即抓住任意角三角函数概念的本质。若立足学科知识本质，采用如下方式进行导入设计，则更容易实现对概念本质的有效把握。

▶▶▶ 案例 3.2 "任意角三角函数"的教学导入

在前面的学习中，我们把锐角推广到了任意角，任意角是一条射线绕端点旋转生成的。在角的旋转过程中，终边上的点都绕着端点做圆周运动，圆周运动体现了客观世界"周而复始"的变化现象，而函数是描述客观世界变化规律的数学模型，那么，如何用函数反映这种运动变化现象呢？我们知道，函数研究的是运动变化现象中的数量及其关系。在角的终边上任取一点，那么在该点做圆周运动时，你能发现哪些数量？它们是怎样变化的？它们之间具有怎样的关系呢？

2)基于学科知识意义的教学导入设计

许多教师在进行教学导入设计时，往往平铺直叙，对知识意义没有充分重视。即使有时强调知识的意义，但更关注的是其在解决实际问题中的作用，或在后续学习中在解决数学问题时的应用，而忽视了在导入环节从知识内生逻辑的角度，对所要学习的新知识意义进行揭示，这就不可避免地使学习具有一定的机械性。

比如，在讲解"平行四边形的判定定理"时，多数教师沿用教材中的引入方法，即："平行四边形的对边相等、对角相等、对角线互相平分。反过来，对边相等、对角相等、对角线互相平分的四边形是平行四边形吗?"这样的引入揭示了性质定理和判定定理的联系，但并未真正反映出判定定理的根本意义。而以下的导入方式，着眼于几何问题研究的基本思路和判定定理学习的基本思路，揭示出了判定定理学习的意义，更具有认识论的价值和方法论的意义。

▶▶▶ 案例 3.3 "平行四边形的判定定理"的教学导入

我们学习了平行四边形的定义，根据定义可以判断一个四边形是否为平行四边形，但平行四边形的定义反映的是边与边的位置关系，位置关系通常不好判断，能否转化为用边的数量关系来判断一个四边形是否为平行四边形呢？除了用边的数量关系，是否也可用角的数量关系来判断一个四边形是否为平行四边形呢？

知识意义往往以内隐形式存在于教材中，要让学生理解知识意义，需要教师通过深入挖掘使其从显性知识背后浮现出来。对于数学知识意义的揭示，不仅要从微观上把握知识的内涵和实质，还要从宏观上对知识联系有通透的认识和理解，这就对教师的数学素养提出了更高要求。比如，对于"方程的根与函数的零点"的教学，多数教师从熟悉的方程与函数入手进行导入，重在使学生理解方程与函数之间的联系，而忽略了高屋建瓴地引导学生认识新知识学习的意义。比如：为何要引入函数零点的概念？为何要把方程的根的求解问题转化为求函数的零点？

以下的教学导入方式，着眼于代数的基本思想和核心问题，充分揭示了所学知识的意义，更有助于学生从整体上实现对知识的意义建构。

▶▶▶ 案例 3.4　“方程的根与函数的零点”的教学导入

我们知道，代数的基本思想是用字母符号表示数。当用符号表示的数为未知数时，为了把未知数或其范围求出来，往往需要寻找和建立包含未知数的数量关系，由此得到方程的概念，因此，解方程便成了代数的核心问题。然而，我们知道，多数方程没有求根公式，其根的准确值无法求出。那么，能否求出方程的根的近似值，使近似程度满足实际问题的需要呢？这便是下面要学习的内容，即把方程的根的求解问题，转化为求对应函数的零点，通过采用逼近方法求函数零点的近似值，来求得方程的根的近似值。

3)基于学科知识联系进行教学导入设计

学习者学习新知识的过程，就是从已有认知结构中提取与新知识有联系的旧知识，对新知识实现“固定”或“归属”的动态过程。教师在对新知识的学习进行导入设计时，可以依照教材本身内在的逻辑关系，设计出既能联系旧知又能提示新知的导语，从而使新旧知识通过有机联系和相互作用，最终形成一个相互关联的有序整体。比如，对于“函数的奇偶性”的学习，常规教学基本都是从具体函数图象入手，通过直接观察函数图象的特征进行导入。这种导入未能考虑知识螺旋上升的“序”，并不利于知识意义的整体建构。由于函数奇偶性本质上是图形的对称性，因而着眼于知识分层次、分阶段渐进式推进的特征，从之前的学习中寻找知识生长点，按照以下方式进行教学导入，能更好地促进新旧知识的联系和知识意义的建构。

▶▶▶ 案例 3.5　“函数的奇偶性”的教学导入

我们在小学低年级就认识了美丽的对称图形，小学高年级时在方格纸上研究了轴对称图形的特征，初中又学习了轴对称图形和中心对称图形的性质。前面我们学习了函数，函数既然有图象表示，那么其图象也可能是轴对称图形或中心对称图形。当函数图象呈轴对称或中心对称时，其解析式应具有怎样的特征呢？如何用符号语言严谨地刻画这种对称性特征呢？

数学知识的学习，不仅是从感性到理性、从具体到抽象的过程，也是从单一到多元、从简单到复杂的过程。因此，从学科知识联系进行导入时，既要重视对教材内容的螺旋上升的特征进行分析，也要重视对学生头脑中的相关知识经验进行有序梳理，通过寻找新知识的生长点，使新旧知识通过相互作用，最终形成一个多层次、多类型的有机整体。

比如，对于“正弦定理”的教学导入，可以立足于学生的已有知识基础，着眼于知识的前后联系——三角形的各种性质来进行导入。这样导入的好处是：有助于学生把各知识点串联起来进行理解，通过抓住统帅数学内容的基本线索——边和角的各种关系，从而实现对知识理解的“由厚到薄”的转换。

▶▶▶ 案例 3.6　“正弦定理”的教学导入

在三角形中，存在着边和角的各种关系，如边与边、角与角、边与角之间的各种相等或不等关系，它们反映了三角形所具有的基本性质。在小学和初中，我们曾经学习过角与角之间存在的等量关系，如三角形的三内角和等于 $180°$；边与边之间存在的不等关系，如三角形的任意两边之和大于第三边，任意两边之差小于第三边；边与角之间存在的不等关系，如在同一个三角形中，大角对大边，小角对小边。那么，对于一般三角形的边与角之间的关系，除存在不等关系之外，是否还存在准确的等量关系呢？

4）基于学科知识生成线索进行教学导入设计

无论是数学知识的历史序、逻辑序，还是教科书实际呈现出来的教材序，它们均表明知识生成具有一定的线索。为了更好地促进学生对知识意义的建构，教师需要在把握历史序和逻辑序的基础上，立足教材序，并依据学生的心理序，对教学内容进行重新开发和设计。特别是对新课的导入而言，不能仅仅关注知识点的复习与铺垫，还应注重在问题研究的思路与策略方面为学生铺路搭桥，以使学生对知识生成线索形成清晰认识。

比如，对于对数概念的教学，我们通常采用问题驱动方式来进行导入。但在问题驱动导入之前，若能从运算角度对研究线索进行梳理，则能帮助学生在头脑中清晰地生成以“运算”为核心概念的认知图式，即：加法的逆运算——减法，特殊的加法——乘法，乘法的逆运算——除法，特殊的乘法——乘方，乘方的逆运算——开方，乘方、开方的统一与一般化——指数幂的运算，指数的幂运算的逆运算——对数运算。

▶▶▶ 案例 3.7　“对数的概念”的教学导入

我们在小学以加法运算为基础，可以生成“加、减、乘、除”四则运算，并在初中学习了特殊的乘法运算——乘方运算，以及乘方运算的逆运算——开方运算，前面我们已经学习了乘方、开方运算的推广和一般化——指数幂运算。在式子 $a^b=N$ 中：已知 a、b，求 N，即为指数幂的运算；已知 b、N，求 a，我们也不陌生，其本质上也是指数幂运算；如果是已知 a、N，求 b，即已知底数和幂的值来求指数，那么，这样的指数 b 是否存在？这样的运算又被称为什么运算呢？

教学导入的设计与有意义的学习存在紧密联系。为了促进有意义学习的发生，奥苏贝尔提出了先行组织者策略，即如果原有认知结构中缺少同化新知识的上位观念，则有必要先于学习内容呈现一个引导性材料。如果说以旧引新的导入属于知识同化型导入，那么从知识生成线索角度进行导入则应属于知识顺应型导入，其中导入语相当于先于学习内容而呈现的引导性材料，其好处是有助于学生顺畅地把新知纳入有关该主题知识的认知框架之中。

比如，对于“平行四边形的性质”的教学导入，若直截了当地给出平行四边形的各种性质及其证明，学生所收获的仅仅是“鱼”；若在授之以鱼的同时能授之以渔——研究平面图形性质的基本思路和主要线索，则会有助于学生从整体上实现对知识的统合与意义建构。

▶▶▶ 案例 3.8　“平行四边形的性质”的教学导入

在数学中学习一个概念之后，往往要研究其特征或性质。前面学习了平行四边形的概念，那么平行四边形具有什么性质呢？所谓平面图形的性质，主要指构成平面图形的各要素之间的关系。平行四边形的基本构成要素是四条边和四个角，那么其边与边、角与角、边与角之间，具有怎样的位置关系或数量关系呢？（引出第一条性质）……若把平行四边形的边与角称为它的基本要素，则可把平行四边形的对角线称为它的派生要素，那么平行四边形的对角线之间又具有怎样的关系呢？（引出第二条性质）

3.1.4　课堂导入设计的步骤与案例

3.1.4.1　课堂导入设计基本步骤

课堂导入设计基本上可以分为以下四个步骤：

1. 提供材料，引起注意

教师为了进行有效的课堂导入，在前期需要进行一定的准备，比如，要收集资料、考察学情、了解课程内容等，其目的是吸引学生的注意和激发学生的学习兴趣，因此，首先要给学生提供适当的材料，作为课堂导入的基础。

2. 组织引导，激起动机

课堂上本就是遵循着师生互动的教学模式，在保证提供材料的环节下，并不是由学生自己探究、理解，而是由教师引导，将学生各种各样的思维统一起来，把控课堂节奏，并且将课堂导入和本节课的教学内容联系起来，这样才能达到课堂导入的目的，教师丰富的语言更能够激发学生的学习动机。

3. 建立联系，导入新课

同一份材料由于教师的解读和角度的不同，能够使用于很多个不同的课题，关键在于教师如何建立联系，从而导入新课题。

4. 聚焦思维，明确目标

不同的个体有不一样的思维，一个教师面对几十个学生，高效的课堂导入离不开教师聚焦学生思维，提供准确的课堂和教学目标，这样才能更好地落实课堂导入这一环节。

在具体的教学设计过程中，教学设计者还需要注意以下几个方面的问题：

(1) 导入的承上启下性。课堂导入更多的是对这一节课内容的启下，教师为了能够复习之前的内容，或者起到知识的关联作用，很多时候都会采用承上启下的形式导入。

(2) 提供材料的契合性。在课堂导入的环节，并不仅仅是教师在口头上解释，而是要提供一定的资料，比如图片、动画和视频等，伴随着教师的解说和师生之间的互动，能更加吸引学生的注意，提高课堂效率，学生更能从材料中提取有效的信息。

(3) 教师的主导性。教师在提供材料之后，并不是任由学生凭借自己的认知和知识构造来理解材料，因为学生从一个相同的材料会解读出不同层面的信息，他们的思维比较扩散，这样没有办法快速进入课堂，反而浪费了很多时间，这个时候就需要教师挑明材料中的关系，聚焦学生思维。

(4) 破题的适时性。在挑明关系之后，教师需要继续解读材料，讲解与本节课有关的信息层面，从而点出课题，达到画龙点睛的效果。

3.1.4.2 课堂导入设计案例

1. 利用故事导入

在“数的乘方”的教学中，有一个经典的数学故事：古印度国王在奖励象棋发明者时，让发明者自己提出来要些什么奖励，发明者拿出棋盘，要求国王给他麦粒，按如下规律放置：第一格放 1 粒，第二格放 2 粒，第三格放 4 粒……一直到第 64 格，我就要所有 64 格的麦粒。国王听了哈哈大笑：“你就要这么一点点东西？”

结果是：全印度一年生产的麦粒都不够用来奖励。

心理学认为，学生只有对所学的知识产生兴趣，才会爱学，才能以最大的热情投入到学习中去。因此，在教学中，要善于挖掘教材，积极创设生动有趣的问题情境来帮助学生学习，培养学生对数学的兴趣。

例如，在讲平面直角坐标之前，讲一个卡笛尔发明直角坐标系的故事：数学家卡笛尔潜心研究能否用代数中的计算来代替集合中的证明时，有一天，在梦境中他用钥匙打开了数学宫殿的大门，遍地的珠宝光彩夺目，他看见窗框角上有一只蜘蛛正忙着织网，顺着吐出的丝在空中飘动。一个念头闪过脑际，眼前的这一条条经线和纬线不正是我全力研究的直线和曲线吗？惊醒后，灵感终于来了，那只蜘蛛的位置不是可以由它到窗框两边的距离来确定吗？蜘蛛在爬行过程中结下的网不正是说明直线和曲线可以由点的运动而产生吗？由此，卡笛尔发明了直角坐标系，解析几何诞生了。

2. 悬念导入

在教学幂的运算时，利用学生对珠穆朗玛峰高度已有的认识，引导学生从折纸这项活动出发，让学生体会一张薄薄的纸片只需对折不多的次数，其厚度就会大幅增长。这时再提出“有一种纸的厚度是 1 mm，只需将其对折 23 次（$2^{23}=8\ 388\ 608$），其厚度就可接近珠穆朗玛峰的高度”的论断，使学生心理形成强烈的反差，形成悬念，激起学生强烈的求知欲望。这种导入的方法能造成学生心理上的焦虑、渴望和兴奋，只想打破砂锅问到底，这时教师就可以引导学生围绕问题，步步深入领会问题的本质，达到更好的教学效果。

3. 设疑导入

设疑式导入法是根据学生追根求源的心理特点，一上课就给学生创设一些疑问和矛盾，设置悬念，引起思考，使学生产生迫切学习的浓厚兴趣，诱导学生由疑到思，由思到知的一种方法。

比如，有一个同学想依照亲戚家的三角形玻璃板割一块三角形，他能不能把玻璃带回家就割出同样的一块三角形呢？同学们议论纷纷。然后，启发同学们：要解决这个问题就要用到全等三角形的判定。

再如，有这样的一个猜数游戏：要学生在心里先认定一个两位数，再将这个数的十位数乘以 5，加上 7，扩大两倍，最后加上这个数的个位数。当学生报出结果时，我悄悄地从中减去 14，就能告诉学生原数。这种初看上去很神奇的游戏很适合来做“列代数式”的教学情境。学生在学习之后会发现其代数解释非常简洁明了：

$$2(5a+7)+b=(10a+b)+14$$

4. 操作导入

游戏能培养学生动手操作、手脑并用的协调能力。数学教学中如能结合学生的心理特点把游戏引入课堂，让学生在游戏中自己去发现问题和解决问题，往往能起到事半功倍的效果。

例如，在教轴对称和两个图形成轴对称时，课本设计了一个折纸的游戏：用一张吸水性能好的纸，在纸一侧滴一滴墨水并通过对折、压平，发现轴对称的特征，同时，对两个图形呈轴对称进行认识。这一游戏活动紧密联系生活实际，不仅能激发学生的学习兴趣，降低知识点难度，而且能使学生明白生活中蕴涵着丰富的数学知识，从而提高学习数学的兴趣。

5. 直接导入法

教师一站在讲台上就开门见山、单刀直入，用几句话引入新课。这样，使学生的情绪能很快安静下来，既达到组织教学的目的，又为后面的巩固练习留下了充足的时间。如在讲一次函数性质时，直接给出函数性质，告诉学生直接用性质对函数图象中一次项系数进行判断。这种方法直截了当，容易让学生理解。

6. 旧知导入

温故而知新的教学方法，可以将新旧知识有机地结合起来，使学生从旧知识的复习中自然获得新知识。这样导入，学生能从旧知识的复习中发现新知识，从而激发学习新知识的兴趣。

7. 类比导入

在讲分式时，考虑到分式与分数在表达形式、基本性质、运算法则等方面都非常相似，所以可以引导学生将分式与分数进行类比，这样可以使得分式的教学更加自然顺利。

8. 联系生活实际导入

从实际生活引入新知识，有助于学生体会数学知识的应用价值，为学生从数学的角度去分析问题、解决问题提供示范。教师可引导学生用自己的眼光观察生活中的方方面面，发现存在于生活中的数学。

例如，在"代数式的值"这节课中，可以引入这样一则报道作为情境：医学研究表明，可以由父母身高预测子女成年后身高，公式是：儿子身高是父母身高和的一半，再乘以1.08，女儿的身高是父亲身高的0.932倍加上母亲身高的和再除以2。已知父母的身高分别为a和b，请用代数式表示儿子和女儿的身高。让学生用这个公式计算自己未来的身高。

这样的例子，能使学生体会到这些问题只有用数学知识才能解决，说明数学应用之广泛，感受到我们的周围无处不存在数学，才能激发学生学习数学的热情。要使学生真正明确数学知识广泛的应用性，不能光靠教师说，还要利用各种方式使学生获得经验。

9. 利用学生认知上的冲突创设探究型问题情境

情境的设计必须以引起学生的认知冲突为基点，才能引起学生的学习兴趣。

教师根据新知识、新方法特点及学生已有的认知结构，设计一个包含新知识、新方法或新思维的新问题情境(旧知识、旧方法或习惯思维不能解决的)，学生运用旧知识、旧方法、习惯思维于新问题情境时便会产生认知冲突，由此产生疑问和急需找到解决方法的内在需要。

在这种需要的驱使下，教师展开教学，则能收到事半功倍的教学效果。在学完"三角形全等的判定"之后，可以设计这样一个探究情境：课本上举例说明了有两边和其中一边的对角对应相等的两个三角形不一定全等，那么，有两边和其中一边的对角对应相等的两个三角形在什么情况下全等，在什么情况下不全等呢?

学习"二次函数的图象"时，通过平移变换和二次函数解析式的变化特点，在顶点式情况下，学生探究得出"上加下减常数项，左加右减x项"后，可引导学生思考：在抛物线的解析式是一般式的情况下是否也遵循这样的规律呢? 通过步步相关的巧妙提问，创设悬念情境，可以造成学生渴望、追求的心理状态，激发学生的兴趣，使教材紧紧扣住学生心弦，启发学生积极思考，从而提高教学的效率。

10. 利用多媒体教学创设问题情境

研究表明：我们从听觉获得的知识能够记忆 15%，从视觉获得的知识能够记忆 25%，如果同时使用这两种传递知识的方式，就能接受 65%的知识。

利用多媒体辅助教学能把教学时说不清道不明，只靠挂图或黑板作图又难讲解清楚的知识，通过形象生动的画面、声像同步的情境、悦耳动听的音乐、及时有效的反馈，一目了然地展现在学生面前。这种情境能更有效地使学生领悟数学思想和数学方法，启发学生更积极的思维活动，引导学生自己发现和探索，使学生的学习变得轻松愉快，激发学生的求知欲望，充分调动学生的学习积极性，为学生的创新意识和探索精神的培养提供良好的环境。

例如，学习"轴对称和轴对称图形"时，可以利用几何画板制作一只会飞的蜻蜓，随着蜻蜓的两只翅膀在运动中不断重合，引导学生探究轴对称的定义及性质。

学生根据蜻蜓的两只翅膀在运动中不断重合的现象很快就理解了"轴对称"的定义，受此现象的启发，还能举出不少其他的实例。

在这种形象化的情境教学中，同学们一点也不觉得枯燥，相反，在老师的指导和启发下，他们始终兴趣盎然地认真观察、主动思考，并逐一找出了对称点与对称轴之间、对称线段与对称轴之间的关系，在此基础上，学生很自然地发现了轴对称的一些基本性质，从而实现了直觉思维与逻辑思维的有机结合，实现了对知识意义的主动建构。

3.2　提问设计

提问设计是数学教学设计过程中非常重要的一个环节，最新修订的数学课程标准由"两能"向"四能"的转变，也明确强调了学生发现问题及提出问题的能力在学生发展教育中的重要地位，而这两种能力的培养很大程度上是由教师的课堂提问决定的。在数学教学中，教师通过提问引导学生发现问题，引导学生综合所学知识对问题进行剖析，通过提问引导学生确定解决思路，直至学生解决问题。在这种教学设计过程中，教师提问使学生引发对问题的思考，潜移默化地培养了学生发现问题的能力。在这个过程中，教师提问的深度与广度决定了学生思考问题的深度与广度。一节课设计得怎么样，一个教师的教学水平怎么样，很大程度上与其提问水平和问题设计水平有关，其也是一节课教学深度与广度的重要体现。

3.2.1　提问设计的研究

3.2.1.1　提问的内涵与研究概况

《义务教育数学课程标准(2011 年版)》指出，教学活动是师生积极参与、交往互动、共同发展的过程。数学教学活动,特别是课堂教学应激发学生的学习兴趣,调动学生的积极性,引发学生积极思考,鼓励学生的创造性思维,增强学生发现和提出问题的能力、分析和解决问题的能力。这就要求教师注重对学生的启发,让学生积极思考,当好学生数学活动的组织者、引导者、合作者。提问能将教师、学生与课程标准联接起来,促进师生、生生间的交流,引发课堂讨论,因此,提问设计在教学设计过程中尤为重要。

典型的美国教师每天都会提上百个问题,并且提问的原因各种各样,这正说明了提问的价值(Call,1984)。认真设计过的问题可以使学生的注意力集中在教学内容的关键部分,它在所有的教学与活动中都起着重要的作用。美国教学法专家斯特林·G.卡尔汉认为,提问是教师激发学生思维、自我评价教学效果和实现教学目标的基本控制手段。

有时,提问在课堂上发挥主要作用。在这种情况下,它们是教学与活动的关键部分。奥利奇等人认为,除了讲课和小组合作,在美国学校里(世界各地也如此)最常见的教学方法可能就是提问(Orlich,2004)。例如,探究课在很大程度上要依靠提问来进行学习,讨论课也如此。

有时,提问在课堂上发挥支持作用。提问从两个方面支持教学:第一,教师通过提问来复习、预习、丰富所呈现的知识。例如:解决这个问题还可能有另一种方法吗?第二,教师通过提问来检查学生是否理解了教学内容。例如:解题过程的第二步是什么?

普赖斯在《有效教学设计》中总结出了将提问引入教学活动中的设计清单:

(1) 设计的问题是否明确具体?

(2) 是否设计了促进学生正确回答的提示、深究和再直接询问?

(3) 是否预留了足够的等待时间?

(4) 是否提供了各种类型的问题(如聚敛性问题、发散性问题、高难度问题、低难度问题)?

(5) 是否有检查学生对教学内容理解情况的问题?

(6) 是否调整了问题的用词和难度来满足学生的个体需求?

(7) 是否设计了不同类型的回答方式(如笔答、口述、动作)?

(8) 是否有满足个体学生需求的应答策略?

3.2.1.2 提问的类型

数学课堂提问主要具有检查反馈和启发学生思维的目的。布鲁姆在认知领域的教育目录分类系统中将提问类型分成识记、领会、应用、分析、综合和评价六种类型。叶立军教授在布鲁姆分类的基础上结合课堂实录中数学教师提问的作用和目的,将提问分为管理、识记、重复、提示、理解、评价六种类型。华东师范大学李士锜教授根据学科知识方面的问题和教学管理,把课堂提问分为六种:机械性提问、记忆性提问、解释性提问、管理性提问、推理性提问和批判性提问。南京师范大学涂荣豹教授等根据问题的认知水平把提问分成回忆型提问、理解型提问、分析综合型提问和评价型提问四类。王流莹老师则根据问题的作用将课堂提问分为六类：铺垫性提问、效果性提问、复述性提问、理解性提问、探索性提问和概括性提问。叶立军等在《基于录像分析背景下的教师提问方式研究》中进一步将提问类型分为识记、管理、提示、补充、重复、理解、评价七种类型，将学生回答类型分为无答、机械性、识记性、理解性、创造性回答。研究表明：教师不同的提问方式会引发学生不同的反应，教师的提问水平会影响学生的应答认知程度。温建红在《数学课堂有效提问论》中将教师提问类型从知识、思维水平和开放程度层面对每一个问题进行细化研究。他将课堂实录中的问题按照设计的提问类型进行分类，并对问题进行逐一的分析解读，得出不同问题的特点，并给出相应的提问策略与方法。

在教学设计过程中，我们可以根据问题的目的及其要求的应答类型来思考问题的类型。下面四种类型的问题，每种都可引出一种特定的应答类型。每个类型的问题，在作答时所要求的信息加工类型也不同。知道在什么时候使用和为什么使用每种类型的问题，将有助于教师设计符合教学目标的问题。

1. 聚敛性问题和发散性问题

聚敛性问题只有一个正确答案。大多数情况下，聚敛性问题的答案都很简短，考察的是低层次思维，即基本的识记和领悟。

聚敛性问题通常都由下列类型的词干开头：谁、什么、何时、何地、多少等。尽可能多地列举你所能想到的。聚敛性问题在教师主导型课堂上常用的背诵环节中特别有效。它们为学生提供了预习和复习知识的机会，以此来促进学生的积极参与，同时也为教师提供了一种检查学生理解情况的方法。

当教师想要激发大量学生应答时，可以使用发散性问题。这类问题通常会引发学生较长的回答(Mastropieri & Scruggs，2007)。发散性问题有助于促进高层次思维和提高问题解决技能。当教师让学生深入思考问题时，这种类型的问题特别有用。由于发散性问题有许多答案，因此可以引起学生的兴趣。

发散性问题通常以这样的方式提问：如果……会发生什么事情？有多少种……的方法？还可能会是什么情况？

需要注意的是：虽然发散性问题的正确答案不止一个，但也会有错误答案。博里奇说：这也许是发散性问题最容易被人误解的越方，即使问题是让学生表达其感受，也不是所有答案都是正确的……，尽管发散性问题允许开放作答，但这类消极的回答或者说在教师看来可以接受的回答是不合适的(Borich，2004)。

2. 高层次思维和低层次思维的问题

依据布鲁姆的教学目标分类法，结合教学任务的复杂程度，教师在教学设计过程中应使学生能够以各种方式思考教学内容的问题。在既定的教学或活动中，为学生提供各式各样的问题，是一种满足多样性学生群体不同学习需求的方法。将这一教学理念应用于问题设计中就会出现低层次思维问题和高层次思维问题。

(1) Mastropieri 和 Scruggs 认为，低层次思维问题的形式通常是聚敛性的，包括对先前知识的重复或复述。它通常应用于基本技能的教学或早期教学中。但这些问题是高层次思维或发散性问题的重要基石。如果没有对前提知识的理解，学生很难对其进行分析或评估。布鲁姆分类法的前两个(或三个)层次为设计低层次思维的问题提供了很好的资源。

知识(识记)：知识层次的问题可以促进学生对信息的回忆。

理解(领会)：理解层次的问题考察的远不止记忆，而是判断学生是否理解了教学内容。

应用(运用)：应用型问题能够促进学生用所学的知识来解决问题。主要是涉及解释如何(做)、为什么，展示、操作、阐述方面的问题。

(2) 高层次思维的问题要求学生进行推理、分析或评估，其形式通常是发散性的，它们比低层次思维的问题要求更深入的思考。要想回答高层次思维的问题，学生必须具备基本知识。布鲁姆分类法最上面的三个(或四个)层次为形成高层次思维的问题提供了很好的资源。

分析(分解)：分析型问题可以促使学生认真审视那些用来明确表达观点的信息的组织结构。涉及比较、对照、如何、为什么、作图、辨别、区分方面的问题。

综合(创造)：综合型问题使学生有机会利用所学的知识构想出新的东西。主要包含设计、构建、创造、提议、制定、分类、设计等方面的问题。

评价(评估)：要求学生用一套既定的准则，评价两种概念或想法。包括评估、估价、评价、选择、预测、评级、估计等方面的问题。

普赖斯在《有效教学设计》中指出，高层次和低层次思维的问题有着不同的目的，它们在教学与活动中都发挥着重要的作用。学生回答有关某一话题的高层次思维问题的能力，取决于他们对该话题基本知识的理解情况；而其理解程度，要用低层次思维问题来评估。

要注意的是，一种问题类型并不一定比另一种好，即高层次思维的问题并不比低层次思维的问题好。聚敛性问题经常是低层次思维的问题，而回答发散性问题可能要求高层次的思维技巧。这就意味着在做问题设计时要符合其设计目的。正如考察科和埃根指出的：符合主题、学生年龄和背景的目标，将决定问题的层次(Kauchak & Egen，2003)。

基于以上讨论，Borich 给出了问题设计和提问的指导原则。

3.2.1.3　问题设计和提问的指导原则

事先设计问题总是最好的。站在一群学生面前时，你很难想出符合教学目标的问题。对于新手以及那些计划讲新内容或有难度的内容的资深教师来说，情况也是如此。在设计问题时，Borich(2007)提出了如下指导原则：

(1) 问题简单明了；

(2) 使用符合学生年龄和能力的词汇；

(3) 问题尽量简短，以便学生记忆；

(4) 给学生提供思考时间；

(5) 如果有必要的话，对问题进行提示、深究和再直接询问；

(6) 要有真实的反馈；

(7) 要尽可能地提问更多的学生；

(8) 避免荒唐的问题。

在上面的指导原则中，关于提问中的等待时间是我们在教学设计过程中要特别注意的。换句话说，如果不考虑等待时间的重要性，那么有关问题设计的讨论就是不完整的，因为学生需要时间来构建问题的答案。为此，Rosenberg 和 Orlich 将等待时间分成两类：一类等待时间和二类等待时间。

一类等待时间是指提出问题和学生开始作答之间的时间。如果教师能在提问结束后给学生 3～5 秒的准备时间，那么将会有更多的学生给出正确答案，并且答案通常会更复杂(O'Shea，2006)。

二类等待时间是指学生明确回答完后，教师开始给其提示、点拨或继续下一问题之间的时间。足够的二类等待时间，通常可以使学生回答得更详尽，因为他们有机会补充或修改自己最初的答案(Rosenberg & O'Shea，2006)。

在设计等待时间时，有几个特殊的地方需要考虑。

第一，低层次和聚敛性问题通常不需要太多的等待时间。这些问题考察的是记忆力，所以学生要么知道，要么不知道。

第二，高层次和发散性问题需要更多等待时间。有些学生需要额外的思考时间来回答高层次思维的问题(Mastropieri & Scruggs，2007)。

第三，培养流畅性、速度和准确性的活动则不需要太多等待时间(Rosenberg & O'Shea，2006)。

3.2.1.4　提问设计的意义

提问的作用主要有检查学生的掌握程度、引导学生思考、发散学生的思维、突出教学重点、评价课堂教学效果等，所以提问是课堂教学的有力工具。埃里克·弗朗西斯认为好的问题应实现以下目标：

(1) 促进学生的深度思考；

(2) 深化学生的理解、体验和感悟；

(3) 扩大学生的知识面，拓展学生的思维；

(4) 激发学生的好奇心、想象力、兴趣和潜能；

(5) 鼓励学生分享他们学习的深度。

我们不能指望仅仅通过简单的课堂学习就能够帮助学生发展更深层次的思维，习得知识迁移的能力。其实，每一道习题都是学生应用自己正在学习的知识的一次机会。但是，仅仅正确回答问题或完成任务并不代表着学生真正学会了，也不能证明学生对于概念或内容的理解达到了预期的认知深度。完成那些学习项目只能表明学生理解了某个特定的文本或者能够解决某个特定的问题，并不能确保学生的理解能够达到问题本身所要求的认知深度。正如高尔所说，我们并不总是能够预知学生在解决具体问题时是使用了诸如分析、综合这样的高阶认知过程，或者只是使用了低阶认知过程的知识回忆。

一个好的问题并不能从课程标准或者教科书中直接获得。好问题来源于教师和学生。而在课程学习过程中出现的议题、习题、任务、资料或者话题都将成为学生回答这些好问题的素材。当我们用好问题提问时，我们的目标不仅仅是评价学生学到了什么，或者他们可以运用所学内容做些什么，还要了解他们所能达到的回答问题的深度。正如迪伦所言，我们的目标不在于学生能够给出正确的答案，而在于学生答案的产生过程。

普赖斯认为，通过提问可以使所有学生都参与学习。通过提问可以复习、预习和充实所学的知识，还可以检查学生对教学内容的理解情况。当教师打算使用需要所有人都参与的应答策略时，提问可以使他们都参与到教学活动中来。例如，让所有学生都写出答案、与同伴共同写出答案或指出正确答案。总之，让所有学生都有机会回答提出的问题，可以使他们从很多方面受益——每个人都得到了锻炼，都能检查自己的理解是否正确，并且都能参与其中。

教师有时会选择让个别学生回答问题，而不是让全班一起回答。他们可能会使用一种重复的问答形式，即教师提出一个问题让某个学生回答，然后提出另一个问题让另一个学生回答。当教师考虑用提问的方式来检查学生对教学内容的理解情况或使他们保持对课堂的投入时，“逐个提问”值得我们特别注意。因为一次只有一个学生回答，所以只有一个学生参与，并且一次只能检查一个学生的理解情况。如果你想评估小组的理解情况，逐个提问就没有用了，你必须使用其他策略。当积极参与策略(如让学生标出或写出答案)不合适时，你可以通过选择一些学生作答来检查小组的理解情况。不要提问志愿者，而要问那些具有代表性的学生，他们通常可以理解教学内容中某一范围的知识和技能。

3.2.1.5 提问设计的技巧和策略

根据上面的讨论,普赖斯给出了提问设计的一些技巧和策略。

1. 所有学生都参与的逐个回答技巧

只有一个学生回答问题时,使其余学生也能参与其中并承担责任是一个重要的目标,下面这些思路可以帮助你完成这一目标:

(1) 先提问题,后叫学生;

(2) 让非志愿者回答;

(3) 建立一个体系,记录那些已经被提问过的学生。

2. 所有学生都参与逐个回答的提问的特殊策略

提问,停顿,然后点名让某学生回答。这样可以鼓励所有学生思考这一问题,而不仅仅是某一个同学。

提问非志愿回答的同学,而不是那些举手的人。这样做的目的是使所有学生集中注意力。

形成一种体系来记录那些提问过的学生。这里有一些建议:

(1) 如果你使用的是座位表或班级名单,在那些提问过的学生名字上打钩;

(2) 想象学生被分为四个部分,先提问第一部分的学生,然后是第二部分,以此类推;

(3) 形成一种体系来更新已经提问过谁;

(4) 提问时,最后一个需要考虑的是,绝不能为了取笑那些没来的学生而去提问他们。但如果是将此作为一种管理技巧,那么教师可以将问题重复几次以示鼓励。

3. 问题设计要注重多样性

在设计问题时,有很多方法可以用来应对学生不同的技能水平。

(1) 不要错误地只提问那些低层次和聚敛性问题。例如,在数学课上,如果你只是提问一些学生具体的计算问题(如解决这个问题的下一步是什么),他们便很难学到高层次技能(如什么时候会用到这种计算技能)。

(2) 调整等待时间。有些学生可能在解答问题时比别人耗时多,所以教师要根据其需要来调整等待时间。

(3) 有必要的话,提供额外的提示和点拨。

(4) 提出的问题要能帮助学生将新知识和旧知识及个人经验联系起来。

(5) 提问一系列能将学生引导至正确答案或高层次思维应答的问题。

(6) 在口头提问的同时,将问题写出来。

3.2.2 教学设计过程中的提问设计

3.2.2.1 提问设计的案例

在数学教学中，课堂教学成败与否、课堂效率的高低，不仅依赖于教师的学识水平、语言表达能力、评价艺术等，更重要的在于教师的组织教学能力，而最为关键的还是“问题”二字。教师在课前应该充分预设每一个教学环节的引领性问题，并根据学生在课堂上不断生成的新问题进行调整、重组，灵活机动地组织教学。苏格拉底给他的学生讲学时用的方法就是问答法。他称自己的教学方法为“产婆术”。《论语》是对我国古代大教育家孔子及其弟子言行的记录，同样是以问答的方式。自古代开始著名的教育家都把提问作为启发学生思维的重要手段之一。

华中师范大学熊惠民教授认为，课堂教学中的教学提问，能够激发学习动机，促进思维参与，评价教学效果，增进情感交流。由于提问设计能够简略反应数学课堂教学的整体思路与流程，它已逐渐成为教学设计者设计数学教学过程的核心内容。

数学课堂提问的形式有很多，依照提问句式可以分为疑问句、设问句、反问句等，依照提问意图可以分为复习型提问、过渡型提问、确认型提问、猜测型提问、分析型提问、比较型提问、归纳型提问、总结型提问、拓广型提问、评价型提问等。它们的教学作用各异，适合不同层次的提问对象，设计时应有机结合，发挥综合效益。

数学课堂提问总是围绕着某个教学主题和一定的教学目标次第展开，形成一个问题链。提问之所以要组织成串，一方面是因为数学学习是一个循序渐进的认识过程，另一方面也可以通过这种方式分解知识难点，降低学习难度，提高教学效果。

问题链中诸问题之间具有一定的逻辑性，表现为一定的系统结构。笼统而言，问题链构成的结构可大致分为总分式、平列式、递进式等三种不同方式。

总分式有先总后分、先分后总、先总后分再总等三种提问顺序，设计意图明确，有利于学生整体理解问题，把握前进方向。

平列式只是平行地提出几个相关问题，设计比较自由，但容易造成问题散乱甚至只是不相关问题的简单罗列，提问者的思路学生不易把握。

递进式的特点是各问题之间的关系不是平行的，而是层层加深，不断递进，它最适合对事物做深入、综合的分析。

从本质上讲，问题链的结构就是学科思维的反应。鉴于数学学科的特点，数学课堂提问宜采用较为严谨的总分式、递进式等方式进行，多数情况下是二者兼而有之。

提问的原则主要有明确性、逻辑性、启发性、多向性、差异性等，只有掌握了提问的原则，才能在课堂上问得巧。也就是说，数学教学中的提问设计应充分注重问题链之间的整体性和层次性，尤其是诸问题之间应具有内在统一的灵魂和清晰的发展线索，只有这样，才能通过问题驱导，促进学生进行系列的、连续的思维活动，不断攀升新的思维高度，并在此过程中逐步学会提出问题、分析问题和解决问题的一般方法。

"直线的倾斜角与斜率"课题引入时，某教师设计了下面的问题：

问题 1：如何确定一条直线的位置？

问题 2：用一个很小的等腰直角板，能不能画出一个很大的正方形的对角线？怎么画？

问题 3：我们用什么样的几何量来刻画直线的方向？

问题 4：日常生活中还有表示直线方向的量吗？

问题 5：什么是坡度？

问题 6：什么是直线的斜率？

评析：6 个问题与教学主题都有一定的相关性，但它们在案例中组织得非常随意，彼此之间看不出有什么内在的联系。结构零散的数学教学内容，教师不容易教，学生不好学，对学生养成合理的思考习惯也有负面影响。

在"双曲线的定义"教学中，为了帮助学生深入理解双曲线的定义，提出下面问题：

问题 1：将定义中的"小于 $|F_1F_2|$"换为"等于 $|F_1F_2|$"，其余不变，点的轨迹是什么？

问题 2：将定义中的"小于 $|F_1F_2|$"换为"大于 $|F_1F_2|$"，其余不变，点的轨迹是什么？

问题 3：将定义中的"差的绝对值是常数(小于 $|F_1F_2|$)"改为"差是常数(绝对值大于 $|F_1F_2|$)"，其余不变，点的轨迹是什么？

问题 4：若这个常数等于零，其余不变，点的轨迹是什么？

评析：案例中的问题系统主要呈平列式，但由于它们是紧紧围绕双曲线定义中的几个关键词展开的，所以仍能做到主题明确，思路清晰。这样的教学设计较为普遍，用于澄清数学概念或命题，它还具有拓展思维之功效。由于经历了这些思维过程，学生对双曲线的定义必定印象深刻，并能严谨表达。

3.2.2.2　数学教学实践中的提问设计中要注意的问题

(1) 设计的问题要有明确目的，要有思考价值，要有需要性。

在问题设计时，教师不仅要考虑提什么样的问题，还要考虑为什么提这样的问题，使每一个问题既为活跃学生的思维服务，又成为完成本课教学任务的一个组成部分。问点要准确，要尽可能让问题关联到学生的知识与能力的"最近发展区"。问题不能太模糊，使学生不知所问。

问题的设计可以从培养学生的感知能力、分析综合能力、比较能力、抽象概括能力和创造想象能力等几方面入手。

(2) 问题要有恰当的思维空间,问题不宜过大或太宽泛。

从学生的学习认知水平、数学学科的特点,以及课堂教学的实际出发,设计的问题要留出恰当的思维空间(要有一定的指向)。

从发展学生的思维出发,提倡提“大”问题(要有一定的空间)。教师在课堂教学中要处理好问题“大”和“小”的关系。在课堂教学中设计的问题难易和深浅要适当,过难过深,会使学生丧失回答问题的信心;反之,过易过浅,则不利于学生智力的发展。如果问题过大或太宽泛,学生容易“跑调”,很难被引入课堂学习的正轨。还要注意问题的数量要适宜,提问学生的个数也要适宜。

(3) 提出的问题要有数学味。

数学课堂中提出的问题要围绕数学课的教育目标,应该为数学学科的教学服务,从而促进学生的发展,不能漫无边际。在预设数学问题时,应与我们创设的数学问题情景有关,数学情景的创设应该服从于问题设计。必须处理好问题情景和问题的关系。

(4) 要正确处理预设问题与问题生成的关系。

课堂教学过程中有许多提问是可以预设的,但也有许多问题是在课堂中动态生成的,特别是探究型的课堂。

强调了问题的生成性,并不等于教师不要预设,而是强调更多的预设,在教学设计时更应该预设学生学习活动过程,预计学生在活动过程中可能生成的问题。

(5) 提出的问题要有创造性,灵活性,激发性。

(6) 问法要得当。

3.3 例题习题设计

3.3.1 例题设计

3.3.1.1 例题设计的内涵与原则

例题教学是数学教学的重要组成部分,是把知识、技能、思想和方法联系起来的一条纽带。通过例题教学,达到掌握基础、传授方法、揭示规律、启发思想、培养能力的目的。在例题的教学方法上必须遵循一定的原则。

1. 目的性原则

教材中的每个例题都比较具体地反映了教学的有关内容及学生应掌握的程度。但各个例题的目的和作用都不一样,有的是为了引入某一个概念,有的是为了推导某一个公式,有的是为了揭示某一公式或法则的运用,有的是为了让学生掌握某种解题技巧,有的用来强调书写规范和解题格式，有的则用来突出某种数学思维的方法。由于它们被安排在不同的教学环节上，其目的也就有所侧重。

因此，教师必须根据教学的实际和需要，深入钻研例题，领会和认识例题的意图，突出重点，兼顾其他，充分发挥例题的作用。一般地，例题可以分为三类：

一是模仿性例题。要求简单直接地运用公式，帮助学生熟悉公式的基本结构，属于公式运用的最低能力要求。

二是选择组合性例题。除了要求间接地运用公式，还涉及公式以外相近的其他知识，具有知识的小范围综合和公式运用的小范围迁移，属于公式运用的稍高能力。

三是综合运用性例题。要求在情境相对较远的数学问题中对知识进行综合运用，涉及公式以外较多的其他知识，具有知识较大范围的综合性和公式运用的较大范围迁移性，属于公式运用的较高能力要求。

这三类例题都是为了帮助学生深入理解和记忆公式或定理的意义，掌握公式的运用，但它们的教学目的各有侧重，因此在教学中应做到有的放矢。

2. 接受性原则

例题教学首要的是保证学生能听得懂，接受得了。要做到这一点，教师在此之前必须做到“吃透两头”：一头是“吃透例题”，即对例题的内容、知识范围、与前后知识的联系、技能水平、难易程度等要一清二楚；另一头是“吃透学生”，即对学生的知识水平、能力水平、经验水平、年龄特征等要心中有数。对于一些难度较大，估计学生接受有困难的例题，要降低难度，搭好台阶，使学生感到只要自己“跳一跳”就能达到，而不是无论如何自己也难以达到，或者非得老师帮忙才能达到。

例如：将下列各式化为一个角的三角函数形式：① $\sin\alpha+\cos\alpha$； ② $\sin\alpha-\cos\alpha$； ③ $a\sin\alpha+b\cos\alpha$。

此例题目的是学习用公式 $a\sin\alpha+b\cos\alpha=\sin(\alpha+\varphi)$ 进行三角变换。这是一个非常重要的、有广泛应用的公式，让学生真正理解和熟练运用这个公式十分重要。但如果一开始就让学生直接求解公式的一般形式 $a\sin\alpha+b\cos\alpha=\sin(\alpha+\varphi)$，对大多数学生的认识能力而言难度较大，所以，前两题实际是为认识最后的公式的一般形式而设计的思维台阶。这种处理是为了分散难点，表面上是难度由易到难，本质上是从具体到抽象的思维过渡，由表及里、由浅入深，逐步地揭示公式的本质。这样既能突出重点，又能突破难点。

3. 启发性原则

例题教学中启发的关键是摸清学生原有的知识背景和思维水平，遵循学生的认知规律，教学进程要与学生的思维同步。不能脱离学生的思维起点，不能置学生的心理、思维状态于不顾，强制学生按教师提出的方法、途径去思考和解决问题。

例如：已知 RT$\triangle ABC$ 的直角边 $AC=b$，$BC=a$，点 P 是$\triangle ABC$ 所在平面外一点，$PA=PB=PC=c$，求三棱锥 $P\text{-}ABC$ 的体积(图 3.10)。

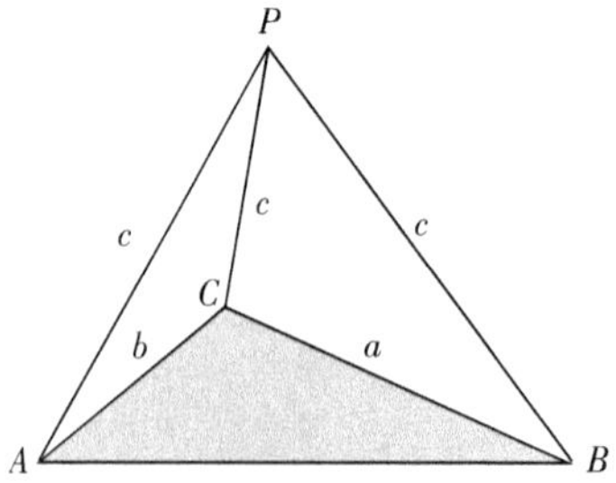

图 3.10

教学中，若教师直接指出 P 点在平面 ABC 上的射影 O 的位置，可由 $PA=PB=PC$ 知 O 是 $\triangle ABC$ 的外心，即斜边 AB 的中点。顺着这一思路，问题很容易解决，学生也很容易理解，但学生的思维并未得到启迪和发展。这样的教学只注重了结果而忽视了过程，丢失了培养和发展学生思维的契机。实际上，学生极有可能把 O 点画在 $\triangle ABC$ 的内部，如此就很难与题设条件挂上钩，致使解题陷入困境。

在教学设计过程中，教师可以未雨绸缪，估计在先，挖个“坑”，先让学生走点弯路，受点挫折，然后抓住时机，因势利导，引导学生观察探索 O 点在 $\mathrm{RT}\triangle ABC$ 中的位置关系，启发学生猜想 O 点可能是三角形的外心、内心等，进而发现如何由题设条件决定 O 的位置。

4. 示范性原则

例题，顾名思义是起范例作用的问题，这就要求例题本身要能真正具有示范功能。例题的示范性就是问题内容典型，思路探索典型，解决方法典型，推理过程典型，运算步骤典型。这里的典型例题，指的是在问题的一般性、方法的常规性、思维的启迪性、推理的严密性、步骤的规范性等方面具有代表性的例题。

在这里，要强调解决问题的规范性，特别是涉及初中数学中的平面几何证明题，这样的教学设计有利于培养学生处理问题的规范和规则意识，有利于培养学生的数学推理能力。这样让学生在掌握常规解题基本方法的基础上，引导学生发现一些特殊的方法、思路，符合由浅入深、循序渐进的教学原则，实现一题多解、一题多证，培养学生的发散思维。

5. 延伸性原则

心理学研究表明，在新知识的学习中，学生若能掌握某种解题模式，在一定阶段内，他们往往会机械地照搬这个固定模式解题，这就是所谓的“思维定势”。对此，如果不随时予以注意，很可能形成某种心理定式，造成思维的呆板和僵化。

因而，在例题教学中，当学生获得某种解题的基本方法以后，应及时通过将原题的条件、结论、情境或方法的延拓变通，使学生进一步理解和掌握例题所阐述的概念原理、规律、数量关系或解题方法，从而开拓思维空间，达到培养创造性思维的目的。

例如：已知空间四边形 $ABCD$ 中，E，F 分别是 AB，AD 的中点，G，H 分别是 CB，CD

上的点，$CH:CB=CG:CD=2:3$。求证：四边形 $EFGH$ 是梯形(图 3.11)。

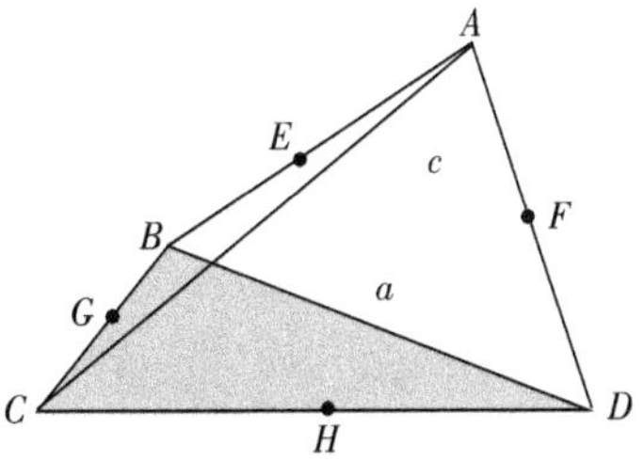

图 3.11

这道题的目的是加强对公理(平行于同一条直线的两条直线互相平行)的理解和运用。对这个题可以进行很多变化：

变式 1：已知条件不变，改求证：HE 与 GF 交于一点。

变式 2：改为已知三棱锥 $A\text{-}BCD$ 中，$AB\perp CD$，$AD\perp BC$，求证 $AC\perp BD$。

变式 3：改为边长为 a 的四面体 $ABCD$ 中，E，F 分别为 AB，AD 的中点，求 DE，GF 所成的角。

数学课堂例题是数学教材结构体系的重要组成部分，是使学生牢固、系统地掌握数学基础知识和基本技能，进而发展学生智力，培养学生思维能力不可或缺的载体。

课堂例题的设计可以分成三个环节：出题—讲解—延伸。

3.3.1.2　例题的呈现设计

1. 融入合理情境，提高学生的学习积极性，增加学生学习数学的热情

弗赖登塔尔称数学的美是“冰冷的美丽”，大多数学生都对它敬而远之，要让学生爱上数学，开心快乐地学，并能学好，在教学中就要对课堂例题进行再创造，将数学问题变成实际问题，使学生有感于学习数学是为了解决实际问题，即课程标准所要求的“数学源于生活，又用于生活”。

▶▶▶ 案例 3.9　探索勾股定理

一块长 8 米，宽 6 米的长方形菜地，被不自觉的学生沿对角线踏出了一条“斜”路。请问：走“斜”路的客观原因是什么？为什么？“斜”路长度是多少？

分析：本例对勾股定理的实际应用进行了情境设计，将数学融于生活，使学生感觉到生活中处处有数学，体现了数学的生活性。

2. 融入数学史，激发学生的学习兴趣，培养探索精神和人文精神

数学史对于揭示数学知识的现实来源和应用，引导学生真正体会数学思维过程，激发学生对数学的兴趣，培养其探索精神和人文精神有着重要意义。

▶▶▶ 案例 3.10　七年级下册 4.4 二元一次方程组的应用

我国古代数学名著《孙子算经》上有这样一道题：今有鸡兔同笼，上有三十五头，下有九十四足，问鸡兔各几头？

一、问题背景

鸡兔同笼问题，是我国古代著名趣题之一。大约在 1500 年前，《孙子算经》中就记载了这个有趣的问题。书中是这样叙述的：今有鸡兔同笼，上有三十五头，下有九十四足，问鸡兔各几头？

这段话的意思是：有若干只鸡兔同在一只笼子里，从上面数有 35 个头，从下面数有 94 只脚，求笼中各有几只鸡和兔子？

原来孙子提出了大胆的设想，他假设砍去每只鸡、每只兔子一半的脚，则每只鸡就变成了独脚鸡，而每只兔就变成了双脚兔。这样，独脚鸡和双脚兔的脚就由 94 只变成了 47 只；而每只独脚鸡的头数与脚数之比变为 1∶1，每只双脚兔的头数与脚数之比变为1∶2。

由此可知，有一只双脚兔，脚的数量就会比头的数量多 1，所以独脚鸡和双脚兔的脚的数量与它们头的数量之差，就是兔子的只数，即 $47-35=12$(只)；鸡的数量是 $35-12=23$(只)。

这一思路新颖而奇特，其“砍足法”也令古今中外数学家赞叹不已。如果假设鸡有 x 只，兔子有 y 只，请列出关于 x, y 的二元一次方程组，并解之。

二、分析简解

所列方程组为$\begin{cases} x+y=35 \\ 2x+4y=94 \end{cases}$

可用代入消元法和加减消元法来解方程组。

▶▶▶ 案例 3.11　探索勾股定理

如图 3.12 是我国古代著名的“赵爽弦图”的示意图，大正方形由四个全等的直角三角形围成，利用它证明勾股定理。

一、问题背景

赵爽——中国数学家。东汉末至三国时代人，约生活于公元 3 世纪初，字君卿，东吴人。据载，他研究过张衡的天文学著作《灵宪》和刘洪的《乾象历》，也提到过“算术”。他的主要贡献是在约 222 年深入研究了《周髀算经》，为该书写了序言，并做了详细注释。其中一段 530 余字的“勾股方圆图”注文是数学史上极有价值的文献，它记述了勾股定理的理论证明，将勾股定理表述

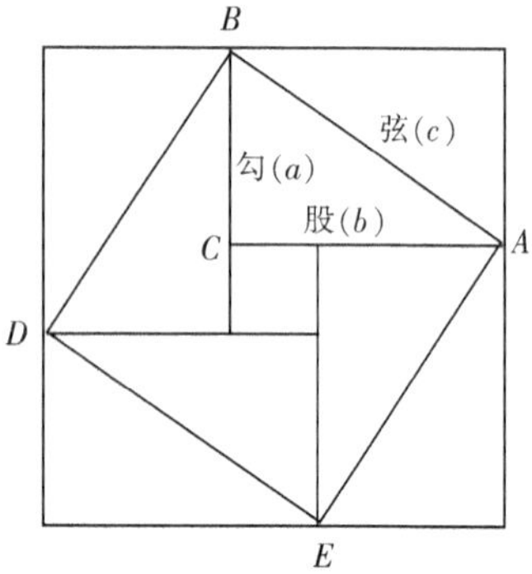

图 3.12

为："勾股各自乘，并之，为弦实，开方除之，即弦。"

二、分析简解

利用面积法。

$$c^2=(b-a)^2+4\times\frac{1}{2}ab=b^2-2ab+a^2+2ab=b^2+a^2$$

即 $a^2+b^2=c^2$。

3.3.1.3　例题的讲解

1. 分层铺垫，降低学习难度，增强学生解题的信心

例题中经常会出现一些难题，即使老师讲得很清楚了，有部分学生也还是懵懵懂懂，一知半解。这就要求我们在讲解难题前，先将其简化分解，做好充分的铺垫工作，这样有利于学生掌握，增强其解答难题的信心。

2. 变式训练，完善学生自身认知结构，有效诱发思维

教材中有许多经典的数学问题，在教学中，要认真挖掘题目中丰富的内涵，寻找思维的生长点，利用现有的知识构建网络并积极引导学生对原题进行不同角度、不同侧面、不同层次的变式，使学生不断地完善自身的知识结构和认知结构，才能最有效地诱发思维。

3.3.1.4　例题的发散延伸

1. 深化训练，激发学生学习的积极性，提高学生的学习能力

数学教材作为众多专家经过仔细深入研究的产物，具有很强的逻辑性和层次性，教材中每个章节的内容都处于特定的知识环境中，知识与知识之间环环相扣，紧密联系，任何一环出错都会影响后续的学习。因此，在设计例题时，应在知识发生和发展的关联处深化，这样有利于培养学生分解剖析问题的能力，长此会达到事半功倍的效果。

2. 开放性训练，启迪学生的求异思维、发散性思维，发展学生的潜能

答案唯一的例题会阻碍学生个性的发展，容易造成思维的定势，不利于培养学生的实践能力和创新能力。例题的开放设计，能给不同层次的学生提供多种思考空间，启迪学生的发散性思维，提高其分析问题、解决问题的能力。

3.3.2　练习设计

3.3.2.1　国外关于练习设计的研究

在学习新知识和技能时，得到足够的给予反馈的练习机会是取得成功的一个关键因素。在设计练习活动时，很多因素需要我们考虑。在教新知识时，教师首先要看学生是

否能准确理解。这就需要教师认真地监督学生的学习进展,以此来确保他们不会出错。因此,这类练习活动通常用在学生做课堂作业或练习知识时。一旦学生能准确理解,教师应立即开展其他练习活动来帮助学生更加熟练地运用知识,这对于新背景和情境中的知识迁移非常必要。

提高熟练程度的练习不需要密切的监督,例如家庭作业。有些练习有助于学生准确的理解,有些练习能帮助他们更加熟练,还有些练习则用来帮助学生应用知识和技能。学生的学习进展可用来帮助教师决定是否需要更多的讲解或练习,学生的练习活动给教师提供了监督其学习进展的机会。监督学生的练习就能给教师提供足够的信息来决定接下来要做什么,所以教师的监督和反馈在练习环节非常重要。

例如,如果教师在监督学生练习时注意到许多人都会出错,那么他很可能会返回去重新讲解。或者,他会认为学生需要更多的练习。如果他注意到几乎所有的学生都能在练习中取得成功,那么他将会继续下一节的教学,并给任何需要额外帮助的学生提供支持。

学生在课间和课外都会参与很多练习活动。教师在做练习设计时,有两点需要考虑,即学生需要多少帮助以及在何地开展练习。

普赖斯在《有效教学设计》中指出,由于课堂练习(或课堂作业)是在教室内的教学,并且有教师指导,所以可以密切监督。他还分别给出一些课堂练习活动的式例:

(1) 如果学生在练习某计算能力,如分数的乘法,他们最有可能在作业纸上练习。

(2) 如果学生在学习如何礼貌地插话,那么角色扮演较为合适。

(3) 对于那些正在学习小组演示技能的学生,在教室前做演示是最可靠的练习活动。

(4) 对于那些正在练习如何跟别人合作的学生,跟同伴共同解决每个问题较为合适。所有这些课堂练习都为教师提供了密切监督的机会。

(5) 当学生能准确理解新知识或技能但还不熟练时,教师通常可布置家庭作业之类的课外练习。例如,学生可能会练习其新学的长笛乐谱的前 25 种吹法。

(6) 当学生在做课外练习时,教师不能即时监督并给予帮助。这时反馈会延迟,即教师会在之后检查家庭作业并给予反馈。

(7) 当学习目标是熟练掌握某些知识或技能时,没有近距离的监督也是可以的。

普赖斯还给出了两种类型的练习。教师在学生学习新知识时,通常提供的两种具体练习类型是监督练习和拓展练习。这两种练习的内容很相似,但在执行上有一些不同。总的来说,教师对学生的帮助程度和练习背景是这两种练习类型的主要差异。

1. 监督练习

监督练习是许多教学与活动中重要的课堂练习。它是学生首次一起练习所有或部分新知识或技能的机会。

例如,在学习将摄氏度转化为华氏度的公式时,学生将会在监督练习中按顺序练习该运算法则的所有步骤。在这类练习中，教师会在充分展示新知识或技能后，不断地监督学生练习。

监督练习对于学生第一次学习新知识是非常重要的，因为它可以使教师检查学生的理解是否准确。虽然该练习所采用的具体活动形式有很大不同，但它们都包括直接监督和即时反馈。例如，教师检查学生在作业纸上解决的问题，并给予反馈。有效的监督练习可以帮助教师直接检查学生是否在学习。

这里有各种层次的监督练习供教师使用，每种层次都有不同的目标。

1)整组监督练习

在多次展示新技能并检查确保学生对各个部分的理解之后，教师让全班练习整体技能，即所有部分一起练习。

教师在描述教学目标时，也在检查学生学到的知识。这有助于他确定学生是否学习到了整体技能。

注意：整组监督练习看起来跟整组检查理解情况差不多，主要区别是整组检查理解情况检查的是部分技能，而整组监督练习则包括了所有技能。

整组监督练习可以为那些尚未理解知识或不自信的学生在练习时提供帮助。要注意并不是任何时候都能开展整组监督练习。例如，假如你在教一堂有关社交技巧的课，目标是使学生能执行某种社交技巧，那么，演示需要在角色扮演或可靠的环境中进行。因此，教师同时监督每个人并给予反馈是不可能的。

2)小组或搭档监督练习

第二种层次的监督练习是让学生在同伴的帮助下练习，而教师进行监督并给予反馈。教师必须明确告诉学生如何跟别人合作。例如，一个人圈出错误，另一个人纠正错误；然后在第二次时交换角色。

前两种层次的监督练习在教师演示和学生练习之间搭建了一座桥梁，这就意味着学生在初次执行或表达所学的知识的同时，又得到了同伴和教师的帮助。

3)个人监督练习

最后一种重要的层次是让每个学生独自练习，教师检查并更正。这里的关键是教师会进行监督并给予反馈。他不会等学生举手，而是主动检查每个人。

注意：第三种层次的练习可以给教师提供检查学生个人能做什么的机会。这是唯一必须使用的监督练习，也是极为重要的。它可以为教师提供信息，帮助教师决定接下来要做什么。

如果学生在个人练习中表现非常好，教师就知道可以继续进行下一个环节了。如果学生在这一阶段困难重重，教师就会回去重讲。

第三种层次的监督练习使得新知识的练习设计更为灵活。个人监督练习是很重要的，它给学生提供了获得信息进展反馈的机会。当新知识或技能非常难或非常复杂时，或者之前在检查学生的理解情况时发现他们仍很困惑,教师可能会优先使用整组监督练习、小组或搭档监督练习,而不是个人监督练习。

需要注意的是,尽管练习的技能与教学目标一致,使得个人监督练习与正式的评价很相似,但它并不是正式的评价。该练习为每个学生提供了从教师那里获得反馈的机会,是迈向教学目标的重要一步。它还可以使学生在进行拓展练习之前构建出高层次的准确性和熟练程度。但在教学评价环节中,学生必须在没有同伴和教师帮助的情况下独自完成教学目标。评价通常出现在教学和所有练习结束之后。

普赖斯进而给出了监督练习设计的若干策略,如表 3.1 所示。

表 3.1　监督练习设计的若干策略

策　略
提供更多的结构和线索
在初始练习时,使用相似的例子,再逐渐变为更有难度或不相似的例子
提供修正错误的训练。当你发现学生总是犯同一个错误时,要给予反馈并让他们按照正确的方式进行多次练习
在教师帮助下,增加初始练习的次数。有些学生会比别人需要更多的练习
检查那些你认为可能有困难的学生,但不要在个别学生身上花费太多的时间
通过使用更多的小组或搭档练习形式,增加同伴支持的初始练习的次数。切记,虽然个人监督练习是唯一必须使用的练习类型,但小组或搭档监督练习能够为一些形式提供支持
通过告诉学生如何跟他人合作来构建小组或搭档监督练习的结构
增加即时反馈的次数

监督练习是在帮助学生学习的过程中最重要的一步。它反映了教学内容,并为学生提供了一种出色的获得准确性的方法。个人监督练习,使每个学生都能够获得教师的反馈。教师能够知道哪些学生理解了,哪些还没有理解。它还为教师提供了必要的信息来决定是要继续进行下一个教学环节还是返回去重讲。同时,监督练习还是迈向教学评价的重要一步。

2. 拓展练习

拓展练习也是教学的一部分。在拓展练习中,教师为学生提供练习所学知识的机会。这种练习的目标是帮助学生归纳新知识。拓展练习为学生提供的帮助要比监督练习少,且更为间接,并且通常是在教室外作为家庭作业来进行的。重要的是,只有学生准确掌握新知识后,教师才能使用拓展练习。这也说明了在监督练习中认真监督的重要性。

总的来说,只有当学生明显可以在较少的帮助下取得成功时,教师才能进行拓展练习。

教师可以通过很多方式来让学生进行拓展练习。首先,可以让学生做一些额外的课堂练习。其次,可以给学生布置课外作业。

拓展练习活动的具体内容可能不同，但它们都可以用来为教学内容提供更多的练习机会。拓展练习的一个主要结果是学生对教学评价有所准备。教师在拓展练习中给予的反馈是教学的主要部分。例如，当学生交回作业时，教师要认真检查，看学生是否成功地掌握了教学内容；当学生进行角色扮演时，教师要仔细观察他们，给出建议并积极称赞其表现。在任何情况下，教师都需要将考试结果告诉学生，这样他们才能知道自己的学习进展。认真检查学生的表现，有助于教师确定他们是否需要更多的拓展练习或指导。教师一旦对学生在拓展练习中的成功表现满意，他就会进入评价环节。切格尔和柏丁给出了帮助教师设计出有效的课堂练习的策略，如表 3.2 所示。

表 3.2　有效的课堂练习的策略

解释课堂练习的目的，这样学生才能知道他们为什么要这样做
确保指令的陈述清晰，要将其清楚地写出来，并认真检查学生是否理解
活动开始时，迅速在教室内环绕一圈，确保每个学生都参与其中
不要徘徊，要认真检查每个学生的作业，而不仅仅是那些举手的人
最好在学生完成几个项目之后就及时改正学生的作业
用同伴合作来协助监督，如“跟你的同伴比较问题 1、2 的答案，并告诉我有什么不同”
当学生开始做课堂作业时，如果你注意到很多人总是问同样的问题，那么就要停下来重讲或重新解释，再次让全班一起听讲会节省你的时间

另外，普赖斯还给出了有关拓展练习设计的策略(表 3.3)。

表 3.3　拓展练习设计的策略

缩短每个练习环节的时间，但环节要多
根据学生实际能完成的情况来安排作业量，有些学生能完成的作业量多些
改变练习任务但不改变内容，以此避免学生失去兴趣。例如：让学生选择答案或写答案；让他们将答案写在纸上、黑板上或幻灯片上，或让他们使用电脑练习程序
确保练习具有趣味性。这同时适用于课堂作业和家庭作业
在练习中增加帮助，如学习指导、同伴指导和视觉支持
建立一个家庭作业的网站(Salend，2004)。这对于家长和学生来说都是有益的。学生可核实作业，家长则可以知道学生需要做什么
如果可能的话，提供真实的练习作为练习的一部分
让家长来当学生的“家庭教练”(Wright，2004)。他们可以审查作业、监督进度，并检查作业的准确性和整洁程度
鼓励学生在网上交作业(Wright，2004)。这样可以免去寻找纸的烦恼
告诉学生一种完成作业的策略，如项目策略(Hughes，2002)
布置作业时，要使用符合学生水平的措辞

教师可以用各种类型的活动来帮助学生练习教学内容。例如,用一个实验检测万有引力的作用、反复练习某钢琴协奏曲、用角色扮演来练习如何寻求帮助、用量角器画出各种类型的角,以及将额外的答案写在白板上。

要同时提供课堂和课外的练习活动。课堂练习活动要比家庭作业有更多的监督。

所有的练习活动都要帮助学生完成教学或活动目标中计划的学习成果。

总而言之,拓展练习的目的是发展学生熟练使用知识或技能的能力,并提供实际运用的机会,以使学生能够归纳知识或技能。

练习的机会通常通过下列活动提供:帮助学生掌握、迁移和保持知识或技能的活动,课堂作业,家庭作业,等等。

请记住,分散的练习(很多短小的练习)比集中的练习(一次长时间的练习)更为有效。

3.3.2.2 国内对数学课堂练习题的研究及教学实践

1. 数学练习题的内涵

国内专家认为,数学课堂练习是数学课堂教学的重要组成环节,主要目的是促使学生巩固和消化在课堂上所学的数学知识或技能,深刻理解掌握课堂上老师新近传授的数学思想方法,并能灵活应用它们解决数学问题。

课堂练习是使学生掌握知识,形成技能,培养学生运用知识解决实际问题的有效手段,是学生学习数学的重要环节。它对优化课堂教学过程,提高课堂教学效率,拓展学生思维空间,起着重要的作用。

数学课堂练习题是教师进行课堂练习教学的载体,它是教师针对课堂教学内容,为使学生达到一节课教学目标的要求,有目的、有计划地设计的一系列数学习题。

数学练习题是帮助学生理解、掌握和运用数学概念、定理、公式和法则的数学问题,是教师用作示范的具有一定代表性的典型数学问题,是把数学知识、技能、思想和方法联系起来的纽带,是对知识、技能、思想和方法进行分析、综合和运用的重要手段。

数学练习题与数学问题关联密切,它们在概念、内涵上有一定的重合之处,但也有一定的区别。

一般来说,练习题主要是为课堂教学服务的,教师通常以教学内容为主,针对教学知识与能力要求设计安排一些有层次的习题,通过让学生做练习起到加深巩固所学数学知识的作用,所以说练习题具有较强的指向性和目标性;而问题所涵盖的知识、涉及的已知和未知的因素范围较广,不局限于学科要求本身。

另外,练习题属于一种常规训练,是面向全体学生的,在训练难度、技巧上应该是大多数学生能够接受的,具有大众性;而问题往往是非常规的,而且问题具有相对性,对于一个人可能是问题,对于另一个人可能只不过是习题或练习,而对于第三个人,却可能是索然无味了。

正因为练习题本身有区别于问题的这些特征，所以有人认为练习题与问题是两个不同的概念。练习题是为日常训练技巧设计的，而真正的问题则适合于学习发现如何探索的技巧，适合于进行数学原始发现以及学习如何思考。另外，练习题也只能称为常规问题，因为在许多情况下，教师已经在课堂上提供了典范解法，而学生只不过是应用这种典范解法模仿着求解类似的问题。

戴再平在他所著的《数学习题理论》一书中提出：我们应该转变观念，拓广“数学习题”这个概念的外延，使之包括来自生产、生活以及各学科的实际问题，以及条件是不完备的、解题策略是多种多样的、结论是不确定的所谓“数学开放题”。

因此，如果我们把数学练习题与数学问题严格划清界限，把数学练习题仅定位于简单的训练和常规的数学问题，将不利于学生深刻地理解数学知识与形成数学能力。传统的练习题只是以教科书上或教师在课堂上讲解的例题为范本，做练习也只是应用某种技术的简单重复，这对大多数学生来说没有挑战性，没有乐趣可言，做题反而成了一种负担。

在当前数学新课改的形势下，对学生问题解决的能力日益重视，因此，对课堂练习题的改革也迫在眉睫。

练习题虽不等同于问题，却也属于问题，作为学生日常训练的一个重要组成部分，它是锻炼学生数学思维的体操，对于学生巩固记忆数学知识、熟练运用数学技能与思想方法起到重要作用。

但是，我们不能把练习题的功用仅局限于此，练习题也应该同样具有问题的特征，在设计课堂练习题时，教师可以增加一些富有挑战性、探究性、开放性的问题，这并不意味着增加练习题的难度，而是要改变过去练习题单一、枯燥的形式，从内容上开阔学生视野，有助于学生创造性思维的发挥和解决问题能力的提高。

所以，我们不应把练习题与问题完全割裂开来，延伸数学练习题这一概念的内涵范畴是非常有必要的，而且也是可行的。

2. 数学练习题的功能

1)知识功能

通过练习，使学生获得系统的数学知识，形成必要的技能或技巧，这是数学练习题的知识功能。数学练习题的知识功能贯穿在学生获得数学知识的三个阶段之中。

(1)通过数学练习引入新知识

学习新知识，最重要的是建立新旧知识之间的联系，而建立新旧知识之间的联系必须先引起学生的思考，在学生的思考下产生疑问，正所谓“学起于思，思起于疑”。在这个过程中，数学练习题是架设在新旧知识之间的桥梁，并且是激发学生产生疑问的物化手段。

比如,已知底数2和指数3,就可以求幂 $2^3=8$。那么,如果已知底数2和幂8,即 $2^x=8$,如何求指数 x 呢?这样一个看似简单的数学习题会毫无疑问地引发学生学习对数的兴趣。

优秀教师常常是通过数学练习题将学生引导到学习新知识的情景之中。

(2)通过数学练习题巩固知识

巩固知识不仅靠模仿,更主要的是理解。在掌握新知识的过程中,最重要的是知识间的同化,即把新获得的知识纳入原有的认知结构中去,数学习题能够引起学生积极地进行认知活动。牛顿说过,在数学中,例子比定律更重要。在掌握概念的过程中,比形成概念更重要的是概念的同化,也就是把概念有机地、和谐地融入原有认知结构中;数学习题能有效地引起学生进行认知活动。

如学习了“函数的单调性”后,指导学生做一些判断或证明函数的单调性的习题,会让学生加深对单调性的认识,还会使学生熟练操作判断或证明函数的单调性的步骤:① 设;② 作差;③ 化积;④ 判断符号。

(3)通过数学练习题运用知识

无论是数学概念、定理、公式、法则的认识、理解或掌握,数学基本技能技巧或数学思想方法的获得,还是数学能力的提高、智力的培养和发展,都离不开解题,学生正是通过典型练习题的演算而运用知识,并获得新的知识。

怎样了解学生是否理解、掌握并会应用所学的定理、概念和公式了呢?主要还是靠数学习题。比如,理解“排列”的定义并不难,但要想做好排列的习题却需要拥有一些插空、捆绑、顺序一定的技巧,这些技巧都必须要经过习题而获得。

2)反馈功能

课堂练习是一种有目的、有组织、有指导的实践活动,是学生掌握知识的重要过程,是提高教学效率的重要手段。教师通过在学生做练习的过程中巡回辅导,及时帮助后进生发现错误、改正错误,同时解决个别优等生的质疑,做到对练习情况心中有数。

借助课堂练习,教师可在第一时间获得学生有关解题速度、正确率、对知识的掌握程度以及他们在观察、分析、概括、归纳问题的过程中所反映出来的各种信息,有利于对课堂教学的调控,可以使教师对学习提供的指导更具针对性。

数学课堂练习既可以为教师提供调控教学的信息,又可以为学生提供调整学习的信息。针对来自学生练习中的反馈信息,教师对学生练习情况做出及时的评价与讲解,促使学生完善、优化知识结构。

3)教育功能

数学素质教育功能主要体现在智力和非智力两个层面。从智力层面来看,数学练习题具有体现基本知识和基本能力,以及运用数学思想方法、培养数学意识的教育功能。从非智力层面来看,数学练习题能体现思维品质教育的功能,具体表现为以下三方面的功能：

（1）德育功能。数学课程在学生形成性格和道德个性方面有巨大的作用。有些数学应用性的练习题中渗透着对环保意识、市场经济意识、优化意识、创新意识的教育意图，对提高学生的道德素质是十分重要的。

（2）美育功能。数学练习题的条件的和谐性与独立性，形式的对称性，解法的合理性、简练性与独创性等，无不体现出数学的统一美、简单美和奇异美。因此，数学练习题能给学生以美的陶冶，在解决数学练习题的探索过程中，其动力往往来自对美的追求。20 世纪最伟大的数学家之一赫尔曼·外尔说过：除了语言和音乐之外，数学是人类心灵的自由创造力的最主要的表现。我的工作常想把真实和美统一起来，但当我不得不在这两者中选择时，我通常选择美。

（3）价值观教育功能。通过题目中隐含的辩证思想，数学练习题反映着客观现实的各种现象，可以对学生进行辩证唯物主义世界观的教育。另外，有些数学练习题能反映出我国传统数学的伟大成就，以及我国现代科学技术文化的发展成就，它们也有助于培养学生的爱国情怀。

4）评价功能

无论是素质教育还是应试教育，在中学数学教学中，解决数学习题（包括数学习题考试）都不失为考核与测试学生知识与能力的一种基本途径。

数学习题可以较全面地诊断学生对知识的理解、掌握及应用的水平，是学生数学知识掌握程度和应用能力的重要测评手段。在学生解决数学习题的成败得失过程中，足以暴露学生学习中存在的意识、观念上的缺陷，评估学习环节潜在的不足，是鉴别学生能力、水准的一面镜子。

5）示范功能

一般说来，教材中的练习题都是为诠释本节课的某个定理、定义或公式而配备的，它们是连接理论知识和数学问题之间的桥梁，是一套解题程序，对解题的思路、解题步骤的表达、书写的格式，图例表格的绘制等均有一定的规范要求，因此，它们对解决此类相关问题以及对于此类问题的格式化起到了必要的示范、规范及范例作用，促进了学生对产生式条件的认知与概括，最终掌握一般的产生式规则。

比如，在“异面直线所成的角”一课中，有一道例题在求异面直线所成的角和求异面直线的距离的过程中就明确表明了求角或求距离问题的解题的统一步骤为：① 作（辅助线）；② 证（哪条线或角为所求）；③ 算（计算出要求的角或距离）。从而为学生以后求解线面角、二面角、点面距离、线面距离、面面距离等问题做出了良好的规范，也为学生在考试中分步得分、多得分提供了有力的保障。

6）拓展功能

中学数学教材的习题大部分都较为基础，与高（中）考题有一定的距离，颇有拓展、开发和挖掘的余地和空间。如高中数学第二册(上)例题:已知 a,m,b 是正数,并且$a<b$,求证$m^a<m^b$。该例题介绍了比较法的证明方法,但事实上也可以强化综合法和分析法。另外,还可以将不等式的问题置于函数问题中:将 a,b 视为变量,把 m 当作常数,构造函数 $f(x)=m^x$,通过判断它在$(0,+\infty)$上是单调增函数而得证。这样,将不等式拓展上升到函数思想的高度,同时强化了原不等式的结论。

所以,在教学中要注意对习题总结、提炼和灵活运用,从而拓宽数学练习题的教学功能,进而拓展学生的思维,培养学生的创造能力。

7)提升功能

解题并不是数学教学的根本目的,而只是学习数学的一种手段、一种媒介。通过解题来达到对数学知识的理解、掌握、应用,深刻领悟数学思想与方法,这才是数学教学的本质。教师欲通过覆盖大量题型,使学生以牺牲宝贵的时间为代价来获取较高的数学成绩显然是不可取的。要努力发掘习题中蕴涵的数学思想。数学思想方法是从数学内容中提炼出来的数学知识的精髓,是将知识转化为能力的桥梁,有着普遍应用的意义。

数学思想的重要意义在于指导学习者进行有序的科学的探索活动,避免盲目性,为顺利发展解题方法提供保障,同时,数学思想也是历年高考的重点。

中学常见的数学思想有:方程与函数的思想、数形结合思想、分类讨论的思想、转化与化归的思想。

数形结合的思想体现了数与形的相互转化,函数与方程的思想体现了函数、方程、不等式间的相互转化,分类讨论思想体现了局部与整体的相互转化。以上三种思想方法又都是转化与化归思想的具体体现,即将难解的问题转化为熟悉的、已掌握的、已解决的问题,将抽象的问题转化为具体直观的问题,将实际问题转化为数学问题。

例如:立体几何中,两条异面直线所成的角、直线与平面所成的角、面与面所成的角的问题最终都化归到平面几何中两条相交直线所成的角,体现了转化的思想;第二册(上)69 页“到两坐标轴距离相等的点组成的直线的方程是 $x-y=0$ 吗? 为什么?”体现了数形结合的思想。

3.数学练习题的类型

研究数学课堂练习题,必须了解数学练习题的分类。戴再平在《数学习题理论》中将数学练习题进行了如下分类:

(1) 按知识内容分类。数学习题可分为算术题、代数题、几何题等,并且每个内容在不同层次上还可以分类。

(2) 按形式分类。比较完善的是三分法:第一类是求解题,第二类是证明题或说明题,第三类是变换题或求作题。

(3) 按要素分析分类。数学问题是一个系统,系统的各个要素分别是问题的条件、解题的依据、解题的方法、问题的结论,分析四个要素中已知要素的多少,可将数学练习题依难度分为：标准型题—训练型题—探索型题—问题型题。

(4) 按开放性分类。可分为封闭题和开放题。凡是具有完备的条件和固定的答案的习题，我们称为封闭题；而答案不固定或者条件不完备的习题，我们称为开放题。

(5) 按评分的客观性分类。可分为主观题和客观题。有唯一正确的答案，不论由谁评分都只能给出同一个分数的习题，叫作客观性习题；正确答案可用多种方式表述，评分者须凭主观经验给分的习题，叫作主观性习题。

传统的证明题、计算题等，都属于主观性习题。客观性习题又可分为选择题、填充题和简短的问答题等类型。通常所说的客观性习题，主要是指选择题。对于第(1)、(2)、(4)、(5)种分类方式，我们比较熟悉，对于第(3)种按要素分析分类，我们结合实例具体阐述一下练习题类型：

① 标准型。如果我们把问题的条件、结论、解法、解题依据称为构成问题的四个基本要素，那么标准型练习题则是指四个基本要素都为学生所知道的问题。

例如：如图 3.13，已知：$AB=CD$，$\angle 1=\angle 2$。能够判定$\triangle ABD\cong\triangle CDB$ 的方法是(　　)。

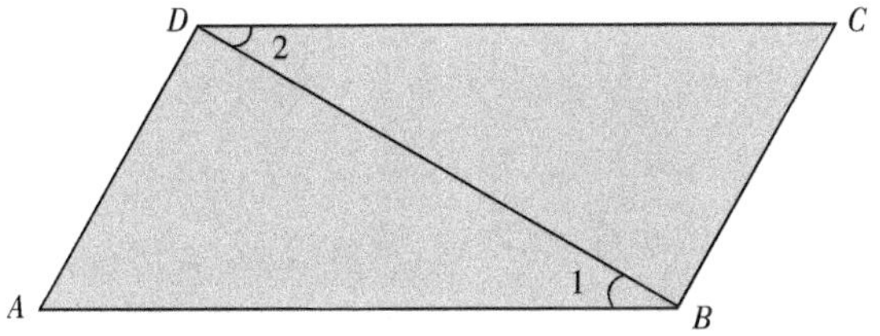

图 3.13

(A) SAS　　(B) ASA　　(C) AAS　　(D) SSS

对于刚学完三角形全等判定方法的初二学生来说，就是一道标准型练习。

② 训练型。在构成问题的四个要素中，如果有一个要素是学生不知道或不明确的，就称这样的问题为训练型练习题。这种问题的解法常常有固定的模式，便于学生模仿。仍以图 3.13 为例，若条件不变，把结论改为："求证：$\triangle ABD\cong\triangle CDB$。"就成了训练型练习。

③ 探索型。在构成问题的四个要素中，如果有两个要素是学生不知道或不明确的，就称这样的问题为探索型练习题。还是以图 3.13 为例，把问题改为："要证明$\triangle ABD\cong\triangle CDB$，需要哪些条件？"由于该问题的条件不明确，也没有指明用哪种判定方法证明，需要学生自己寻找解决问题的途径，因而就成了探索性的问题。

④ 问题型。在构成问题的四个要素中，如果有三个要素是学生不知道或不明确的，就称这样的问题为问题型练习题。还是以图 3.13 为例，将问题改为："已知：$AB=CD$，$\angle 1=\angle 2$，你能得出哪些结论？"这一问题的解法、解法依据、结论都没有明确，需要学生运用已有的知识(如平行线的性质与判定、全等三角形的性质与判定等)和经验综合进行

考虑,这就成了问题型的了。

上述例子表明,在具体的教学条件下,将同一道题分别用标准型、训练型、探索型、问题型等不同的形式给出,可以达到不同的教学目的。在解题策略上,后一类问题通常要转化为前一类问题。

另外,这几种题型还具有相对性。如解方程 $2x^2-x-3=0$,对于刚学过一元二次方程的解法的初三学生来说,是标准型练习,但如果让刚学过因式分解的初二学生完成,就成了训练型练习。

3.3.2.3 数学课堂练习的方式

1.口头练习

口头练习直接作用于学生的注意力,能加强学生记忆力、思维能力的培养,具有快速、省时等优点。

设计口头练习要注意做好以下几个结合:与新学不久的内容相结合;与当天所学内容相结合;与常用公式、定理、法则相结合;与运算技能相结合。

2.笔头练习

笔头练习是指书面练习或板演练习,其难度一般比口头练习大,其作用主要是培养学生良好的学习习惯,是考查学生预习、复习、巩固、运用所学知识情况的重要途径。

这类练习主要是练理解、练熟练、练准确、练技巧。

3.操作练习

操作练习主要指借助工具或材料进行的各种练习。它具有直观性强的特点,能直接作用于学生动手能力的培养。

这类练习以观察、分析、综合、概括为主线,以加强概念教学,发现知识规律,能举一反三、触类旁通为目的。

常见的操作练习有作图(画图)训练、学具或教具制作训练、完成实验报告等。

另外,利用电脑教学软件(如几何画板)进行探索性练习,更有利于培养学生的创新意识和创造精神。

3.3.2.4 数学课堂练习设计

1.数学课堂练习设计的原则

1)科学性原则

所谓科学性,主要是指题目本身不能出现科学性错误,问题的指向性要明确,不能模棱两可;练习题的内容不能超出所学知识范围;题型设计合理,且忌随意。

比如,在选择题中不应出现这样的命题:“下列命题中,正确的个数是(　)。”因为,假如学生恰好将一个正确的命题和一个错误的命题判断反了,那么所选择的答案依然是正确的，这就不利于教师及时查找学生错误的原因。

2）目的性原则

课堂练习的设计应根据教学内容和目的，根据学生的年龄特征和心理规律，做到紧密联系课堂教学内容，紧扣教学要求，以基本训练为主，围绕教学的重点、难点进行设计。

具体地说，课堂练习的设计应以双基训练为主，通过练习，促使知识与技能相结合，加深对所学知识的理解和巩固，有助于学生系统掌握所学知识。

3）针对性原则

所谓针对性，就是针对学生数学认知中的误区和解题中的"常见病""多发病"，设计一些学生易错或易混的知识点练习，以期通过练习，达到"药到病除"之功效。

4）新颖性原则

心理学的研究表明，如果一个人对某项活动有浓厚兴趣，活动的效率就会大大提高，且不易产生疲劳和负担过重的感觉。因此，新颖性应成为教师设计课堂练习时需要充分考虑的因素。

新颖性有两方面的含义：一是题型新，目前课本中的题型几乎被计算题、应用题、证明题所"垄断"，用新颖的题型进行"包装"，学生就会产生新鲜感；二是题材新，为激发学生的兴趣而设计，让学生有耳目一新之感。

5）灵活性原则

数学教学的核心是培养学生的思维能力。在课堂练习中，经常设计一些一题多解、一题多变等解法灵活的练习，不仅能开拓学生的视野，而且能培养学生思维的灵活性、发散性和创造性，使学生在练习的同时，能力也得到相应的提高。

6）层次性原则

练习能体现教学内容的层次，适合思维能力层次不同的学生。设计的练习不符合学生实际能力和需要，或太难，或太深，学生不会做，他们的兴趣和情绪就会受到影响。

应根据学生的情况和教学要求的不同层次，按由易到难、由简到繁、由基本到变式的顺序设计有一定梯度的练习题，使不同层次的学生经过刻苦学习之后都能获得成功体验，使学生的学习更加积极主动。

2. 数学课堂练习设计的建议

（1）适当调整习题的内容和难度，以满足不同学生的差异性学习需要。教材习题的难易程度与教材配套不尽合理，教材的某些习题难度与例题的差异过大，学完例题，很多学生不会做习题，这从某种程度上挫伤了学生学习数学的积极性。作为随堂练习，习题应突出基础知识和基本技能的巩固，适当降低习题的综合性。作为课堂作业，习题中不能出现后面才学到的知识。涉及整节课的多个知识点、综合性强的习题应安排在本节练习的最后。因而，选编习题时，要做一下有关的习题，从学生的角度感知习题的难易程度。这样才能使得习题的选编、难易顺序的编排更科学合理，对一些较难的题目应提供必要的提示，以方便学生自我校对，及时反馈。

（2）教材中还应多设置一些自主、合作、探究、开放等多种多样的课题类习题，将这些中长期完成的，具有综合性、开放性的课题作业安排在课外完成。这样不仅能促使学生主体性的发挥，提高学习效率，而且能为教师有效指导学生学习提供时机。

（3）调整习题呈现顺序，增强习题的针对性。改变现有的以习题类型为顺序的呈现方式，按一定的逻辑顺序和知识经验编排习题。

（4）重视操作性、实践性习题，增强学生的实践能力。新教材中的习题比较重视学生的实践能力、创新能力等方面的培养。

3.4 结课设计

3.4.1 课堂小结的内涵

课堂教学一般可以分为三个部分：导入、新授、小结。

课堂小结又称为课堂结尾或结课，是指教师在完成课堂教学任务的终了阶段，以简洁精练的语言，富有艺术性地引导学生对所学的知识与技能、过程与方法、情感态度与价值观的再认识、再总结、再实践、再升华的教学行为方式。

普赖斯在《有效教学设计》中指出，结课能帮助学生整理所有的材料。它可能是紧接在教学主体之后，也有可能是紧接在拓展练习之后。结课可以复习教学要点，让学生进行学习总结，预习新的教学内容，描述学生应在何时、何处运用新技能及新知识，让学生展示他们的成果以及回顾导课的相关内容等。结课可以是复杂的，也可以是简单的，但是总是需要这一环节。

数学是一门系统性很强的学科，常常需要将前后教学内容通过课堂小结串联起来，使整个课堂教学前后连贯，它既是教学的结束，又是对教学内容的总括。

好的课堂小结能够吸引学生的注意力，激发学生的学习积极性和主动性，明确学习目标，概括总结学习方法，促进新旧知识的联系，增强师生的沟通，提高教学效果。

好的课堂小结可以对本节课知识的理解以及对方法的归纳整理提供帮助，可以为新旧知识的学习铺设桥梁，以新知识回顾旧知识，温故而知新，并激发对以后知识的求知欲。

好的课堂小结还可以维持学生的思维状态、拓展思维，使学生数学思维由表及里、由浅入深。

一堂课中的每一个环节都是密不可分的，课堂小结的好坏直接影响到整堂课的效果，关系到学生的学习效果。

3.4.2　结课的相关研究

3.4.2.1　结课设计的相关研究

1. 夸美纽斯的研究

文艺复兴时期捷克教育家夸美纽斯的代表作《大教学论》中就有对于课堂小结的相关论述。夸美纽斯认为，以学生巩固地掌握知识并达到随时可以应用的程度作为衡量教学是否彻底的标准。

夸美纽斯把学了但是没有巩固下来的知识，形象地比喻成连续不断地向筛子上泼的水，认为这样是不可能达到增长智慧的目的的。因此，夸美纽斯认为教师在授课时要讲清事物的缘由，学生在理解的基础上，才能牢固掌握知识，当中就包含了对教师在课堂教学中要帮助学生进行知识梳理和归纳小结的要求，以及及时进行教学评价和教学效果反馈以利于学生后续学习的理念。

2. 多元智力理论

美国著名的发展心理学家和教育家加德纳于 1983 年在《心智的结构》中首次提出多元智力理论的基本结构。加德纳认为，支撑多元智力理论的是个体身上相对独立存在的与特定的认知领域或知识范畴相联系的七种智力。他在 1995 年提出了自然智力，在 1999 年提出了新的智力——存在智力，这样，在个体身上相对独立存在的与特定的认知领域或知识范畴相联系的能力共有九种。

加德纳认为每个人都拥有上述九种相互关联但又相互独立的基本智力，从新的角度阐述智力只是存在程度上的差异，九种智力的不同组合表现为个体智力的差异。基于这种理论的课堂评价是数学课堂小结的导航之一，为教师正确评价学生的学习效果提供了有益的启示。

首先，在评价标准上，不同的个体在九种智力的不同方面存在差异，教学中应采用多元的评价标准。

其次，在评价目的上，教育教学应该以中学生的全面发展为终极目标，提供学生发展自己优势智力的机会和空间。

再次，在评价过程中，我们应注意采用发展的眼光去看待每一个学生，尽可能让学生发现自己的优势。

最后，在评价方式上，教师也应采用多元化的方式，单靠纸笔测验是比较片面的。

3. 建构主义理论观念下的课堂小结

相对于其他学科，数学是一门逻辑性较强的学科，新旧知识的联系是否紧密直接影响学生的学习效果。因此，作为一节课的最后环节——课堂小结，必然要促进学生认知结构的完善。

建构主义是皮亚杰在20世纪50年代提出来的。他认为人的认知是以已有知识和经验为基础的主动建构活动。知识是人在与环境交互作用的过程中逐渐建构的结果。数学的学习不应把知识看成是一整套客观存在、固定不变而又精确、严格、绝对、封闭的定义、定理、公式和法则。学生所学习的知识都是前人建构好的,但对于学生本身来说,知识是全新的、未知的,需要学生自己再现类似的创造的过程来形成。

在教学过程中,教师应该指导学生亲身参与生动的概念或思想的活动。在建构过程中,学生的认知结构发挥了特别重要的作用。对于个体来说,任何知识在接受之前都是没有意义的。学习者以自己的知识、经验为背景,对新知识进行分析、检验和批判,并且对原有的知识进行再加工和再创造。建构主义数学学习理论强调:数学学习不应该被看成只是对于教师传授知识的被动接受,而是学生以已有的知识和经验为基础的主动建构活动。换句话说,数学知识不能直接从一个个体迁移到另一个个体,个体的数学知识必须基于个人对经验的操作,通过反省来主动建构。

教师的任务是构建与学生相匹配的活动,尽可能多地了解学生的观念并及时地进行指导,促进学生思维的发展。这就意味着教师应当在数学教学过程中树立建构主义数学思想,课堂小结环节也不例外。

因此,课堂小结应强调学生的主体作用,以学生为中心;强调教师的主导地位,教师是教学活动的设计者、组织者;教师与学生在活动中协作学习;强调学生真正理解,而不是传统的讲授式、死记硬背。

19世纪前期,德国教育家赫尔巴特提出了三种教学法:叙述教学法、分析教学法和综合教学法。其中,综合教学法是教师对叙述和分析过的教材进行系统的概括,把知识归结成为一个综合的整体,使学生获得完整的知识体系。

赫尔巴特把教学程序分为四个阶段,创立了四阶段教学法:明了、联想、系统、方法。

赫尔巴特派的莱因把这一理论发展为五阶段教学法:预备、揭示(提示)、比较(联系)、概括(总结)、应用。明确提出在课堂教学告一段落时,教师须将教学内容进行系统归纳以及概括总结。

凯洛夫提出了课堂教学的基本结构,即组织上课—检查复习—讲解新教材—巩固新教材—布置作业。

根据凯洛夫的教育理论改造的课堂教学,优点是快速、高效、经济、规范,但存在机械刻板,以教师、教材为中心,忽视学生心理发展,表现出以知识为中心的倾向。这一思想对我国课堂教学观影响非常深刻,至今,我国的课堂教学评价活动仍能找到凯洛夫教育思想的影子,使得课堂小结也长期表现为仅仅对课堂所学习知识的梳理总结和强调、记忆。

杜威批判了传统的学校教育,主张以“学生、经验、活动”新三中心取代传统教育的“教师、书本、课堂”旧三中心。杜威做的变革是把教师讲、学生听的教学方式变为师生共同活动、共同经验的教学方式，学生的活动和经验才是主要的。杜威对传统课堂的批判启发我们从新的角度审视传统的数学课堂中单调的、以知识巩固为取向的课堂小结。

罗杰斯是人本主义心理学的代表人物，他提出了以人为中心的非指导教学思想。罗杰斯主张教学以学生为中心，促进学生自我学习，提出意义学习的学习观。经过罗杰斯的非指导教学思想改造过的课堂教学变得更加自由、愉快，富于情感色彩。罗杰斯的观点启发了数学教师全面认识课堂教学，进行发展性的课堂小结。

4. 针对不同教学模式和教学内容的结课研究

随着社会的发展，教育专家们更关注具有复制性及可操作性的结果。普赖斯在《有效教学设计》一书中给出了针对不同教学模式、教学内容的结课策略，这些策略往往更具有可操作性。

比如针对直接教学，他认为：结课在直接教学中可以有一两个。如果将拓展练习活动作为课堂作业，那么，在这些作业完成之后就可以结束教学内容了。如果把拓展练习作为家庭作业，那么教学主体完成之后马上进行教学收尾。这一环节包括以下内容：① 复习教学重点；② 让学生展示他们的作品；③ 对何时何地可以运用新知识进行描述；④ 提供导课部分的参考资料。在结尾环节中，考虑到学生因素的教学设计尤其有效。

如果将拓展练习活动设计为家庭作业，那么在教学主体部分之后就进入结课的环节。若拓展练习需要紧跟着教学主体部分实施，那么就在课堂上的拓展练习完成后结课。

设计结课时教师应该考虑以下几个方面：

(1) 对导课部分(先行组织者)的参照、对本节课要点的复习、对日后相关学习活动的预览、对何时何地可以运用所学新知识的描述，提供最后一次提问的机会，让学生之间相互对照笔记。

(2) 对于引导发现式教学的结课设计，普赖斯认为，教学的收尾工作一般放在教学主体之后，或是紧跟着拓展练习环节。应包括：本节课的要点复习；为学生提供得出结论的机会；对何时何地可以运用所学新知识的描述；提供导课部分的参考资料。

(3) 对于概念教学的结课，他也给出了参考：回顾概念的定义、关键属性以及最经典的示例；讨论相关概念或预习下节课将要学习的相关概念；回顾学习这一概念的目的；告诉学生在今后如何运用这一概念知识；让学生展示他们的图形组织者，或列举新例子；让学生扩展或修改他们的"想想写写"记录下来的知识。

3.4.2.2　国内关于课堂小结的相关研究与教学设计实践

我国对课堂教学的微观领域的研究起步得比较晚，至今还没有见到有关课堂小结的论著。近期关于课堂小结的相关期刊文章主要是中小学一线教师发表的，可梳理归结为以下几个方面：

(1) 从完善学生数学认知结构的角度研究课堂小结。相对于其他学科,数学是一门逻辑性很强的学科,新旧知识连接非常紧密。因此,在总结知识时要注意教学的渐进性。课堂小结是对教学内容的回顾、归纳和概括,对整节课起到画龙点睛的作用。有效的课堂小结可以使教学内容更加系统化,使学生更容易建立起新的认知结构,可以使学生对学习方法有更明确的认识。

(2) 从数学课堂设计的角度研究课堂小结。根据教学目标进行课堂小结,不但对教学内容起到梳理、概括的作用,而且有助于提高数学教师的教学技能,尤其对课堂教学效果有着重要的作用。课堂小结是在一堂课的最后阶段,学生注意力很难集中,生理和心理都很疲惫,在一定程度上影响教学效果。因此,课堂小结应该根据教学内容和学生特点进行精心设计,起到"课眼"的作用。如进行知识小结、方法小结、学情小结、思品小结等四种课堂小结。课堂小结中让学生多动口、动手、动脑,调动学生以饱满的情绪投入到学习中。

(3) 从数学教学方法和模式角度研究课堂小结。按照课堂教学过程中侧重面的不同,有学者把课堂小结分类为:概括强调式小结、师生互动式小结、首尾呼应式小结、设问式小结、图表式小结等。也有学者把课堂小结分为:概括总结式、交流心得式、发散引申式、串联归纳式、设置悬念式、表扬激励式、幽默风趣式、练习巩固式。数学课堂小结分类为教师小结和引导学生小结两大类。不管按照什么标准对课堂小结进行分类,他们都认为,课堂小结的形式影响到课堂教学导向和教学效果。

(4) 从数学课堂教学艺术的角度研究课堂小结。课堂小结是一种学识、智慧、口才及课堂应变能力的综合性艺术。课堂小结可分为:交流心得式、留有余地式、概括总结式、巩固练习式、幽默风趣式等艺术形式。大部分一线教师认为课堂小结的好坏是衡量教师教学艺术水平高低的标志之一。许多优秀教师都能恰到好处地进行课堂小结,既不随意忽略也不拖堂,显示出精湛高超的教学艺术。

以上主要是对课堂小结现象进行的分析,而较少对课堂教学理论进行挖掘。

3.4.3 中学数学教学过程中结课设计的方法

3.4.3.1 概括总结法

概括总结法是最常见的课堂小结方法,对于学生来说是一个知识深化的过程。这种方法比较适合于新授课、知识点比较多或者比较难的课堂教学。

在课堂小结的时候,可引导学生用简洁准确的语言对本节课的主要内容,包括知识点和方法进行概括归纳。将一堂课的核心用简洁、具有特色的语言进行概括,学生能自己总结的,那么教师进行引导,学生不能自己总结的,那么由教师帮助概括。总结的语言不是对本节内容的简单重复,而应具有创新、生动的特点,便于学生记忆和深化。

例如，讲完“平行线的证明”一节，课堂小结时可按照“已知角—求证线平行”的顺序，来证明两条直线间的关系，反之，由“已知线平行—求证角”顺序求证角与角的关系，简明形象地概括相关角与平行线之间的判定与性质的互逆关系。

3.4.3.2　练习法

有些知识即使教师讲完之后，学生也会因为各种原因难以全面地理解知识并进行运用。课堂小结的时候，教师应该针对学生经常出现的错误设计相应的典型例题，使重点教学内容得到巩固。

例如：在进行“公式法——因式分解”的教学时，我们可以这样设计小结练习题：一位同学出一个可以因式分解的式子，另一位同学将它正确分解。

通过这样的小结设计，可以使学生熟练地掌握平方差和完全平方式的结构，以及解题方法。全班出题解题练习的形式，使得课堂妙趣横生，学生的主体性地位也得到充分发挥。

3.4.3.3　列表比较法

如果新讲授的知识与以前学过的知识表达比较接近，知识结构也相似，为让学生辨析、防止混淆，在课堂小结的时候可以采用列表比较法，帮助学生清楚准确地找出新旧知识的联系与区别。这样设计小结，有利于学生加速对新知识的理解和接受，更有利于学生知识体系的建构和形成知识网络。

例如：“特殊的平行四边形”教学的最后一节课的课堂小结，教师通过列表与以前学过的知识进行比较，如图 3.14 所示。

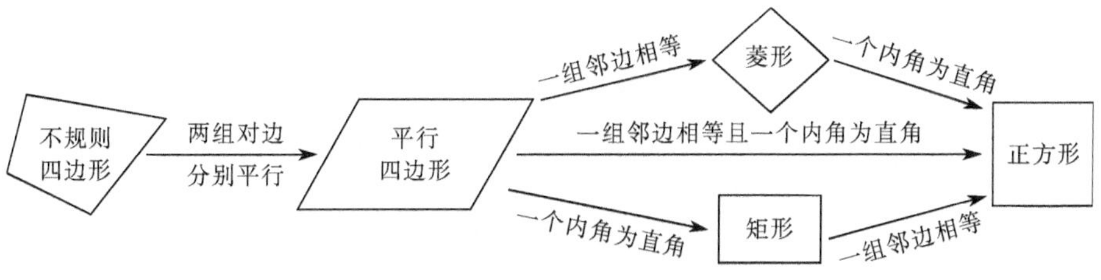

图 3.14　“特殊的平行四边形”课堂小结

3.4.3.4　首尾呼应法

首尾呼应的课堂小结方法是教师在导入新课时就使用了“设疑立障”的导入方法，到了课堂小结的时候就应该释疑解惑，启发学生用本节课的知识解决导入时设立的问题。做到课堂教学过程的前后呼应，浑然一体，也可以使学生体验到解决问题的成就感。

例如，教学“勾股定理”，可以创设这样一个情境：一棵树在离地面 3 米处断裂，树的顶部落在离树底部 4 米处，树折断前有多高？在新课结束后，回到开头，利用勾股定理解决这个问题。

这种首尾呼应式的小结，能给学生留下深刻的印象，更重要的是帮助学生进一步掌握所学知识，体现了"数学来源于生活，又服务于生活"的新课程标准理念。

3.4.3.5 口诀法

口诀法是教师把教学重点内容编制成诗歌或口诀帮助学生记忆理解的课堂小结方法。

口诀法在教师对教学内容进行归纳和总结的基础上，引导学生把知识要点编制成口诀，这样能使得深奥的科学道理变得有趣，能激发学生的学习兴趣，又便于掌握和记忆，是学生比较喜欢的方法。

例如，北师大版"不等式组的解法"的课堂小结，我们可以把解集的取值规律变成口诀：同大取大，同小取小，大大小小取中间。

这样，学生的学习兴趣被激发了，记忆效果又快又好，提高了学生的解题准确性和速度。

3.4.3.6 设疑法

设疑法的课堂小结是在上下两节课的教学内容和形式有着密切联系时，教师通过设置悬念，以引出下节课要学的知识的方法。

这种方法是在总结本节课知识的基础上提出问题，激起学生的求知欲，为下节课做铺垫，可以调动学生学习的积极性。

例如，在教学"分式的乘除"时，可以提出：我们小学的时候学习过分数的乘除，今天我们学习了分式的乘除，那么分式的加减应该如何进行运算呢？

这种设疑的课堂小结方法起到了承前启后的作用，既总结了本节的教学内容，还为下一节课的教学埋下了伏笔，促使学生主动去发现新旧知识间的联系，建立新知识的认知结构。

3.5 板书设计

整个教学过程设计完成后，最重要的工作就是板书设计了。虽然随着教育技术的迅猛发展以及多媒体技术的广泛应用，在许多情形下教师在上课时不用板书了，但作为教学设计的一项技能，我们还是简单地介绍一下板书设计。

3.5.1　板书技能与板书设计

随着科学技术的进步，教学手段越来越现代化，板书是否会被淘汰？牛津大学出版社出版的《教育学》中指出，一切直观教具，不论像电影和录像节目那样昂贵复杂，还是自制的画片和模型那样便宜简单，都具有同样的目的：在学习者视觉上留下强烈的印象。事实上，所有直观教具中，数黑板最普遍、最重要、最灵活。同时又指出，板书图示几乎可以服务于无限的目的。

板书是教学中所应用的一种主要的教学方式。教学板书是教师运用黑板，以凝练的语言、符号和图表等概括地传递教学信息的教学行为方式；是师生在课堂上最简易的利用视觉交流信息的渠道；是教师在教学设计过程中必须掌握的一种技能。事实证明，“粉笔＋黑板”的手段虽古老，但在许多场合下，特别是在数学教学过程中，确实比现代化教学手段更为方便实用。所以，现代化的教学手段与传统的“粉笔＋黑板”是一种需要互相配合使用的关系，而不是谁取代谁的关系。

板书同时也是课堂教学中教师的“教学线”和学生的“知识线”的体现，好的板书设计应该是这两条主线的完美结合。

板书设计也是一种艺术，是教学艺术的有机组成部分，板书内容构成直接影响板书质量和教学效果。

板书是教师用黑板或用投影书写文字、符号、图表等，用以传递教学信息的教学行为方式，是教学设计过程中的一种能力。

好的板书设计具有增强语言效果、加深理解记忆，提示知识结构、了解逻辑联系，形象生动直观、激发学习兴趣，启发学生思维等基本功能。好的板书可以帮助学生正确理解教学内容，增强记忆，使知识概括化、系统化，起到提高教学效率的作用。

3.5.2　板书设计的内容和类型

3.5.2.1　板书设计的内容

板书要展现哪些教学内容？如何展现这些内容？板书设计的顺序是什么？一般地，我们从以下几个方面考虑如何进行板书设计。

一是结合教学内容中的重点和难点，布局板书设计。突出重点、突破难点是教学过程中的重要工作，在做教学设计时，教学内容的重要知识点，教学难点的突破口等都要体现出来。

二是体现教学过程中的逻辑关系，体现教学知识结构，构建学生建构知识的思维空间。

教师对一节课的板书要有总体的设计，要有周密的计划和合理的布局，能充分体现一节课的教学内容和教学目的,主要包括板书的内容、布局、顺序、色彩、大小等。首先要确定板书的文字、图表和符号及其表述形式,在此基础上,合理设计板书结构,努力使板书做到既实用又美观,使板书成为数学课堂一道优美的风景线,给学生以视觉享受。例如:哪些写在左边?哪些写在右边?需相互比较的内容要对比着写,联系紧密的内容写在一起,这样有利于学生的理解和记忆。

3.5.2.2 板书设计的基本类型

中学数学课堂教学中板书的类型很多,按照功能和表现形式,可分为提纲式、表格式、图示式、综合网络式、计算式、推理式和运算式等六种主要类型。

1.提纲式板书

提纲式板书是指教师根据教学内容进行分析、综合,归纳出若干提纲或提要形式的板书。提纲式板书呈现了课堂教学内容讲授的大纲、细目,所以,它适用于课堂讲解或系统讲授,也适用于提示实验或联系的操作程序,文字简明扼要。

提纲式板书的特点是用精练的语言对有关内容进行高度浓缩,省略了细节,突出了重点和要点,而且条理清楚,体现了知识的层次结构,使得课堂教学过程中的知识结构和逻辑结构一目了然,容易让学生把握重点问题和关键思路,加深理解和增强记忆效果。

2.表格式板书

表格式板书是指根据教学内容对研究课题进行分类、对比,并用表格形式展示教学内容的板书。它的特点是化繁为简、对照鲜明、分析综合、增强记忆。

3.图示式板书

图示式板书是指运用文字、数字、线条或其他符号,将知识、内容按一定联系组合起来,以图形的方式来呈现教学内容的一种板书。这种板书的特点是能够直观形象地显示有关内容的联系和变化规律。它经常在对某个课题内容进行分析、归纳、推理或将相关知识内容联系起来时使用。

这类板书运用范围广,授新课、复习课都可用。数学课常利用枝形图、箭头图或框图等来概括、总结知识,形象地显示有关内容的联系和变化规律,便于学生理解较庞杂和抽象的内容,能够帮助学生形成良好的记忆。

4.综合网络式板书

综合网络式板书是将零散孤立的知识串起来,组成以某一内容为主题的知识网络。这样的板书能帮助学生加深理解某一知识,便于记忆及迁移,让学生从全局来把握某一章节的重点要点。

5.计算式板书

计算式板书以数学运算来进行表述,文字少,逻辑性强,应用于讲解计算。例如,初中代数“一元二次方程根与系数的关系”一节,通过对所举例题的计算以及对有关事项进行精心排列设计，帮助学生理解和掌握定理结论的发现和证明。在此基础上，启发学生用语言叙述定理的内容，并加以证明。

6. 推理式和运算式板书

这也是数学教学中使用最为广泛的板书类型，它可以记录、展示数学思维过程，言必有据，式必有法，计算步骤清楚无误，不容有半点差错和疏忽。它包括如下几种形式：

(1) 一般式。将黑板分成 2～4 个条形区域，按数学知识发展顺序，从最左侧条形区域由上至下展开教学内容，依次向右侧区域写过去。这样的板书是数学教学的基本板书，是按教材结构发展规律来板书。

(2) 对比式板书。当讲授的内容相近或思想方法一致时，可采取上下左右对比式板书，用类比的方法比较异同，加深学生的理解和记忆。如：讲一元一次不等式时，可先将一元一次方程的解法写在左边，右边对照进行一元一次不等式的求解；讲分式的基本性质时，可与分数的基本性质进行比较，形成对比式板书。

(3) 归纳式板书。这种板书设计是为了使学生从感性认识发展到理性认识，常先举若干个例子，然后总结出一般规律，最后进行论证。还有一些用不完全归纳法给出数学运算法则，如同底数幂的乘法，可将若干个例子写在副板书上，引出的规律和法则写在主板书上。

3.5.3　板书设计过程中的基本方法和原则

板书设计的程序一般为：明确目标→抓住重点→精选内容→统筹安排。

1. 板书设计要突出主题

教材内容是板书设计的依据，教学目标规定着板书设计的主题和结构，甚至影响着板书的语言。板书设计要符合教学目的，体现教学意图，突出教学重点，并注意教材的特点和学生的实际，认真设计所学知识点的网络、结构。以此为出发点进行板书设计，才能发挥其在完成教学任务方面的有力的辅助工具的作用。

板书要突出重点，其结构要与讲授的内容大体一致。若过于繁细，则易使重点不突出，学生抓不住重点，造成学生疲劳，影响教学效果；若过于简粗，则不能起到提纲挈领、揭示教学主要内容的作用，不利于学生理解和掌握所学知识。

2. 板书设计应具有计划性

板书的内容构成和安排直接影响板书质量和教学效果，所以板书设计要具有计划性，要充分体现一节课的内容和教学目的。

板书分为主板书和辅助板书，主板书应放在中央显著位置，辅助板书应放在边角作为教学补充。一般一节课告一段落时，主要内容要完整地保留在黑板上，使学生对全节课的内容有一个连贯的全面认识。这样也有利于教师在最后阶段对知识的复习、巩固、整理、总结和提高。

3. 板书设计要有直观性

学生的思维正处于从形象思维向抽象思维过渡的时期，而数学的特点之一就是具有抽象性和逻辑严密性，这样，学生的思维特点与数学学科的特点就形成了矛盾，而直观性恰恰是解决这一矛盾的桥梁。在板书设计中，使用简单的图画，结合形象直观的图表，不仅能增加板书的趣味性和形式美，而且能让学生借助图形理解掌握知识。因此，在设计板书时，要特别注重数学知识呈现的直观性和数学思想方法的程序性。

4. 板书设计中的启发性

启发性也是数学教学中最基本的要求之一。它能充分调动学生探求知识的积极性，引导学生积极思考，主动地去分析问题和解决问题。因此，在设计板书时，要通过精心安排，突出显示规律，促进知识迁移，板书中的每个字、词、句、符号都应具有启发性，能引起联想，唤起学生对教学内容的想象和记忆，帮助学生理解所学知识，引起深层次的思考。

5. 板书设计要有条理性

数学知识系统性强，逻辑推理严密。板书是思维的一种直观表现形式，而数学课重要的目的之一就是培养学生的思维能力。

教师在认真钻研教材、掌握教材重点的基础上，必须从整体出发，把所要传授的知识要点连成线，从而逐渐形成一个系统。在板书设计时要求条理清晰，思路简洁，化繁为简，要使每个知识点结构严谨、有主有次，这样不仅有助于学生理清知识脉络，对所学知识系统地进行归纳和总结，明确一个单元或一个知识系统内各个知识点之间的联系，而且还有助于培养学生的概括能力，增加学生思维的条理性和严谨性，让学生获得美的享受。

因此，数学课的板书，要层次清晰，条理分明，一目了然。在黑板的整体布局上，一般要有主、辅之分，主要板面写课题名称、重要概念、主要公式、基本图形等，辅助板面写典型例题、注意事项。这样，主辅分明，重点突出。

6. 板书设计要具有简捷性

通常情况下，讲课的重点就是板书的重点。为了让学生一目了然地看清一节课的重点，板书必须做到言简意赅，重点突出。如果语言烦琐，板书过多，则会影响听课效率。为此，在保证信息完整、规范的基础上，应尽可能地减少书写内容。

(1) 板书关键字词。如对于单调增函数的定义，只需板书如下几个关键词：定义域的某个子区间，任意 $x_1<x_2$，有 $f(x_1)<f(x_2)$。

(2) 对板书内容进行合理加工重组。如两条异面直线所成的角，教材中通常是这样定义的：直线 a,b 是两条异面直线，经过空间任意一点 O，作直线 $a' \parallel a$，$b' \parallel b$，把直线 a' 和 b' 的夹角，称为异面直线 a,b 所成的角。板书中可以整合为如下的叙述：经过空间任意一点所作的两条异面直线的平行线所成的锐角(或直角)，称为异面直线所成的角。

(3) 合理使用符号语言和图形语言，节约文字书写时间。例如，在立体几何中，线面平行的判定定理可用符号表示为：$a \parallel b, b \subset \alpha$，则 $a \parallel \alpha$。

7. 板书设计要具有艺术性

艺术性原则指的是板书要根据教材的特点，讲究艺术构思，要做到形式多样化、结构整体化、表达情景化，既要庄重端正，整齐划一，又要布局得当，色彩协调，科学合理。事实上，板书设计本身就是一种特殊的艺术创造，渗透着教师的学识、智慧和审美情趣，直观形象、妙趣横生、错落有致、造型优美的板书不仅能给学生以美的感受，使学生受到美的熏陶，培养爱美的情感，而且能激发学生兴趣，集中注意力。

8. 板书要与讲授相结合

板书是一种传递教学信息的辅助方式，它必须与讲授恰当结合，才能产生良好的教学效果。

(1) 板书应当服务于讲授，根据讲授的需要设计板书，不可颠倒主次，干扰教学的进行。

(2) 板书内容不是讲授的简单重复，而是讲授的必要补充，不可能面面俱到，要紧扣教学内容的中心，突出重点和关键，力求以简驭繁，以少胜多，把握时机。同时，在表述方式上应有所变化，使学生以不同的感官、从不同的角度感知和理解讲授内容。

(3) 图形和表格需讲解提示，从而使学生加深对知识的特点和规律的理解。

9. 板书设计要具有示范性

板书作为一种基本的信息传递方式，应做到科学、规范，以保证学生所接受的信息的科学性。此外，教师板书的一个很重要的目的，就是在传授知识的同时，引导学生养成良好的书写、绘图、语言表述习惯。为此，教师板书时要注意以下方面：

(1) 概念、定义、定理、法则的完整性与严密性。例如，写对数函数 $y=\log_a^x$ 时，要注明 $a>0$ 且 $a\neq 1$ 的条件；对论证有关一般三角形的命题，不能画成等腰、等边或直角三角形。

(2) 解题过程逻辑严谨，步骤清晰，详略得当，关键步骤完整；几何作图力求规范，基本符合实际，以免使学生产生错觉，影响正确思维。

(3) 板书字体端正，数学符号清晰，标点符号正确，一字一句都要正确规范。这样，通过板书示范，潜移默化，使学生养成良好的习惯，形成严谨的学习品质。

第4章　数学教学设计的实践

4.1　数学概念课的教学设计

数学概念课教学是数学教学设计中最重要的一种课型，弄清与数学概念相关的理论非常重要。

4.1.1　概念及概念教学的内涵

概念是反映事物本质属性的思维形式，正确的概念是科学抽象的结果。人们在实践的基础上得到了丰富的感性认识材料，经过“透过现象看本质”的过程，舍掉事物的次要属性，保留事物的本质属性，进而形成了概念。

概念的内涵是反映概念的对象的本质属性，概念的外延是概念所反映的本质属性的对象。概念的内涵刻画的是概念的质的方面的内容，它说明概念反映的事物是什么样的。概念的外延描述的是概念的量的方面的内容，通常所说的概念的适应范围就是指概念的外延，它说明概念反映的是哪些事物。概念的内涵和外延是紧密联系、互相依赖的，每一个科学概念都有其确定的内涵和外延。

从20世纪40年代起，概念理解就逐渐成为教育心理学的一个主要研究课题，“为理解而教”的口号也逐渐成为课堂教学的一项基本任务。关于数学概念理解的研究一般都基于以下几个方面的假设：

(1) 数学教学的根本目的是学生的理解；

(2) 数学概念有自身的特点；

(3) 学生对数学概念的理解存在于他自己的头脑中；

(4) 可以通过一些外部的行为特征去诊断学生头脑中的理解；

(5) 学生对数学概念的内部理解，无论在质量上还是在数量上都超过其外部的行为特征；

(6) 学生的理解是按水平发展的，不同学生的理解有不同的水平；

(7) 适当的教学可以改进学生的理解水平。

美国著名的数学教育心理学家莱仕和兰多通过研究认为，有关数学概念理解的主要目标是：

(1) 确认学生在各种数学概念和程序上的初始概念的形成过程；

(2) 研究学生头脑中这些概念联结而成的概念结构和正规数学概念结构之间的异同；

(3) 描述这些概念化过程怎样逐步演变直至成熟；

(4) 辨别影响发展过程的种种因素；

(5) 在思维的具体阶段和形式阶段的中间水平上形成概念，以及运算能力中有关概念的变化；

(6) 促使某一概念从一种理解水平向另一种理解水平转化或产生转化的因素和过程；

(7) 与内容理解有关的程序和能力；

(8) 非自然产生的概念，这里的自然概念不是靠人为的(如教学的)经验帮助而获得的。

4.1.2　概念的 APOS 理论概述

关于数学概念的学习理论最具影响力的就是 APOS 理论。APOS 理论是美国数学教育学家杜宾斯基 20 世纪 80 年代提出的一种关于数学概念学习的新理论，是一种具有数学学科特色的建构主义学习理论，被誉为近年来数学教育界最大的理论成果之一。

它分别是由英文 action(操作)、process(过程)、object(对象)和 schema(图式)的第一个字母组合而成。这种理论认为，学生学习数学概念必须进行心理建构，这一建构过程要经历四个阶段：

(1) 活动阶段。数学教学是数学活动的教学，操作运算行为是数学认知的基础性行为。学生与数学家一样，要亲身投入，通过实际经验来获得知识。

(2) 过程阶段。不断重复这种操作，学生从中得到反思，就会在大脑中进行一种内部的心理建构，形成一种过程模式。这种过程模式使得操作呈现出自动化的表现形式，不再借助于外部的不断刺激。

(3) 对象阶段。当学生意识到可以把这个过程看作是一个整体，并可以对这个整体进行转换和操作的时候，其实就已经把这个过程看作了一个一般的数学对象，形成了一个“实体”。这时，不但可以具体地去指明它所具有的性质，也可以此为对象具体地去实施各种特定的数学演算。

(4) 图式阶段。个体对操作过程、对象，以及他自己头脑中的原有的相关问题图式进行整合、精选，就会产生出新的问题图式，这种图式的作用和特点可以决定某些或某类问题是否属于这个图式，从而就会做出不同的反应。

显然，个体的思维和认识状况在这种持续建构中已经上升到更高的层次，即对有关概念进行了更高层次的加工和心理表征。

从教学设计视角来看，教学中的明确概念，基本要求就是要明确概念的内涵和外延。即明确概念所反映的对象具有什么本质特征，明确概念所指的是哪些对象。只有对概念的内涵和外延都有了准确的了解，才能说已经明确了概念。

这里要注意的是，概念教学不等同于概念课的教学，一个概念的学习可能不仅仅是由一节概念课就能完成的。对概念的理解与掌握是一个循序渐进的过程，需要在概念课的后继课程中不断地反复应用，不断地加深理解。比如"函数"的概念，我们从初中就开始接触，一直贯穿整个高中，到了大学我们还要学习。从知识角度看，概念是知识组成的基本单元，是整个知识结构的关键点、联结点，是后续学习的基础，因此，概念学习就是知识学习的逻辑起点。

4.1.3 概念形成的相关理论

4.1.3.1 概念的结构

在认知心理学领域，对于概念结构的研究存在许多理论。下面介绍具有代表性的特征表说和原型说。

1. 特征表说

持特征表说的学者认为，概念或概念的表征是由两个因素构成的：

(1) 定义性特征，即一类个体事物具有的共同属性。

(2) 定义性特征之间的关系，即整合定义性特征的规则。

这两个因素的有机整合，即组成一个特征表，可表示为：$C=R\{x_1,x_2,\cdots,x_n\}$，其中 C 表示概念，$x_1,x_2,\cdots,x_n$ 表示一类个体所具有的定义性特征，R 表示整合这些特征的规则。

例如，"矩形"这个概念的结构为：

矩形＝合取(邻边夹角为直角，平行四边形)

＝合取(四边形，两组对边平行，邻边夹角为直角)

按照特征表说，对一个概念的学习包含对定义性特征的学习和对概念规则的学习这两个层面，许多心理学家的研究思路正是按照这一思路展开的。

2. 原型说

原型说的主要代表罗奇认为，概念主要是以原型，即它的最佳实例表征出来的，人们主要是从能够最好地说明一个概念的实例来理解该概念。

例如，当我们说"鸟"这个概念时，在头脑中往往会先浮现鸽子而不是企鹅或鸵鸟，这说明鸽子和企鹅不能在同等程度上表征鸟的概念。

罗奇认为概念由两个因素构成：一是原型或最佳实例；二是范畴成员代表性的程度。

其中原型起着核心作用。原型的代表性程度最高，而范畴性成员的代表性越高，表明它越趋近原型。

4.1.3.2　概念的分类

心理学家依据不同的标准对概念做出了不同的分类。维果斯基将概念分为日常概念和科学概念。日常概念是指不经过专门的教学，人们通过日常生活的经验积累就能掌握的概念；科学概念则是通过教学，在教学过程中通过揭示概念内涵而形成的概念。显然，数学概念多属于科学概念。

赫尔斯把概念分为易下定义的概念和难下定义的概念。易下定义的概念指的是那些关键特征明显，容易用某种规则揭示出来的概念；而难下定义的概念则是指关键特征不明显，不容易用某种规则揭示出来的概念。

奥苏贝尔将概念分为初级概念和二级概念。能通过实例获取的概念称为初级概念；采用定义方式揭示内涵的概念称为二级概念。二级概念需要以初级概念为基础，经过抽象才能得到。

加涅的观点与奥苏贝尔的观点类似，将概念分为具体概念和定义概念，其内涵分别对应着初级概念和二级概念。

上述四种概念分类强调的侧面不同，有的强调概念的来源，有的重视刻画概念的本质，有的则从概念的结构方面进行描述。因而，从概念学习的角度看，四种概念分类对应着各自的教学含义。

我们将概念进行分类，其教学的意义就在于我们可以根据不同类别的概念的特征，选择不同的学习或教学策略。或者换句话说，我们给数学概念分类的目的在于：

(1) 从理论上解析数学概念结构，为概念学习理论奠定基础；

(2) 在教学中，便于根据不同类型的概念制定相应的教学策略。

4.1.3.3　概念的获得

关于概念的形成，行为主义认为概念是有机体对相似的刺激物作共同反应的能力，概念的获得是个体经过多次"刺激—反应"后发生的。显然，这一说法不能解释抽象、复杂概念的学习。认知学派对概念学习的研究则从个体的内部因素入手，认为概念形成与概念同化是概念获得的两种基本形式。

1. 概念的形成

奥苏贝尔将概念形成的心理过程描述如下：

(1) 对各种不同的刺激模式进行辨别性分析；

(2) 提出关于已抽象出来的共同成分的假设；

(3) 在随后的特定的情境中检验这些假设；

(4) 从这些假设中选择一个一般类目或一组共同的属性，使一切变式能成功地归属于该类目或该组属性的范围之内；

(5) 把这一组属性同认知结构中的有关的起固定作用的观念联系起来；

(6) 使新概念从之前学习过的一些有关概念中分化出来；

(7) 把新概念的标准属性推广到这个类目的一切例子；

(8) 利用与传统用法相一致的那种语言符号表示该新类目的内容。

根据以上过程，采取的教学操作就是：

(1) 教师提出一组实例让学生辨认，指出它们有哪些共同的属性；

(2) 由学生提出这一组例子的共同成分的假设，并依据这些假设检验每一个例子；

(3) 通过与已有认知结构的相关观念联系，概括抽象出对象共同的、本质的属性；

(4) 给出概念的定义；

(5) 用正例和反例进行强化。

2.概念的同化

奥苏贝尔认为，学生在教学条件下学习概念，完全不同于人们在自然条件下形成概念或科学家发明与创造概念，不同于在人为条件下形成人工概念，概念同化才是概念获得的最基本方式。学生在学习概念时，以原有的数学认知结构为依据，将新概念进行加工，如果新知识与原有认知结构中适当的观念相联系，那么通过新旧概念之间的相互作用，新概念就会被纳入原有认知结构中，使原有认知结构得到改组或扩大，这一过程称为同化。在教学中，教师利用学生已有的知识经验，以定义的方式直接给出概念，并揭示其本质属性，由学生主动地与原有认知结构中的有关概念相联系去学习和掌握概念的方式，叫作概念的同化。

概念同化的心理过程包括以下几个阶段：

(1) 辨认。辨认新观念中哪些是已有概念，新旧概念之间有什么联系。辨认包含了知识的回忆与重现。例如，在学习“余弦函数”概念时，在给出余弦函数定义后，学生必须对“函数”“正弦函数”等相关概念进行回忆和确认。

(2) 同化。建立新概念与原有概念之间的联系，把新概念纳入原有认知结构中，同时对原有认知结构进行改组，构建一种新的认知结构。例如，在上述关于余弦函数概念的学习中，学习者须找出余弦函数与正弦函数的差异，并结合一般函数的概念，讨论余弦函数的性质，从而扩大原有认知结构，形成新的认知结构。

(3) 强化。通过给出一些新概念的正例和反例，让学生通过进一步的辨认实现对新概念的理解。

概念同化的本质是利用已经掌握的概念获得新概念，因此，概念同化的学习方式必须具备一定的条件。从客观方面讲，学习材料必须有逻辑意义；从主观方面看，学习者必须具备同化新知识所需要的知识经验，而且还要有积极学习的态度。

概念同化以学生的间接经验为基础，以数学语言为工具，依靠新旧概念的相互作用去了解概念,因而在教学方法上多是直接呈现定义,与奥苏贝尔提倡的“有意义接受学习”的思想是一致的。由于数学概念具有多级抽象的特点,学生学习新概念在很大程度上依托原有认知结构,因此,概念同化方式是概念教学中经常使用的方式,而且这种方式更有利于高年级学生的学习。

应当指出,概念形成与概念同化不是相互独立的,概念形成过程包含着同化的因素,要用具体的、直接的感性材料去同化新概念。同样,概念同化也不能脱离分析、抽象和概括,因而含有概念形成的因素。

在教学时,不宜单纯地使用一种方式去进行概念教学,应当把两种方式结合起来,根据不同的教学内容选用不同的教学形式。

4.1.4　数学概念教学的几种设计模式

史密斯认为,任何教学似乎都有一些共同点,那就是单节课的组织结构通常要遵循以下模式:导入、主体、结尾、评估。他给出了数学概念课的教学过程中各个环节设计要点的具体设计建议,如图 4.1 至图 4.4 所示。

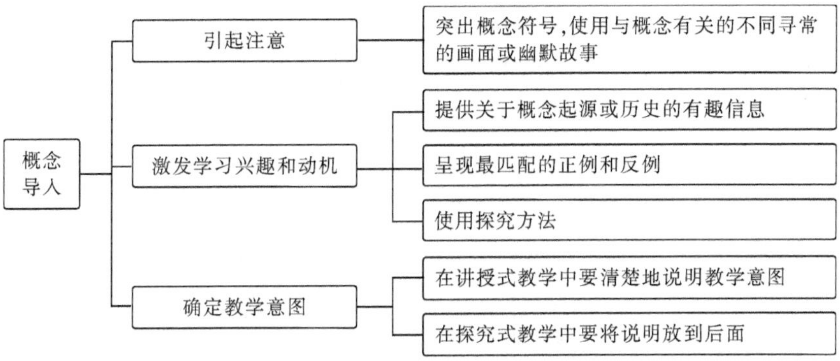

图 4.1　概念导入设计要点

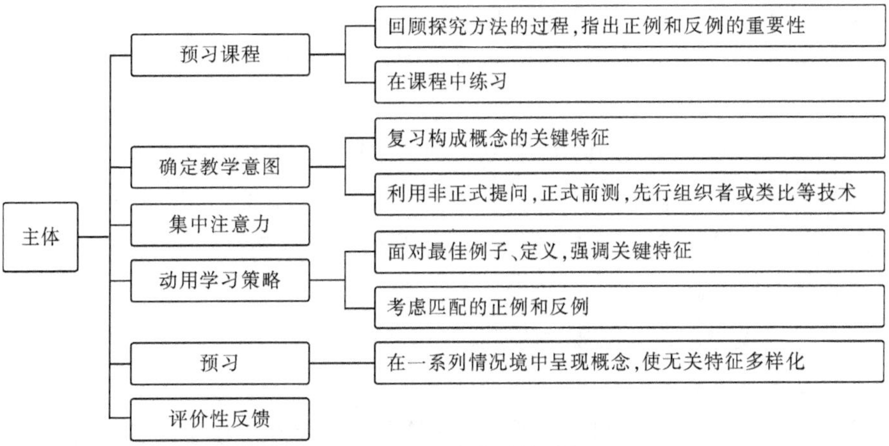

图 4.2　概念主体设计要点

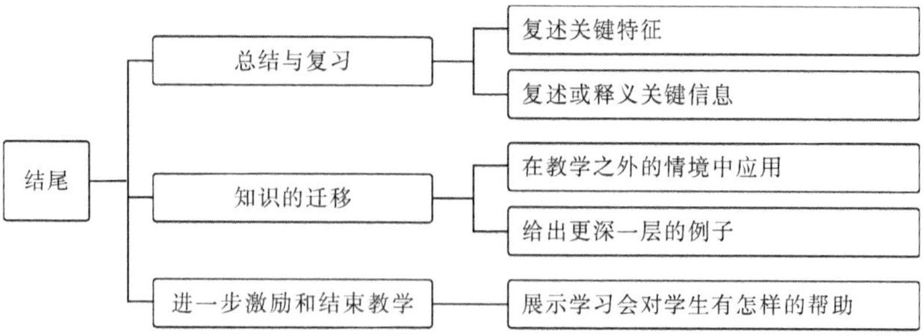

图 4.3　概念结尾设计要点

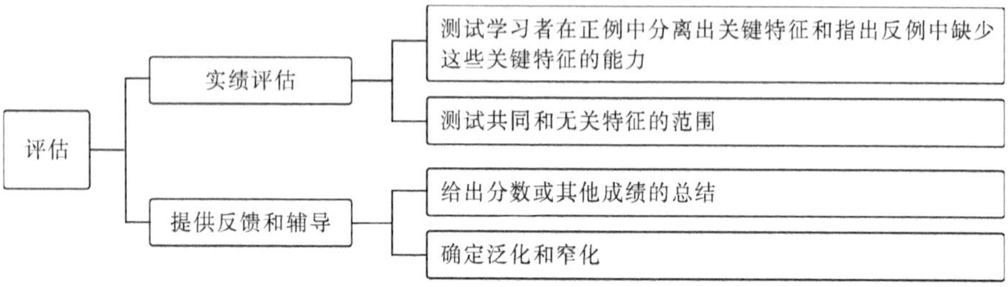

图 4.4　概念评估设计要点

基于以上对数学概念、数学概念学习理论和概念教学设计的讨论，下面，介绍如何对数学概念的教学进行教学设计。

1. 概念形成模式

1）理论基础

概念形成教学模式的理论基础是概念形成的心理学理论。

2）操作程序

阶段 1：由教师提供一组概念的正例以供学生观察和分析，这些例子中存在共同的本质属性。

阶段 2：学生处理资料。他们可以通过自己的观察，也可以采用小组合作形式，概括出这些例子共同的、本质的属性。在这一过程中，学生会提出一些假设，然后经过比较、分析去验证、修正这些假设。

阶段 3：教师引导学生共同归纳、概括和抽象出该组实例的本质属性。

阶段 4：教师给出概念定义，或者由学生自己给出概念定义，教师给予评价和修正。

阶段 5：采用由学生举出更多概念的正例，教师举出反例让学生识别和判断的方法，强化学生对概念的理解。

阶段 6：概念的应用。包括概念的直接应用和讨论概念的性质，而讨论概念的性质就转入到了命题学习的阶段。

阶段 7：逐步形成概念域和概念系。这一阶段往往要经历概念的多次应用后方能实现，它不仅与已学过的概念相关，而且与以后要学习的概念相关，因此，概念表征是一个不断深化、精致的过程。

3)流程图

这种概念教学模式的教学设计流程图如图 4.5 所示。

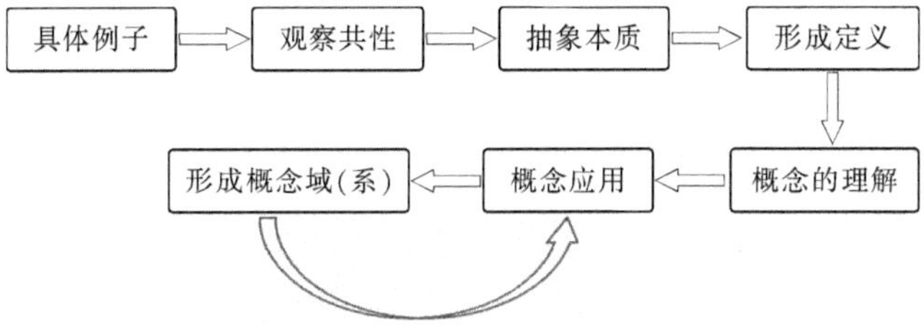

图 4.5　概念形成模式教学设计流程图

4)教学案例

▶▶▶ 案例 4.1

指数函数的图象及其性质

一、教学内容分析

本节内容是《普通高中课程标准实验教科书·数学 必修 1》(人教 A 版)"2.1.2 指数函数及其性质"。根据学生的实际情况,我将"指数函数及其性质"划分为两节课:探究图象及其性质;指数函数及其性质的应用。这是第一节课"探究图象及其性质"。指数函数是重要的基本初等函数之一,作为常见函数,它不仅是今后学习对数函数和幂函数的基础,同时,在生活及生产实际中有着广泛的应用,所以指数函数应重点研究。

二、学生学习情况分析

指数函数是在学生系统学习了函数概念,基本掌握了函数性质的基础上进行研究的,是学生对函数概念及性质的第一次应用。教材在之前的学习中给出了两个实际例子(GDP 的增长问题和碳 14 的衰减问题),已经让学生感受到指数函数的实际背景,但这两个例子对于学生来说有些陌生。本节课首先设计一个看似简单的问题,通过超出想象的结果来激发学生学习新知的兴趣和欲望。

三、设计思想

1. 函数及其图象在高中数学中占有很重要的位置。如何突破这个既重要又抽象的内容,其实质就是将抽象的符号语言与直观的图象语言有机地结合起来,通过具有一定思考价值的问题,激发学生的求知欲望。我们知道,函数的表示法有三种:列表法、图象法、解析法。以往的函数学习大多只关注到图象的作用,这其实只是借助了图象的直观性,从一个角度看函数,是片面的。本节课,力图让学生从不同的角度去研究函数,对函数进行全方位的研究,并通过对比总结得到研究的方法,让学生去体会这种研究方法,以便能将其迁移到其他函数的研究中去。

2.结合参加我校组织的两个课题“对话—反思—选择”和“新课程实施中同伴合作和师生互动研究”的研究，在本课的教学中，我将努力实践以下两点：

(1) 在课堂活动中通过同伴合作、自主探究，培养学生积极主动、勇于探索的学习精神。

(2) 在教学过程中，努力做到生生对话、师生对话，并且在对话之后重视体会、总结、反思，力图在培养和发展学生数学素养的同时让学生掌握一些学习、研究数学的方法。

3.通过课堂教学活动向学生渗透数学思想方法。

四、教学目标设计

根据学生的实际情况，本节课我确定的教学目标是：理解指数函数的概念，能画出具体指数函数的图象；在理解指数函数概念、性质的基础上，能应用所学知识解决简单的数学问题；在教学过程中，通过类比，回顾归纳从图象和解析式这两种不同角度研究函数性质的数学方法，加深对指数函数的认识，让学生在数学活动中感受数学思想方法之美、体会数学思想方法之重要；通过本节课的学习，使学生获得研究函数的方法；培养学生主动学习、合作交流的意识。

五、教学重点与难点

教学重点：指数函数的概念、图象和性质。

教学难点：对底数的分类，如何由图象和解析式归纳指数函数的性质。

六、教学过程设计

(一)创设情景、提出问题(约3分钟)

师：如果让1号同学准备2粒米，2号同学准备4粒米，3号同学准备6粒米，4号同学准备8粒米，5号同学准备10粒米，……按这样的规律，51号同学该准备多少米？

学生回答后，教师公布事先估算的数据：51号同学该准备102粒米，大约2克重。

师：如果改成让1号同学准备2粒米，2号同学准备4粒米，3号同学准备8粒米，4号同学准备16粒米，5号同学准备32粒米，……按这样的规律，51号同学该准备多少米？

学情预设：学生可能说很多或能算出具体数目。

师：大家能否估计一下，51号同学该准备的米有多重？

教师公布事先估算的数据：51号同学所需准备的米约重0.45亿吨。

师：0.45亿吨是一个什么概念？2007年，我国大米产量为1.35亿吨。这就是说51号同学所需准备的大米相当于2007年我国全年的大米产量的1/3!

设计意图：用一个看似简单的实例，为引出指数函数的概念做准备；同时，通过与一次函数的对比，让学生感受指数函数的爆炸增长，激发学生学习新知的兴趣和欲望。

在以上两个问题中，每位同学所需准备的米粒数用 y 表示，每位同学的编号数用 x 表示，y 与 x 之间的关系分别是什么？

学生很容易得出 $y=2x(x\in\mathbf{N})$ 和 $y=2^x(x\in\mathbf{N})$。

学情预设：学生可能会漏掉 x 的取值范围，教师要引导学生思考具体问题中 x 的范围。

（二）师生互动、探究新知

1. 指数函数的定义

师：其实，在本章开头的问题 2 中，也有一个与 $y=2^x$ 类似的关系式 $y=1.073^x$ $(x\in\mathbf{N}, x\leqslant 20)$。

(1) 让学生思考讨论以下问题（问题逐个给出）：（约 3 分钟）

① $y=2^x(x\in\mathbf{N})$ 和 $y=1.073^x(x\in\mathbf{N}, x\leqslant 20)$，这两个解析式有什么共同特征？

② 它们能否构成函数？

③ 这是我们学过的哪个函数？如果不是，你能否根据该函数的特征给它起个恰当的名字？

设计意图：引导学生从具体问题、实际问题中抽象出数学模型。学生对比已经学过的一次函数、反比例函数、二次函数，发现 $y=2^x$，$y=1.073^x$ 是一个新的函数模型，再让学生给这个新的函数命名，由此激发学生的学习兴趣。

引导学生观察：两个函数中，底数是常数，指数是自变量。

师：如果可以用字母 a 代替其中的底数，那么上述两个式子就可以表示成 $y=a^x$ 的形式。自变量在指数位置，所以我们把它称作指数函数。

(2) 让学生讨论并给出指数函数的定义。（约 6 分钟）

将底数分类：

① 若 $a<0$ 会有什么问题？（如 $a=-2$，$x=\dfrac{1}{2}$，则在实数范围内相应的函数值不存在。）

② 若 $a=0$ 会有什么问题？（对于 $x\leqslant 0$，a^x 无意义。）

③ 若 $a=1$ 又会怎么样？（1^x 无论 x 取何值都为 1，对它没有研究的必要。）

师：为了避免上述各种情况的发生，所以规定 $a>0$ 且 $a\neq 1$。

在这里要注意生生之间、师生之间的对话。

学情预设：

① 若学生从教科书中已经看到指数函数的定义，教师可以问：为什么要求 $a>0$ 且 $a\neq 1$？$a=1$ 为什么不行？

② 若学生只给出 $y=a^x$，教师可以引导学生通过类比一次函数（$y=kx+b, k\neq 0$）、二

次函数($y=ax^2+bx+c,a\neq0$)中的限制条件,思考指数函数中底数的限制条件。

设计意图:

① 对指数函数中底数限制条件的讨论可以引导学生:研究一个函数应注意它的实际意义和研究价值。

② 讨论出 $a>0$ 且 $a\neq1$,也为下面研究其性质时对底数的分类做准备。

接下来,教师可以问学生是否明确了指数函数的定义,能否写出一两个指数函数。教师也可在黑板上写出一些解析式让学生判断,如 $y=2\times3^x$,$y=3^{2x}$,$y=-2^x$。

学情预设:学生可能只是关注指数是否是变量,而不考虑其他的。

设计意图:加深学生对指数函数定义和呈现形式的理解。

2.指数函数性质

(1) 提出两个问题。(约 3 分钟)

① 目前研究函数一般可以包括哪些方面?

设计意图:让学生在研究指数函数时有明确的目标——函数三个要素(对应法则、定义域、值域)和函数的基本性质(单调性、奇偶性)。

② 怎么研究函数(如指数函数)? 用什么方法、从什么角度研究?

可以从图象和解析式这两个不同的角度进行研究;可以从具体的函数入手(即底数取一些数值);当然也可以用列表法研究函数。只是今天我们所学的函数用列表法不易得出此函数的性质,可见针对具体问题要选择适当的方法来研究才能事半功倍。还可以借助一些数学思想方法来思考。

设计意图:

① 让学生知道图象法不是研究函数的唯一方法,由此引导学生可以从图象和解析式等不同的角度对函数进行研究。

② 对学生进行数学思想方法(从一般到特殊再到一般、数形结合、分类讨论)的有机渗透。

(2) 分组活动,合作学习。(约 8 分钟)

师:下面我们就从图象和解析式这两个不同的角度对指数函数进行研究。

① 将学生分为两大组,一组从解析式的角度入手研究指数函数,一组借助电脑通过几何画板的操作从图象的角度入手研究指数函数。

② 每一大组再分为若干合作小组(建议 4 人一个小组)。

③ 每组都将研究所得到的结论或成果写出来以便交流。

学情预设:考虑到各组的水平可能有所不同,教师应进行巡视,对个别组可做适当的指导。

设计意图:通过自主探索、合作学习,不仅能让学生充当学习的主人,更能加深对所得到的结论的理解。

(3) 交流、总结。(10～12 分钟)

师:下面我们开一个成果展示会!

教师在巡视过程中应关注各组的研究情况,此时可选一些有代表性的小组上台展示研究成果,并对比从两个角度入手研究的结果。

教师可根据上课的实际情况对学生发现、得出的结论进行适当的点评,或要求学生分析。

师:各组在研究过程中除了定义域、值域、单调性、奇偶性外,是否还得到一些有价值的副产品呢?(如过定点(0,1),$y=a^x$ 与 $y=\left(\frac{1}{a}\right)^x$ 的图象关于 y 轴对称。)

学情预设:

① 首先选一组从解析式的角度研究的小组上台汇报。

② 对于从图象的角度研究的小组,可先选没对底数进行分类的小组上台汇报。

③ 问其他小组有没有不同的看法,上台补充。让学生对底数进行分类,引导学生思考哪个量决定着指数函数的单调性,以什么为分界。教师可以通过电脑操作让学生观察函数图象的变化。

设计意图:

① 函数的表示法有三种:列表法、图象法、解析法。通过这个活动,让学生知道研究一个具体的函数可以也应该从多个角度入手。从图象角度研究,只能直观地看出函数的一些性质,而具体的性质还是要通过对解析式的论证得出;特别是定义域、值域,更是可以直接从解析式中得到。

② 让学生上台汇报研究成果可以让学生有种成就感,同时还可训练其对数学问题的分析和表达能力,培养其数学素养。

③ 对指数函数的底数进行分类是本课的一个难点,让学生在讨论中自己解决分类问题,使该难点的突破显得自然。

师:从图象入手,我们很容易看出函数的单调性、奇偶性,以及过定点(0,1),但定义域、值域却不可确定;从解析式(结合列表,表 4.1)可以很容易得出函数的定义域、值域,但很难对底数进行分类。

教师通过在几何画板中改变参数 a 的值,追踪 $y=a^x$ 的图象,在变化过程中,让全体学生进一步观察指数函数的变化规律。

师生共同总结指数函数的图象和性质,教师可以边总结边板书。

表 4.1　指数函数图象与性质

	$0<a<1$	$a>1$
图象	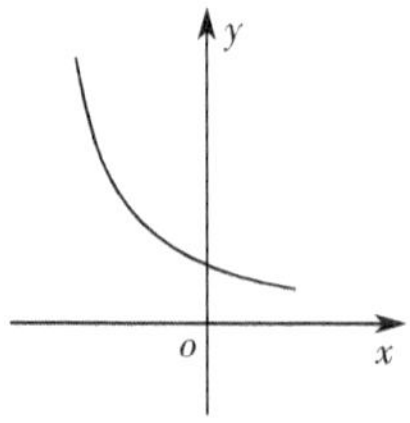	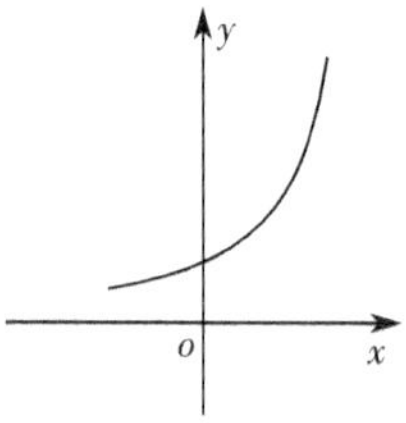
定义域	**R**	
值　域	$(0,+\infty)$	
性　质	过定点(0,1)	
	非奇非偶	
	在 **R** 上是减函数	在 **R** 上是增函数

(三)巩固训练、提升总结(约 8 分钟)

1.例:已知指数函数 $f(x)=a^x(a>0$,且 $a\neq1)$ 的图象经过点$(3,\pi)$,求 $f(0)$,$f(1)$,$f(-3)$的值。

解:因为 $f(x)=a^x$ 的图象经过点$(3,\pi)$,所以 $f(3)=\pi$。

即 $a^3=\pi$,解得 $a=\pi^{\frac{1}{3}}$,于是 $f(3)=\pi^{\frac{x}{3}}$。

所以 $f(0)=1$,$f(1)=\sqrt[3]{\pi}$,$f(-3)=\dfrac{1}{\pi}$。

设计意图:通过本题加深学生对指数函数的理解。

师:根据本题,你能说出确定一个指数函数需要什么条件吗?

师:从方程思想来看,求指数函数就是确定底数,因此,只要一个条件,即列一个方程就可以了。

设计意图:让学生明确底数是确定指数函数的要素,同时向学生渗透方程的思想。

2.练习:

(1) 在同一平面直角坐标系中,画出 $y=3^x$ 和 $y=\left(\dfrac{1}{3}\right)^x$ 的大致图象,并说出这两个函数的性质。

(2) 求下列函数的定义域:

① $y=2^{\sqrt{x-2}}$,

② $y=(\dfrac{1}{2})^{\frac{1}{x}}$。

3.师:通过本节课的学习,你对指数函数有什么认识?你有什么收获?

学情预设:学生可能只是把指数函数的性质总结一下,教师要引导学生谈谈对函数研究的学习，即怎么研究一个函数。

设计意图：

① 让学生再一次复习函数的研究方法(可以也应该从多个角度进行)，让学生体会本课的研究方法，以便能将其迁移到其他函数的研究中去。

② 总结本节课中所用到的数学思想方法。

③ 强调各种研究数学的方法之间有区别又有联系，只有相互作用，才能融会贯通。

4. 作业：课本 59 页习题 2.1 A 组第 5 题。

七、教学反思

1. 本节课的设计改变了以往常见的函数研究方法，让学生从不同的角度去研究函数，对函数进行全方位的研究。不仅仅是通过对比总结得到指数函数的性质，更重要的是让学生体会到函数的研究方法，以便能将其迁移到其他函数的研究中去，教师可以真正做到“授之以渔”而非“授之以鱼”。

2. 教学中借助信息技术可以弥补传统教学在直观感、立体感和动态感方面的不足，可以很容易地化解教学难点、突破教学重点、提高课堂效率。本课使用几何画板，可以动态地演示出指数函数的底数的动态变化过程，让学生直观观察底数对指数函数单调性的影响。

3. 在教学过程中不断向学生渗透数学思想方法，让学生在活动中感受数学思想方法之美、体会数学思想方法之重要，部分学生还能自觉地运用这些数学思想方法去分析、思考问题。

2. 概念同化模式

1)理论基础

概念同化模式的理论基础是皮亚杰的认知发展理论和奥苏贝尔的认知同化学习理论。

2)操作程序

阶段 1：教师呈现先行组织者，为新概念的引入做铺垫。先行组织者与所要学习的概念之间可以是上位、下位或并列关系，它们是学生已经习得的概念。

阶段 2：教师给出概念的定义。

阶段 3：教师引导学生仔细辨认概念与已经学习过的有关概念之间的异同点，剖析概念的结构，揭示概念的内涵，明辨概念的外延，充分利用已有概念同化新概念。

阶段 4：采用正例和反例相结合的方法，进一步强化对概念的理解。

阶段 5：概念应用。

阶段 6：形成概念域、概念系。

3)流程图

这种概念教学模式的教学设计流程图如图 4.6 所示。

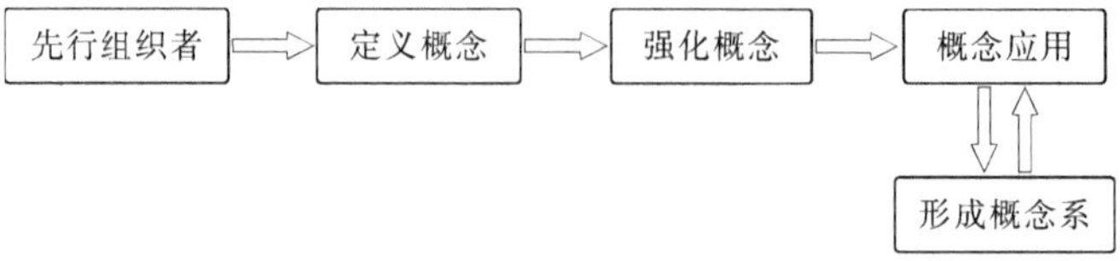

图 4.6　概念同化教学模式设计流程图

4)教学设计案例

▶▶▶ 案例 4.2

对数的概念

一、教学内容分析

本节课是新课标高中数学 A 版必修 1 中第二章对数函数内容的第一课时，也就是对数函数的入门。对数函数对于学生来说是一个全新的函数模型，学习起来比较困难。而对数函数又是本章的重要内容，在高考中占有一定的分量，它是在指数函数的基础上，对函数类型的拓广，同时，在解决一些日常生活问题及科研中起十分重要的作用。通过本节课的学习，让学生理解对数的概念，从而进一步深化对对数模型的认识与理解，为学习对数函数做好准备。同时，对数概念的学习，对培养学生对立统一、相互联系、相互转化的思想，培养学生的逻辑思维能力都具有重要的意义。

二、学生学习情况分析

现阶段，大部分学生学习的自主性较差，主动性不够，学习有依赖性，且学习的信心不足，对数学存在或多或少的恐惧感。通过对指数与指数幂的运算的学习，学生已多次体会到了对立统一、相互联系、相互转化的思想，并且其探究能力、逻辑思维能力也得到了一定的锻炼。因此，学生已具备了探索、发现、研究对数定义的基础，故应通过指导，让学生独立思考、大胆探索，灵活运用类比、转化、归纳等数学思想的学习方法。

三、设计思想

学生是教学的主体，本节课要给学生提供各种参与机会。为了调动学生学习的积极性，使学生化被动为主动。本节课我利用多媒体辅助教学，在教学中引导学生从实例出发，从中认识对数的模型，体会引入对数的必要性。在教学重点和难点上，我步步设问，启发学生的思维，通过课堂练习、探究活动、学生讨论的方式来加深理解，突破难点和提高教学效率。让学生在教师的引导下，充分地动手、动口、动脑，掌握学习的主动权。

四、教学目标

（1）理解对数的概念，了解对数与指数的关系；掌握对数式与指数式的互化；理解对数的性质。掌握以上知识并形成技能。

（2）通过事例使学生认识对数的模型，体会引入对数的必要性；通过观察分析得出对数的概念及对数式与指数式的互化。

（3）通过分组探究活动，让学生掌握对数的重要性质。通过做练习，让学生感受到理论与实践的统一。

（4）培养学生的类比、分析、归纳能力，严谨的思维品质，以及探究的意识。

五、教学重点与难点

重点：(1)对数的概念；(2)对数式与指数式的相互转化。

难点：(1)对数概念的理解；(2)对数性质的理解。

六、教学过程设计(表 4.2)

表 4.2　对数概念教学设计表

教学环节	教学程序及设计	设计意图
创设情境	引例(3 分钟) 一、一尺之棰，日取其半，万世不竭。 (1)取 5 次，还有多长？ (2)取多少次，还有 0.125 尺？ 分析： (1) 此为学生熟悉的指数函数的模型，易得 $\left(\frac{1}{2}\right)^5=\frac{1}{32}$。 (2) 可设取 x 次，则有 $\left(\frac{1}{2}\right)^x=0.125$。 抽象出：$\left(\frac{1}{2}\right)^x=0.125\Rightarrow x=?$ 二、2002 年我国 GPD 为 a 亿元，如果每年平均增长 8%，那么经过多少年我国 GPD 是 2002 年的 2 倍？ 分析：设经过 x 年，则有 $(1+8\%)^x=2$ 抽象出：$(1+8\%)^x=2\Rightarrow x=?$	让学生根据题意，设未知数，列出方程。这两个例子都出现了指数是未知数 x 的情况，让学生思考如何表示 x，激发其对对数学习的兴趣，培养学生的探究意识。生活及科研中还有很多这样的例子，因此引入对数是必要的
引入新课	一、对数的概念(3 分钟) 一般地，如果 $a(a>0$ 且 $a\neq 1)$ 的 b 次幂等于 N，即 $a^b=N$，那么数 b 叫作 a 为底 N 的对数，记作 $\log_a N=b$，a 叫作对数的底数，N 叫作真数。 注意：①底数的限制：$a>0$ 且 $a\neq 1$。 ②对数的书写格式 $\log_a N$	正确理解对数定义中底数的限制，为以后对数函数定义域的确定做准备。同时注意对数的书写，避免因书写不规范而产生错误

续表

教学环节	教学程序及设计	设计意图
引入新课	二、对数式与指数式的互化(5 分钟) $a^b=N \Leftrightarrow \log_a N=b$ （a：底数，b：指数，N：幂；$\log_a N=b$ 中 a：底数，N：真数，b：对数） 幂底数 ← a → 对数底数 指数 ← b → 对数 幂 ← N → 真数 思考： 为什么对数的定义中要求底数 $a>0$ 且 $a\neq1$? 是否所有的实数都有对数呢?(负数和零没有对数)	让学生了解对数与指数的关系，明确对数式与指数式形式的区别，a、b 和 N 位置的不同，及它们的含义。互化则体现了等价转化这个重要的数学思想
	三、两个重要对数(2 分钟) 常用对数：以 10 为底的对数 $\log_{10}N$，简记为 $\lg N$。 自然对数：以无理数 $e=2.71828\cdots$ 为底的对数 $\log_e N$，简记为 $\ln N$。 (在科学技术中，常常使用以 e 为底的对数) 注意：两个重要对数的书写	这两个重要对数一定要掌握，为以后的解题以及换底公式做准备
	课堂练习(7 分钟) 1. 将下列指数式写成对数式： (1) $2^4=16$　　(2) $3^{-3}=\frac{1}{27}$ (3) $5^a=20$　　(4) $\left(\frac{1}{2}\right)^b=0.45$ 2. 将下列对数式写成指数式： (1) $\log_5 125=3$　(2) $\log_{\frac{1}{\sqrt{3}}}3=-2$ (3) $\log_{10}a=-1.069$ 3. 求下列各式的值： (1) $\log_2 64$　　(2) $\log_9 27$	本练习是让学生独立阅读课本 69 页例 1 和例 2 后思考完成，从而熟悉对数式与指数式的相互转化，加深对对数的概念的理解。要求学生指出对数式与指数式互化时应注意哪些问题。培养学生严谨的思维品质
	四、对数的性质(12 分钟) 探究活动(一) 求下列各式的值： (1) $\log_3 1=0$　　(2) $\lg 1=0$ (3) $\log_{0.5}1=0$　　(4) $\ln 1=0$ 思考：你发现了什么? “1”的对数等于零，即 $\log_a 1=0$。类比：$a^0=1$ 探究活动(二) 求下列各式的值： (1) $\log_3 3=1$　　(2) $\lg 10=1$ (3) $\log_{0.5}0.5=1$　　(4) $\ln e=1$ 思考：你发现了什么? 底数的对数等于“1”，即 $\log_a a=1$。类比：$a^1=a$	探究活动由学生独立完成后，让学生通过思考，分小组进行讨论，最后得出结论。通过练习与讨论的方式，让学生自己得出结论，从而更能好地理解和掌握对数的性质。培养学生类比、分析、归纳的能力。最后，将学生归纳的结论进行小结，从而得到对数的基本性质

续表

教学环节	教学程序及设计	设计意图
引入新课	探究活动(三) 求下列各式的值: (1)$2^{\log_2 3}=3$　　(2)$7^{\log_7 0.6}=0.6$ (3)$0.4^{\log_{0.4} 89}=89$ 思考:你发现了什么? 对数恒等式:$a^{\log_a N}=N$ 探究活动(四) 求下列各式的值: (1) $\log_3 3^4=4$　　(2) $\log_{0.9} 0.9^5=5$ (3) $\ln e^8=8$ 思考:你发现了什么? 对数恒等式:$\log_a a^n=n$	探究活动由学生独立完成后,让学生通过思考,分小组进行讨论,最后得出结论。通过练习与讨论的方式,让学生自己得出结论,从而更能好地理解和掌握对数的性质。培养学生类比、分析、归纳的能力。最后,将学生归纳的结论进行小结,从而得到对数的基本性质
	负数和零没有对数; 1 的对数等于 0,即 $\log_a 1=0$; 底数的对数等于 1,即 $\log_a a=1$; 对数恒等式:$a^{\log_a N}=N$; 对数恒等式:$\log_a a^n=n$	将学生归纳的结论进行小结,从而得到对数的基本性质
巩固练习	(10 分钟) 一、课本 70 页练习 二、提高训练 (1)已知 x 满足等式 $\log_5[\log_3(\log_2 x)]=0$,求 $\log_{16} x$ 值。 (2)求值:$\log_{2.5} 6.25+\lg \frac{1}{100}+\ln\sqrt{e}$	巩固指数式与对数式的互化,巩固对数的基本性质及其应用
归纳小结 强化思想	(3 分钟) 一、引入对数的必要性——对数的概念 一般地,如果 $a(a>0$ 且 $a\neq1)$ 的 b 次幂等于 N,即 $a^b=N$,那么 b 叫作 a 为底 N 的对数,记作 $\log_a N=b$,a 叫作对数的底数,N 叫作真数。 二、指数与对数的关系 $a^b=N \Leftrightarrow \log_a N=b$ 底数　指数　幂　　　底数　真数　对数 三、对数的基本性质 负数和零没有对数:$\log_a 1=0$　　$\log_a a=1$ 对数恒等式:$a^{\log_a N}=N$　　$\log_a a^n=n$	总结是对一堂课内容的概括,有利于学生系统地掌握所学内容。同时,将本节内容纳入已有的知识系统中,发挥承上启下的作用。为学习下一课时对数的运算打下扎实的基础

续表

<table>
<tr><th>教学环节</th><th colspan="3">教学程序及设计</th><th>设计意图</th></tr>
<tr><td>作业布置</td><td colspan="3">1. 课本 82 页习题 2.2A 组第 1、2 题。
2. 已知 $\log_a 2=x$，$\log_a 3=y$，求 a^{3x+2y} 的值。
3. 求下列各式的值：
$2^{2\log_2 5}$　　$2^{-\log_2 3}$　　$3^{2\log_9 5}$　　$3^{1-2\log_3 4}$</td><td>作业是学生信息的反馈，教师可以在作业中发现学生在学习中存在的问题，弥补教学中的不足</td></tr>
<tr><td rowspan="2">板书设计</td><td colspan="3">§2.2.1 对数的概念</td><td rowspan="2"></td></tr>
<tr><td>引例 1
引例 2
一、对数的定义</td><td>二、对数式与指数式的互化
练习</td><td>三、对数的基本性质
四、小结
五、作业布置</td></tr>
</table>

七、教学反思

本节课的教学设计是先由引例（先行组织者）出发，创设情境，激发学生学习对数的兴趣；在讲授新课部分，通过结合多媒体教学以及一系列的课堂探究活动，加深学生对对数的认识；最后，通过课堂练习来巩固学生对对数的掌握。

3. 问题引申模式

1）理论基础

问题引申模式的理论基础是布鲁纳的发现学习理论和萨齐曼的探究学习理论。

2）操作程序

阶段 1：教师创设一个问题情境，把待学习的概念设置于一个问题情境中。

阶段 2：教师引导学生解决问题。

阶段 3：在解决问题的过程中引入概念。

后面的阶段与前面的模式相同。

3）流程图

这种概念教学模式教学设计流程如图 4.7 所示。

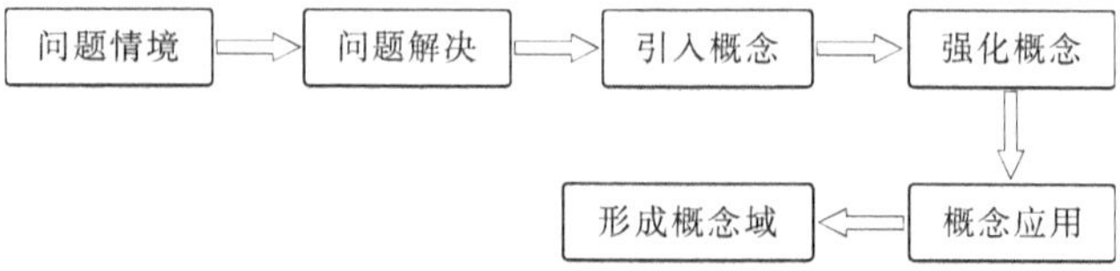

图 4.7　问题引申模式概念教学流程图

4)教学设计案例

▶▶▶ 案例 4.3

对数函数及其性质(第一课时)

一、教材分析

本小节选自《普通高中课程标准实验教科书・数学 必修 1》(人教版),第二章基本初等函数,2.2.2 对数函数及其性质(第一课时),主要内容是学习对数函数的定义、图象、性质及初步应用。对数函数是继指数函数之后的又一个重要初等函数,无论从知识还是思想方法的角度,对数函数与指数函数都有许多类似之处。与指数函数相比,对数函数所涉及的知识更丰富,方法更灵活,能力要求也更高。学习对数函数是对指数函数知识和方法的巩固、深化和提高,也为解决函数综合问题及其在实际中的应用奠定良好的基础。新教材对这部分内容做了一定的改动,如何设计能够符合新课标理念,是人们十分关注的,所以,我选择该课题,立求在某些方面有所突破。

二、学生学习情况分析

刚从初中升入高一的学生,仍保留着初中生的许多学习特点,能力发展正处于形象思维向抽象思维转折的阶段,但更注重形象思维。由于函数概念十分抽象,又以对数运算为基础,同时,初中函数教学要求降低,初中生运算能力有所下降,这样的双重问题增加了对数函数教学的难度。教师必须认识到这一点,教学中要控制要求的拔高,关注学习过程。

三、设计理念

本节课以建构主义基本理论为指导,以新课标的基本理念为依据进行设计。针对学生的学习背景,对数函数的教学首先挖掘其知识背景,贴近学生实际;其次,激发学生的学习热情,把学习的主动权交给学生,为他们提供自主探究、合作交流的机会,改变学生的学习方式。

四、教学目标设计

(1) 通过具体实例,直观了解对数函数模型所刻画的数量关系,初步理解对数函数的概念,体会对数函数是一类重要的函数模型。

(2) 能借助计算器或计算机画出具体对数函数的图象,探索并了解对数函数的单调性与特殊点。

(3) 通过比较、对照的方法,引导学生结合图象,类比指数函数,探索研究对数函数的性质,培养学生运用函数的观点解决实际问题。

五、教学重点与难点

重点是掌握对数函数的图象和性质;难点是底数对对数函数值变化的影响。

六、教学过程设计

教学流程：背景材料→引出课题→函数图象→函数性质→问题解决→归纳小结。

（一）熟悉背景、引入课题

1.让学生看材料。

材料1（幻灯片，如图4.8所示）：马王堆女尸千年不腐之谜。1972年，马王堆考古发现震惊世界，专家发掘西汉辛追遗尸时，发现其形体完整，全身润泽，皮肤仍有弹性，关节还可以活动，骨质比现在60岁的正常人还好，是世界上发现的首例历史悠久的湿尸。大家知道，世界发现的不腐之尸都是在干燥的环境中风干而成，譬如沙漠环境，这类干尸虽然肌肤未腐，但关节和一般人死后一样，是僵硬的，而马王堆辛追夫人却是在湿润的环境中保存2000多年，而且关节可以活动。人们最关注两个问题：第一，怎么鉴定尸体的年份？第二，是什么环境使尸体未腐？其中第一个问题与数学有关。

图4.8　马王堆女尸复原图

考古学家是怎么计算出古长沙国丞相夫人辛追"沉睡"近2200年？考古学家是通过提取尸体的残留物碳14的残留量 p，利用 $t=\log^{p}_{5730\sqrt{\frac{1}{2}}}$ 估算尸体的年代。不难发现：对每一个碳14的含量的取值，通过这个对应关系，生物死亡年数 t 都有唯一的值与之对应，从而 t 是 p 的函数。

材料2（幻灯片，如图4.9所示）：某种细胞分裂时，由1个分裂成2个，2个分裂成4个，…，如果要求这种细胞经过多少次分裂，大约可以得到细胞1万个，10万个，…，不难发现：分裂次数 y 就是要得到的细胞个数 x 的函数，即 $y=\log_2 x$。

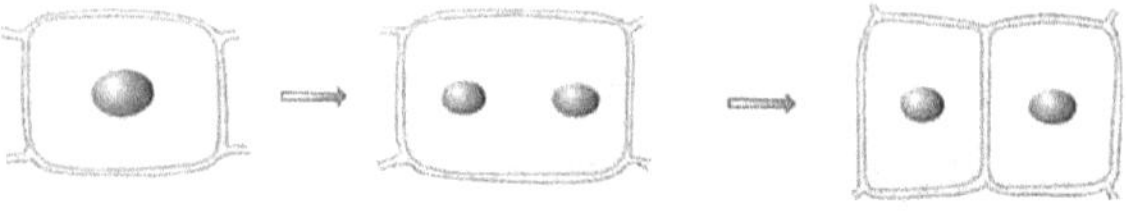

图4.9　细胞分裂示意图

2.引导学生观察这些函数的特征：含有对数符号，底数是常数，真数是变量。从而得出对数函数的定义：函数 $y=\log_a x(a>0$ 且 $a\neq 1)$ 叫作对数函数，其中 x 是自变量，函数的定义域是 $(0,+\infty)$。

注意：① 对数函数的定义与指数函数类似，都是形式定义，注意辨别。如 $y=2\log_2 x$，$y=\log_5 \frac{x}{5}$，都不是对数函数。② 对数函数对底数的限制为 $a>0$ 且 $a\neq 1$。

3.根据对数函数定义填空。

例1：(1) 函数 $y=\log_a x^2$ 的定义域是__________（其中 $a>0$ 且 $a\neq 1$）。

(2) 函数 $y=\log_a(4-x)$ 的定义域是__________（其中 $a>0$ 且 $a\neq 1$）。

说明：本例主要考察对数函数定义中底数和定义域的限制，加深对概念的理解，所以把教材中的解答题改为填空题，节省时间，点到为止，以避免挖深、拓展、引入复合函数的概念。

设计意图：新课标强调考虑到多数高中生的认知特点，为了有助于他们对函数概念本质的理解，不妨从学生自己的生活经历和实际问题入手。因此，新课引入不是按旧教材从反函数出发，而是选择从两个材料引出对数函数的概念，让学生熟悉它的知识背景，初步感受对数函数是刻画现实世界的又一重要数学模型。这样处理，对数函数显得不抽象，学生容易接受，降低了新课教学的起点。

（二）尝试画图、形成感知

1.确定探究问题

师：当我们知道对数函数的定义之后，紧接着需要探讨什么问题？

生 1：对数函数的图象和性质。

师：你能类比前面研究指数函数的思路，提出研究对数函数图象和性质的方法吗？

生 2：先画图象，再根据图象得出性质。

师：画对数函数的图象是否像指数函数那样也需要分类？

生 3：按 $a>1$ 和 $0<a<1$ 分类讨论。

师：观察图象主要看哪几个特征？

生 4：从图象的形状、位置、升降、定点等角度去识图。

师：在明确了探究方向后，按以下步骤共同探究对数函数的图象：

步骤一：

（1）用描点法在同一坐标系中画出下列对数函数的图象：

$$y=\log_2 x \qquad y=\log_{\frac{1}{2}} x$$

（2）用描点法在同一坐标系中画出下列对数函数的图象：

$$y=\log_3 x \qquad y=\log_{\frac{1}{3}} x$$

步骤二：观察对数函数 $y=\log_2 x$ 和 $y=\log_3 x$，$y=\log_{\frac{1}{2}} x$ 和 $y=\log_{\frac{1}{3}} x$ 的图象特征，看看它们有哪些异同点。

步骤三：利用计算器或计算机，选取底数 a（$a>0$ 且 $a\neq 1$）的若干个不同的值，在同一平面直角坐标系中作出相应对数函数的图象。观察图象，它们有哪些共同特征？

步骤四：归纳出能体现对数函数特征的代表性图象。

步骤五：比较指数函数与对数函数的图象。

2.学生探究成果

（1）如图 4.10 和图 4.11，当学生掌握描点法画图后，教师给出对数函数 $y=\log_2 x$ 和 $y=\log_3 x$，$y=\log_{\frac{1}{2}} x$ 和 $y=\log_{\frac{1}{3}} x$ 的图象。

（2）利用几何画板绘图软件，选取底数 $a=\frac{1}{2},\frac{1}{3},2,3,5$，并推荐几位代表上台演示函数图象的绘制过程，得到相应对数函数的图象，如图 4.12 所示。由于学生自己动手，加上几何画板的强大作图功能，学生非常清楚地看到了底数 a 如何影响函数 $y=\log_a x$（$a>0$且 $a\neq 1$）图象的变化。

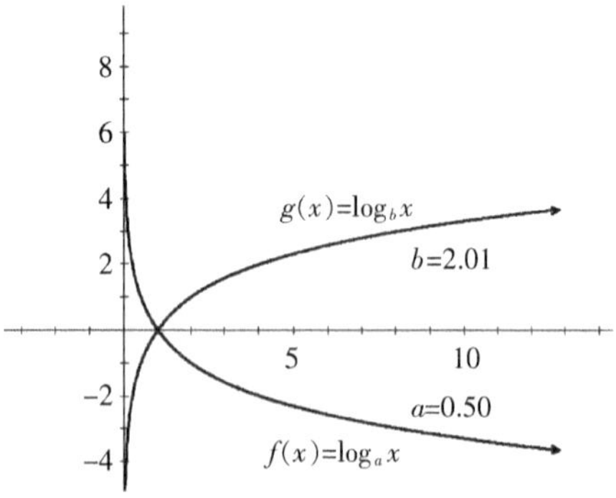

图 4.10

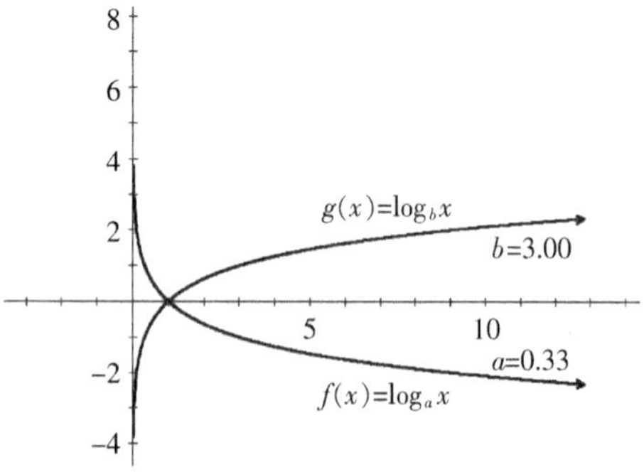

图 4.11

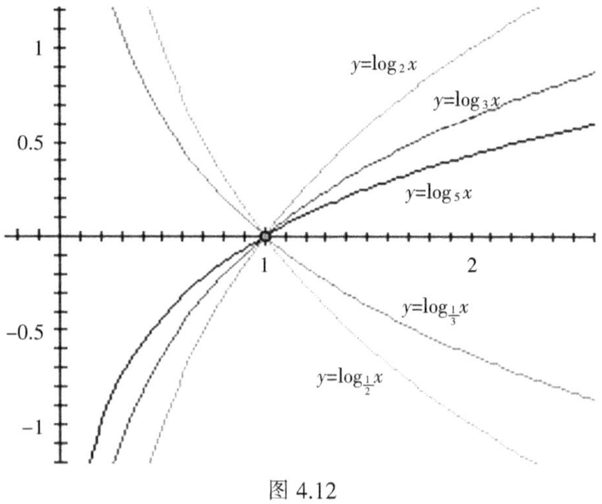

图 4.12

(3)有了这种画图感知的过程以及学习指数函数的经验，学生很明确 $y=\log_a x$（$a>1$），$y=\log_a x$（$0<a<1$）的图象代表对数函数的两种情形（图 4.13）。

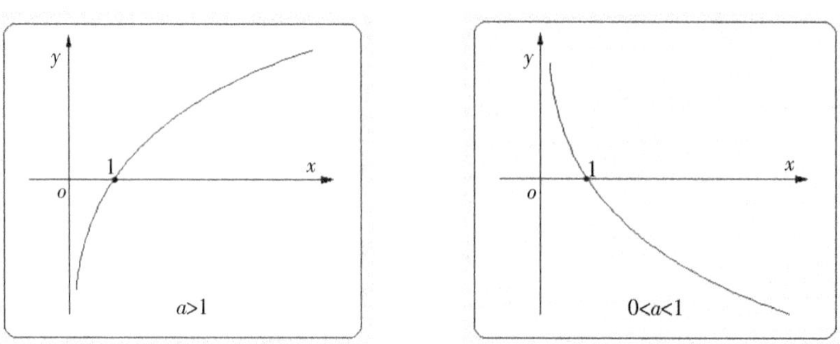

图 4.13

(4)学生相互补充，自主发现图象的下列特征：

① 图象都在 y 轴右侧，向 y 轴正负方向无限延伸。

② 都过(1，0)点。

③ 当 $a>1$ 时，图象沿 x 轴正向逐步上升；当 $0<a<1$ 时，图象沿 x 轴正向逐步下降。

④ 图象关于原点和 x 轴不对称，并且能从图象的形状、位置、升降、定点等角度指出指数函数与对数函数图象的区别。如图 4.14 所示。

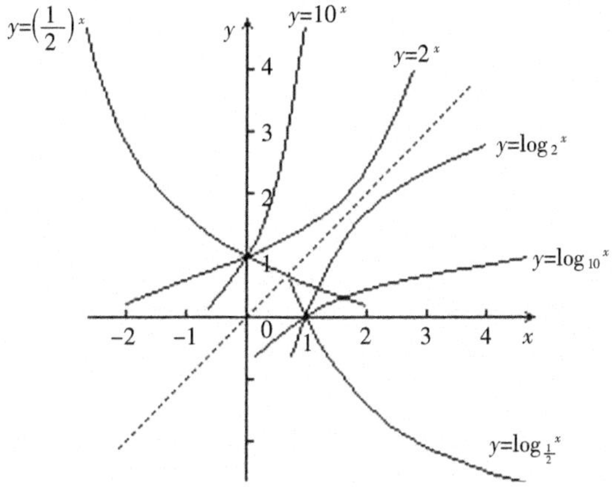

图 4.14

3. 拓展探究

(1) 对数函数 $y=\log_2 x$ 和 $y=\log_3 x$，$y=\log_{\frac{1}{2}} x$ 和 $y=\log_{\frac{1}{3}} x$ 的图象有怎样的对称关系？

(2) 对数函数 $y=\log_a x\,(a>1)$，当 x 值增大，图象的上升"程度"怎样？

说明：这是学生探究中容易忽略的地方，通过补充，让学生对对数函数的图象的感性认识更加全面。

设计意图：旧教材是通过对称变换直接从指数函数图象得到对数函数图象，学生虽然会接受这个事实，但对图象的感觉是肤浅的；也存在函数教学忽视图象、性质的认知过程而只注重应用的功利思想。因此，本节课的设计注重引导学生运用从特殊到一般的方法探究对数函数图象的形成过程，加深感性认识。同时，帮助学生确定探究问题、探究方向和探究步骤，确保探究的有效性。在这个环节，还要借助计算机辅助教学，增强学生的直观感受。

(三)理性认识、发现性质

1. 确定探究问题

师：当我们对对数函数的图象有了直观认识后，就可以进一步研究对数函数的性质，提高我们对对数函数的理性认识。同学们，通常研究函数的性质有哪些途径？

生：主要研究函数的定义域、值域、单调性、对称性、过定点等性质。

师：现在，请同学们依照研究函数性质的途径，再次联手合作，根据图象特征探究出对数函数的定义域、值域、单调性、对称性、过定点等性质。

2. 学生探究成果

学生在自主探究、合作交流的基础上填写表格（表 4.3）。

表 4.3　对数函数图象与性质

函数	$y=\log_a x(a>1)$	$y=\log_a x(0<a<1)$
图象	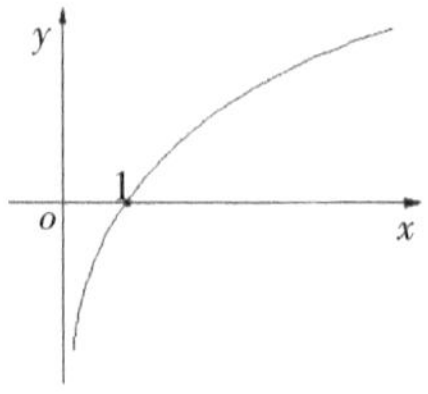	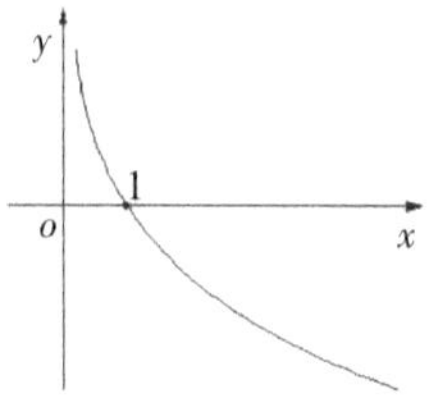
定义域	$\mathbf{R}^+$	$\mathbf{R}^+$
值域	$\mathbf{R}$	$\mathbf{R}$
单调性	在$(0,+\infty)$上是增函数	在$(0,+\infty)$上是减函数
过定点	$(1,0)$，即 $x=1,y=0$	$(1,0)$，即 $x=1,y=0$
取值范围	$0<x<1,y<0$； $x>1,y>0$	$0<x<1,y>0$； $x>1,y<0$

设计意图：发现性质、弄清性质的来龙去脉是为了更好揭示对数函数的本质属性，传统教学往往让学生在解题中领悟。为了扭转这种方式，先引导学生回顾指数函数的性质，再利用类比的思想，以小组合作的形式通过图象主动探索出对数函数的性质。教学实践表明：当学生对对数函数的图象已有感性认识后，得到这些性质必然水到渠成。

（四）探究问题、变式训练

问题一：（教材 79 页例 8）比较下列各组数中两个值的大小：

（1）$y=\log_2 3.4, y=\log_2 8.5$　　　　（2）$y=\log_{0.3}1.8, y=\log_{0.3}2.7$

（3）$y=\log_a 5.1, y=\log_a 5.9(a>0$ 且 $a\neq1)$

独立思考：

1. 构造怎样的对数函数模型？

2. 运用怎样的函数性质？

小组交流：

（1）$y=\log_2 x$ 是增函数；　　　　（2）$y=\log_{0.3}x$ 是减函数；

(3) $y=\log_a x$，分 $a>1$ 和 $0<a<1$ 分类讨论。

变式训练：

1. 比较下列各题中两个值的大小：

(1) $y=\log_{10}6$ 和 $y=\log_{10}8$　　(2) $y=\log_{0.5}6$ 和 $y=\log_{0.5}4$

(3) $y=\log_{0.1}0.5$ 和 $y=\log_{0.1}0.6$　　(4) $y=\log_{1.5}0.6$ 和 $y=\log_{1.5}0.4$

2. 已知下列不等式，比较正数 m,n 的大小：

(1) $\log_3 m<\log_3 n$　　(2) $\log_{0.3}m<\log_{0.3}n$

(3) $\log_a m<\log_a n(0<a<1)$　　(4) $\log_a m<\log_a n(a>1)$

问题二：(教材 79 页例 9)溶液酸碱度的测量。

溶液酸碱度是通过 pH 刻画的。pH 的计算公式为 $\mathrm{pH}=-\lg[H^+]$，其中 $[H^+]$ 表示溶液中氢离子的浓度，单位是摩尔/升。

(1) 根据对数函数性质及上述 pH 的计算公式，说明溶液酸碱度与溶液中氢离子的浓度之间的变化关系。

(2) 已知纯净水中氢离子的浓度为 $[H^+]=10^{-7}$ 摩尔/升，计算纯净水的 pH。

独立思考：解决这个问题应选择怎样的对数函数模型？运用什么函数性质？

小组交流：$\mathrm{pH}=-\lg[H^+]=\lg\dfrac{1}{[H^+]}$，随着 $[H^+]$ 的增大，pH 减小，即溶液中氢离子浓度越大，溶液的 pH 越小。

设计意图：

1. 这个环节不作为本节课的重点，设置探究问题只是从另一层面提升学生对性质的理解和应用。问题一是比较大小，始终要紧扣对数函数模型，渗透函数的观点(数形结合)解决问题的思想方法。

2. 旧教材在学习图象与性质之后，通常练习比较大小等技巧性过大的问题，而新教材引出问题二，强调数学建模的思想，并且关注学科间的联系，这种精神应予领会。预计到实际教学中，学生理解这道应用题的题意会遇到一些困难，教师要注意引导。

(五)归纳小结、巩固新知

1. 议一议：

(1)怎样的函数称为对数函数？

(2)对数函数的图象形状与底数有什么样的关系？

(3)对数函数有怎样的性质？

2. 看一看：对数函数的图象特征和相关性质(表 4.4)。

表 4.4　对数函数的图象和性质

对数函数的图象特征		对数函数的相关性质	
$a>1$	$0<a<1$	$a>1$	$0<a<1$
函数图象都在 y 轴右侧		函数的定义域为 $(0,+\infty)$	
图象关于原点和 y 轴不对称		非奇非偶函数	
向 y 轴正负方向无限延伸		函数的值域为 **R**	
函数图象都过定点(1,0)		$\log_a 1=0$	
自左向右看,图象逐渐上升	自左向右看,图象逐渐下降	增函数	减函数
第一象限的图象纵坐标都大于 0	第一象限的图象纵坐标都大于 0	$x>1,\log_a x>0$	$0<x<1,\log_a x>0$
第二象限的图象纵坐标都小于 0	第二象限的图象纵坐标都小于 0	$0<x<1,\log_a x<0$	$x>1,\log_a x<0$

（六）作业布置、课后自评

必做题:教材 82 页习题 2.2(A 组)第 7、8、9、12 题。

选做题:教材 83 页习题 2.2(B 组)第 2 题。

七、教学反思

函数是高中数学教学的主线,对数函数是高中数学的难点。高中新课改的春风,带来了函数教学设计上的创新,促使我们在学生学习方法上、教学内容的组织上、教学辅助手段上率先尝试,但这只是一个起点,目前教学条件还受到制约,如图形计算器未能普及,课时紧、容量大,都影响函数的正常教学,通过这次活动,希望能引起大家的广泛关注并深入探讨。

4.2　数学原理课的教学设计

4.2.1　数学原理

何小亚教授认为,对原理有两种理解:一是作为客观的原理,指的是原理的客观陈述,可以用言语符号信息来描述概念之间的关系;二是作为主观的原理,指的是人的心理操作反应系统,即主体在特定的情境中根据各种关系做出相应的反应,它以产生式“若……,则……”的形式储存在大脑中。原理有两个方面的含义。作为言语符号信息,它是对概念之间关系的描述；从心理意义上说，它是一种操作反应系统，即主体在情境中根据各种关系做出相应的反应。

原理描述了概念之间的关系，这种关系是稳定不变的，其形式是“若……则……”。

习得这种关系的主体能以一类操作行为对一类刺激情境做出反应，即学生习得了“若……则……”这一产生式。

例如，学生习得勾股定理这一原理之后，一旦出现符合勾股定理条件的刺激情境，学生都会做出“斜边的平方等于两条直角边的平方之和”的反应。

关于原理的学习，有以下结论：

(1) 原理学习实际上是学习一些概念之间的关系。因此，概念学习是原理学习的基础，不掌握构成原理的各个概念，就不可能习得这一原理。

(2) 原理学习不是习得描述原理的言语信息，而是习得原理的意义，它是一种有意义的学习。根据奥苏贝尔的有意义言语学习理论，原理学习分为下位学习、上位学习和组合学习。

(3) 原理学习实质上是习得产生式。只要条件信息满足，相应的行为反应就会自然出现。学习者据此指导自己的行为并解决遇到的新问题。

(4) 习得原理不是孤立地掌握一个原理，而是要在原理之间建立联系，形成原理网络。

4.2.2　数学原理的教学

数学中的原理主要包括公式、法则、定理和性质，数学原理的学习主要就是公式和法则的学习、定理和性质的学习。所谓数学原理教学，在此主要指数学的性质、法则、公式、公理、定理等的教学。

数学原理是构成数学学科知识体系的主干成分，掌握并深刻理解数学原理对学生感受数学美、解决数学问题，以及用数学解决实际问题将起到决定性的作用。

数学原理中的法则、公式等揭示了数学知识的基本规律，具有一定的形式符号化的抽象性和概括性的特征，是学生数学认知水平发展的重要学习载体。

数学原理的教学不仅要让学生理解和掌握数学的性质、法则、公式、公理、定理，而且要让学生理解这些原理所蕴涵的数学方法，并在学习和应用这些原理的过程中发展自己的数学认识结构，形成自己的数学思想方法。

数学教材为了叙述上的严谨、简洁，为了便于教学上的传授，在表述人类积累下来的数学成果时，往往略去了数学的发现过程，掩盖了数学思维活动的本质特征。为了培养学生的数学思维能力，提高学生的自主学习能力，教师在数学教学中还有一个重要任务，就是要依据课堂教学的思维过程而精心设计，还原数学思维活动的过程。

4.2.3 数学原理学习的形式

在数学学习中,习得原理不仅意味着习得描述原理的言语信息,而且能根据原理对一类刺激做出相应的反应,也就是说,能在特定的情境中应用原理。学生一旦掌握了数学原理,就能用大量的例证来说明原理所反应的关系,或运用原理解决特定情境下的问题。

在数学课堂教学中,数学原理的学习一般有两种形式,即由例子到原理的学习和由原理到例子的学习。

1. 由例子到原理的学习

由例子到原理的学习是指从若干例子中归纳出一般结论的学习。它是一种发现学习,这种学习方法简称为"例子—原理法"。

2. 由原理到例子的学习

由原理到例子的学习是指先向学生呈现要学习的原理,然后再用实例说明原理(有时予以逻辑证明),使学生掌握原理。它是一种接受学习,简称为"原理—例子法"。

4.2.4 数学原理教学的设计模式

根据以上的分析,数学原理课大致可以从两个角度来进行教学设计:例子—原理的教学模式与原理—例子的教学模式。下面分别介绍。

1. 例子—原理的教学设计

1)教学模式

在采用例子—原理法教授原理时,为了使学生顺利概括出原理,在教学设计时,需要为学生提供丰富的例证。这些例证应尽量涵盖各种典型类别,以利于学生发现原理和全面理解原理。

例子—原理的教学是一种由特殊到一般,由具体到抽象的过程,其教学设计过程为:提供丰富的例证—提出假设—验证假设、进行推理论证和概括—提炼思想方法和原理的运用。

要注意的是,在为学生提供丰富的例子时,不能仅仅提供原理的例证,还应该提供原理的反例,以强化对原理的认识,使学生透彻理解原理。

2)例子—原理的教学设计的流程图(图 4.15)

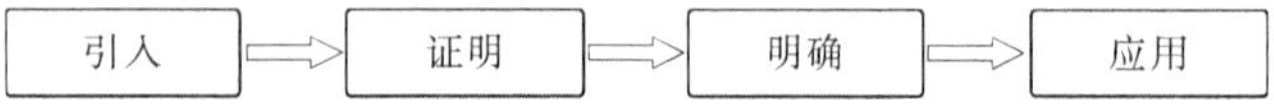

图 4.15 例子-原理教学设计流程图

3)案例

▶▶▶ **案例 4.4**

正弦定理

一、教学内容分析

“正弦定理”是《普通高中课程标准数学教科书·数学 必修 5》(人教版)第一章第一节的主要内容,它既是初中“解直角三角形”内容的直接延拓,也是三角函数一般知识和平面向量等知识在三角形中的具体运用,是解可转化为三角形计算问题的其他数学问题及生产生活实际问题的重要工具,具有广泛的应用价值。为什么要研究正弦定理?正弦定理是怎样发现的?其证明方法是怎样想到的?还有别的证法吗?这些都是教材没有回答,而又是学生所关心的问题。

本节课是“正弦定理”教学的第一课时,其主要任务是引入并证明正弦定理,在课型上属于“定理教学课”。做好“正弦定理”的教学,不仅能复习巩固旧知识,使学生掌握新知识,体会联系、发展等辩证观点,而且通过对定理的探究,能使学生体验到数学发现和创造的历程,进而培养学生提出问题、解决问题等研究性学习的能力。

二、学生学习情况分析

学生在初中已经学习了解直角三角形的内容,在必修 4 中,又学习了三角函数的基础知识和平面向量的有关内容,对解直角三角形、三角函数、平面向量已形成初步的知识框架,这不仅是学习正弦定理的认知基础,同时又是突破定理证明障碍的强有力的工具。正弦定理是关于任意三角形边角关系的重要定理之一,课程标准强调在教学中要重视定理的探究过程,并能运用它解决一些实际问题,使学生进一步了解数学在实际中的应用,从而激发学生学习数学的兴趣,也为学习正弦定理提供一种亲和力与认同感。

三、设计思想

培养学生学会学习、学会探究是全面发展学生能力的重要前提,是高中新课程改革的主要任务。如何让学生学会学习、学会探究呢?建构主义认为:知识不是被动吸收的,而是由认知主体主动建构的。这个观点从教学的角度来理解就是:知识不是通过教师传授得到的,而是学生在一定的情境中,运用已有的学习经验,并通过与他人(在教师的指导和学习伙伴的帮助下)协作,主动建构而获得的,建构主义教学模式强调以学生为中心,视学生为认知的主体,教师只对学生的意义建构起帮助和促进作用。本节“正弦定理”的教学,将遵循这个原则而进行设计。

四、教学目标

(1) 过程与方法:让学生从已有的知识出发,共同探究在任意三角形中,边与其对角的关系,引导学生通过观察、归纳、猜想、证明,由特殊到一般,体验数学发现和创造的历程。

(2) 情感态度与价值观:在平等的教学氛围中,通过学生之间、师生之间的交流、合作和评价,实现共同探究、教学相长的教学情境。

五、教学重点与难点

重点:正弦定理的发现和推导。

难点:正弦定理的推导。

六、教学过程设计

1. 设置情境,利用投影展示

如图 4.16,一条河的两岸平行,河宽 $d=1$ km。因上游暴发特大洪水,在洪峰到来之前,急需将码头 A 处囤积的重要物资及留守人员用船尽快转运到正对岸的码头 B 处或其下游 1 km 的码头 C 处,请你确定转运方案。已知船在静水中的速度 $v_1=5$ km/h,水流速度 $v_2=3$ km/h。

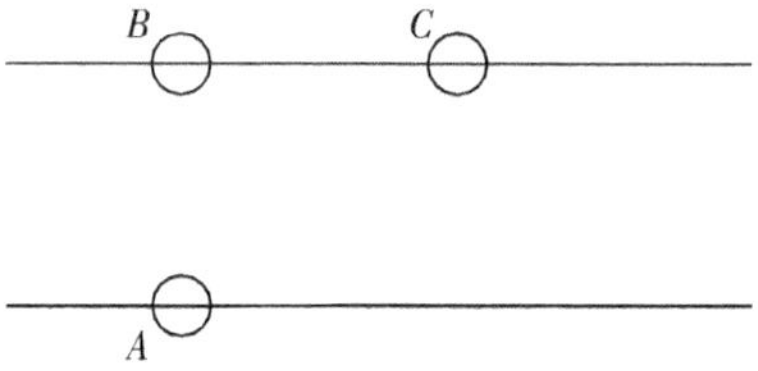

图 4.16

设计意图:培养学生的"数学起源于生活,运用于生活"的思想意识,同时情境问题的图形及解题思路均为研究正弦定理做铺垫。

2. 提出问题

师:为了确定转运方案,请同学们设身处地地考虑有关的问题,将各自的问题经小组(前后 4 人为 1 小组)汇总整理后交给我。

待各小组将问题交给教师后,教师筛选几个问题通过投影向全班展示,经大家归纳整理后,得到如下的五个问题:

(1) 船应开往 B 处还是 C 处?

(2) 船从 A 开到 B、C 分别需要多少时间?

(3) 船从 A 到 B、C 的距离分别是多少?

(4) 船从 A 到 B、C 的速度分别是多少?

(5) 船应向什么方向开,才能保证沿直线到达 B、C?

设计意图:通过小组交流,提供一定的研究学习与情感交流的时空,培养学生合作学习的能力;问题源于学生,突出学生学习的主体性,能激发学生学习的兴趣;问题通过教师的筛选,确定研究的方向,体现教师的主导作用。

师:谁能帮大家讲解,应该怎样解决上述问题?

大家经过讨论达成如下共识：要回答问题(1)，需要解决问题(2)，要解决问题(2)，需要先解决问题(3)和(4)，问题(3)用直角三角形知识可解，所以重点是解决问题(4)，问题(4)与问题(5)是两个相关问题。因此，解决上述问题的关键是解决问题(4)和(5)。

师：请同学们根据平行四边形法则，在练习本上做出与问题对应的示意图，明确已知什么，要求什么，怎样求解。

生 1：船从 A 开往 B 的情况如图 4.17，根据平行四边形的性质及解直角三角形的知识，可求得船在河水中的速度大小 $|v|$ 及 v_1 与 v 的夹角 θ：$|v|=\sqrt{|v_1|^2-|v_2|^2}=\sqrt{5^2-3^2}=4\ (\text{km/h})$，$\sin\theta=\dfrac{|v_1|}{|v_2|}=\dfrac{3}{5}$。

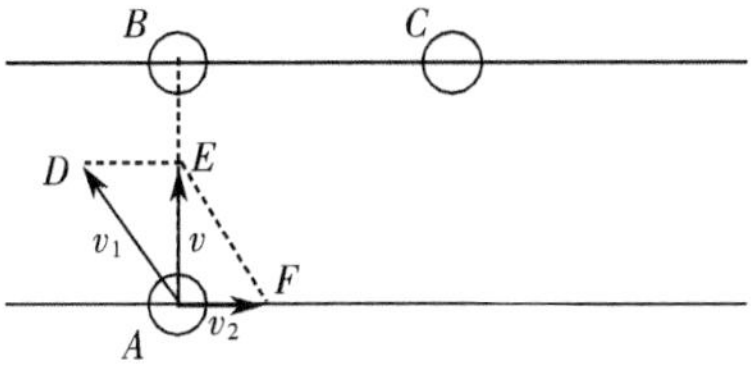

图 4.17

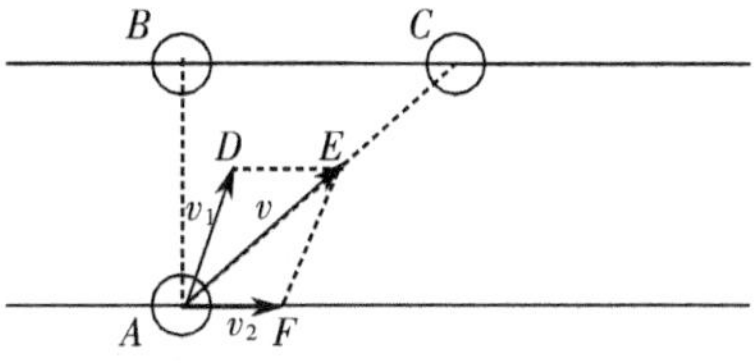

图 4.18

用计算器可求得 $\theta=37°$。船从 A 开往 C 的情况如图 4.18，$|AD|=|v_1|=5$ (km/h)，$|DE|=|AF|=|v_2|=3$ (km/h)，易求得 $\angle AED=\angle EAF=45°$。还需求 $\angle DAE$ 及 v，我还不知道怎样解答这两个问题。

师：请大家思考，这两个问题的数学实质是什么？

生：在三角形中，已知两边和其中一边的对角，求另一边的对角和第三边。

设计意图：将问题数学化，有助于加深学生对问题的理解，有助于培养学生的数学意识。

师：请大家讨论一下，如何解决这两个问题？

生 3：不知道。

师：图 4.17 的情形大家都会解，但图 4.18 的情形却有困难，那么图 4.17 与图 4.18 有何异同点？

生 4：图 4.17 和图 4.18 的情形都是已知三角形的两边和其中一边的对角，求另一边的对角和第三边。但图 4.17 中 $\triangle ADE$ 是直角三角形，而图 4.18 中 $\triangle ADE$ 不是直角三角形，不能像直角三角形可直接利用边角的关系求解。

师：图 4.18 的情形能否转化成直角三角形来解呢？

设计意图：通过教师的问题引导，启发学生将问题进行转化，培养学生的化归思想，同时为下一步用特例作为突破口研究正弦定理，以及用作高的方法来证明正弦定理做好铺垫。

生 5：能，过点 D 作 $DG\perp AE$ 于点 G(如图 4.19)，

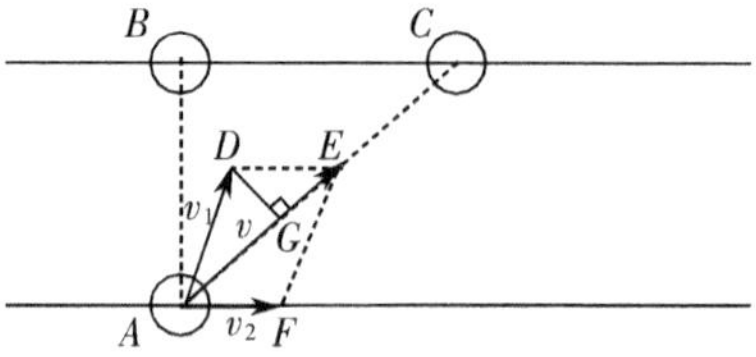

图 4.19

$\therefore \quad |DG| = |v_1|\sin\angle DAG = |DE|\sin\angle AED$

$|AG| = |v_1|\cos\angle DAG, |EG| = |DE|\cos\angle AED$

$\therefore \quad \sin\angle DAG = \dfrac{|DE|\sin\angle AED}{|v_1|} = \dfrac{3\sin 45^\circ}{5} = \dfrac{3\sqrt{2}}{10}$

$|v| = |AG| + |GE| = \cdots$

师:很好!采取分割的方法,将一般三角形化为两个直角三角形求解。但在生活中有许多三角形不是直角三角形,如果将每个三角形都划分为直角三角形求解,很不便。能不能像直角三角形一样直接利用边角关系求解呢?三角形中,任意两边与其对角之间有怎样的数量关系?

设计意图:通过教师对学生的肯定评价,创造一个教与学的和谐环境,既激发学生的学习兴趣,使紧接着的问题能更好地得到学生的认同,又有利于学生和教师的共同成长。

(三)解决问题

1. 正弦定理的引入

师:请同学们想一想,我们以前遇到这种一般问题时,是怎样处理的?

生:先从特殊事例入手,寻求答案或发现解法。可以以直角三角形为特例,先在直角三角形中试探一下。

师:如果一般三角形具有某种边角关系,对于特殊的三角形——直角三角形也是成立的,因此我们先研究特例。请同学们对直角三角形进行研究,寻找一般三角形的各边及其对角之间有何关系。同学们可以参与小组共同研究。

(1) 学生以小组为单位进行研究;教师观察学生的研究进展情况或参与学生的研究。

(2) 展示学生研究的结果。

设计意图:教师参与学生的研究,增进师生之间思维与情感的交流,并通过教师的指导与观察,及时掌握学生研究的情况,为展示学生的研究结论做准备;同时,通过展示研究结论,强化学生学习的动机,增强学生的成就感及学习的信心。

师:请说出你研究的结论。

生 7: $\dfrac{a}{\sin A} = \dfrac{b}{\sin B} = \dfrac{c}{\sin C}$。

师:你是怎样得出来的?

生 7:因为在直角三角形中,它们的比值都等于斜边 c。

师：有没有其他的研究结论？（根据实际情况，引导学生分析判断结论正确与否，或留课后进一步深入研究。）

师：$\frac{a}{\sin A}=\frac{b}{\sin B}=\frac{c}{\sin C}$对一般三角形是否成立呢？

生：不一定。可以先用具体例子检验，若有一个不成立，则否定结论；若都成立，则说明这个结论很可能成立，再想办法进行严格的证明。

师：这是个好主意。那么，$\frac{a}{\sin A}=\frac{b}{\sin B}=\frac{c}{\sin C}$对等边三角形是否成立呢？

生 9：成立。

师：对任意三角形$\frac{a}{\sin A}=\frac{b}{\sin B}=\frac{c}{\sin C}$是否成立呢？现在让我们借助几何画板做一个数学实验，……

设计意图：引导学生逐步形成"情境思考—提出问题—研究特例—归纳猜想—实验探究—理论探究—解决问题"的思维方式，进而形成解决问题的能力。

2. 正弦定理的探究

(1) 实验探究正弦定理。

师：借助于电脑与多媒体，利用几何画板，演示正弦定理教学课件。边演示边引导学生观察三角形形状的变化与三个比值的变化情况。

结论：$\frac{a}{\sin A}=\frac{b}{\sin B}=\frac{c}{\sin C}$对于任意三角形都成立。

设计意图：通过几何画板的演示，使学生对结论的认识从感性逐步上升到理性。

师：利用上述结论解决情境问题中图 4.19 的情形，并检验与生 5 的计算结果是否一致。

生 10：(通过计算)与生 5 的结果相同。

师：如果上述结论成立，则在三角形中利用该结论解决"已知两边和其中一边的对角，求另一边的对角和第三边"的问题就简单多了。

设计意图：与情境设置中的问题相呼应，间接给出了正弦定理的简单应用，并强化学生学习探究、应用正弦定理的心理需求。

(2) 点明课题：正弦定理。

(3) 正弦定理的理论探究。

师：既然是定理，则需要证明，请同学们与小组共同探究正弦定理的证明。

探究方案：

直角三角形——已验证；

锐角三角形——课堂探究；

钝角三角形——课后证明。

设计意图：通过分析，确定探究方案。课堂只让学生探究锐角三角形的情形，有助于在不影响探究进程的同时，为探究锐角三角形的情形腾出更多的时间。钝角三角形的情形以课后证明的形式进行，可使学生巩固课堂的成果。

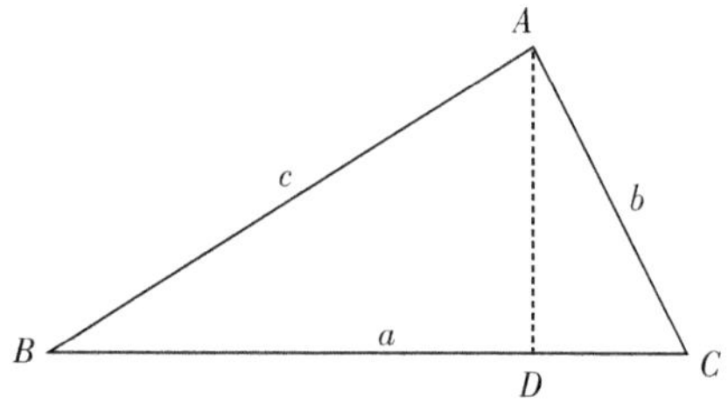

图 4.20

师：请你（生 11）到讲台上，讲讲你的证明思路。

生 11：（走上讲台）设法将问题转化成直角三角形中的问题进行解决。通过作三角形的高，与生 5 的办法一样，如图 4.20，作 BC 边上的高 AD，则 $AD=c\sin B=b\sin C$，所以

$\frac{b}{\sin B}=\frac{c}{\sin C}$，同理可得$\frac{a}{\sin A}=\frac{c}{\sin C}$。

师：因为要证明的是一个等式，所以应从锐角三角形的条件出发，构造等量关系，从而达到证明的目的。

注意：$c\sin B=b\sin C$ 表示的几何意义是三角形同一边上的高不变。这是一个简捷的证明方法。

设计意图：点明此证法的实质是找到一个可以作为证明基础的等量关系，为后续两种方法的提出做铺垫，同时，适时对学生做出合情的评价。

师：在三角形中还有哪些可以作为证明基础的等量关系呢？

学生七嘴八舌地说出一些等量关系，经讨论后确定如下一些与直角三角形有关的等量关系可能有利用价值：① 三角形的面积不变；② 三角形外接圆直径不变。

在教师的建议下，学生分别以这两种关系作为基础又得出了如下两种证法：

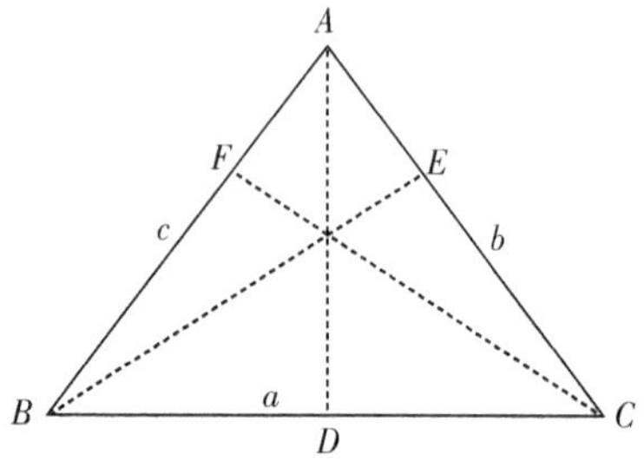

图 4.21

证法二：如图 4.21，设 AD，BE，CF 分别是 $\triangle ABC$ 的三条高。则有

$AD=b\cdot\sin\angle ACB$，

$BE=c\cdot\sin\angle BAC$，

$CF=a\cdot\sin\angle ABC$。

$$\therefore\quad S_{\triangle ABC}=\frac{1}{2}a\cdot b\cdot\sin\angle ACB=\frac{1}{2}b\cdot c\cdot\sin\angle BAC=\frac{1}{2}c\cdot a\cdot\sin\angle ABC$$

$$\therefore\quad \frac{a}{\sin\angle BAC}=\frac{b}{\sin\angle ABC}=\frac{c}{\sin\angle ACB}$$

师：前面我们学习了平面向量，能否运用向量的方法证明呢？

师：任意$\triangle ABC$ 中，三个向量$\overrightarrow{AB}$，$\overrightarrow{BC}$，$\overrightarrow{CA}$间有什么关系？

生 12：$(\overrightarrow{AB}+\overrightarrow{BC}+\overrightarrow{CA})=\overrightarrow{0}$。

师：正弦定理体现的是三角形中边角间的数量关系，怎样由$(\overrightarrow{AB}+\overrightarrow{BC}+\overrightarrow{CA})=\overrightarrow{0}$ 转

化成数量关系？

生 13：利用向量的数量积运算可将向量关系转化成数量关系。

师：在$(\overrightarrow{AB}+\overrightarrow{BC}+\overrightarrow{CA})=\vec{0}$两边同乘以向量$\vec{j}$，有$((\overrightarrow{AB}+\overrightarrow{BC}+\overrightarrow{CA})\cdot\vec{j}=\vec{0}\cdot\vec{j}=0$，这里的向量$\vec{j}$可否任意？又如何选择向量$\vec{j}$？

生 14：因为两个垂直向量的数量积为 0，可考虑让向量$\vec{j}$与三个向量中的一个向量（如向量$\overrightarrow{BC}$）垂直，使三个项的关系式转化成两个项的关系式。

师：还是先研究锐角三角形的情形。按以上思路，请大家具体试一下，看还有什么问题？

教师参与学生的小组研究，同时引导学生注意两个向量的夹角，最后让学生通过小组代表完成如下证明。

证法三：如图 4.22，设非零向量$\overrightarrow{BC}$与向量$\vec{j}$垂直。

因为$(\overrightarrow{AB}+\overrightarrow{BC}+\overrightarrow{CA})=\vec{0}$，

所以$((\overrightarrow{AB}+\overrightarrow{BC}+\overrightarrow{CA})\cdot\vec{j}=\vec{0}\cdot\vec{j}=0$。

即$\overrightarrow{AB}\cdot\vec{j}+\overrightarrow{CA}\cdot\vec{j}=0$，

$|\overrightarrow{AB}||\vec{j}|\cos\langle\overrightarrow{AB},\vec{j}\rangle+|\overrightarrow{CA}||\vec{j}|\cos\langle\overrightarrow{CA},\vec{j}\rangle=0$，

$c|\vec{j}|\cos(90^\circ+B)+b|\vec{j}|\cos(90^\circ-C)=0$，

$c|\vec{j}|(-\sin B)+b|\vec{j}|\sin C=0$，

所以$\dfrac{b}{\sin B}=\dfrac{c}{\sin C}$，同理可得$\dfrac{a}{\sin A}=\dfrac{c}{\sin C}$。

师：能否简化证法三的过程？（留有一定的时间给学生思考）

师：$\overrightarrow{AB}\cdot\vec{j}+\overrightarrow{CA}\cdot\vec{j}=0$ 有什么几何意义？

生 15：把$\overrightarrow{AB}\cdot\vec{j}+\overrightarrow{CA}\cdot\vec{j}=0$ 移项可得$\overrightarrow{BA}\cdot\vec{j}=\overrightarrow{CA}\cdot\vec{j}$，由向量数量积的几何意义可知$\overrightarrow{BA}$与$\overrightarrow{CA}$在$\vec{j}$方向上的投影相等。

生 16：我还有一种证法。

师：请你到讲台来给大家讲一讲。（学生 16 上台板书自己的证明方法）

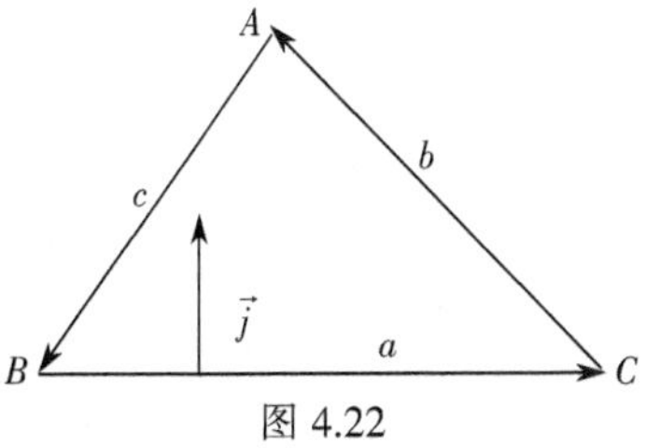

图 4.22

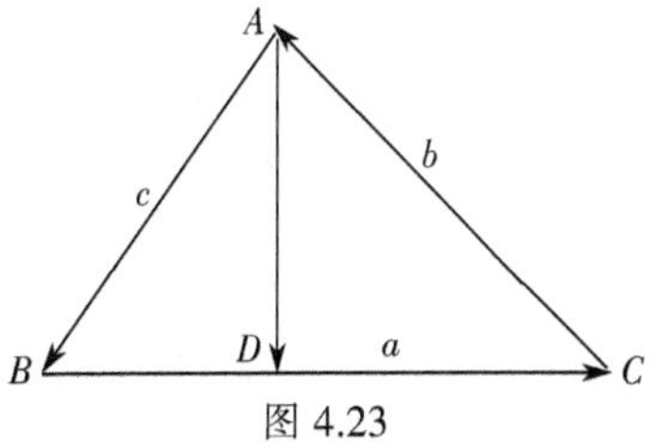

图 4.23

证法四：如图 4.23，作 $AD\perp BC$，则$\overrightarrow{AB}$与$\overrightarrow{AC}$在$\overrightarrow{AD}$方向上的投影相等，

即$\overrightarrow{AB}\cdot\overrightarrow{AD}=\overrightarrow{AC}\cdot\overrightarrow{AD}$，

$\therefore\quad|\overrightarrow{AB}|\cdot|\overrightarrow{AD}|\cdot\cos(90^\circ-B)=|\overrightarrow{AC}|\cdot|\overrightarrow{AD}|\cdot\cos(90^\circ-C)$，

$\therefore\ c\sin B=b\sin C$。

师：利用向量的投影相等，证明了正弦定理，方法非常简捷明了。

设计意图：利用向量法来证明几何问题，学生相对比较生疏，不容易马上想出来，教师通过设计一些递进式的问题给予适当的启发引导，将很难想到的方法合理分解，有利于学生理解接受。

（四）小结

师：本节课我们从实际问题出发，通过猜想、实验、归纳等思维方法，发现了正弦定理，并从不同的角度证明了它。我们研究问题的突出特点是从特殊到一般，利用了几何画板进行数学实验。我们不仅得到了结论，而且经过整个探索过程，我们也掌握了研究问题的一般方法。

（五）作业

(1) 回顾本节课的整个研究过程，体会知识的发生过程。

(2) 思考：证法四与证法一有何联系？

(3) 思考：能否借助向量的坐标的方法证明正弦定理？

(4) 当三角形为钝角三角形时，证明正弦定理。

设计意图：为保证学生有充足的时间来完成观察、归纳、猜想、探究和证明，小结的时间花得少且比较简单，相关内容将在下一节课进行完善，作业的布置也是为下节课做一些必要的准备。

七、教学反思

为了使学生真正成为提出问题和解决问题的主体，成为知识的发现者和创造者，使教学过程成为学生主动获取知识、发展能力、体验数学的过程，我想到了“情境—问题”教学模式，即构建一个以情境为基础，提出问题与解决问题并进的“情境—问题”学习链。根据上述精神，结合教学内容，具体做出了如下设计：① 创设一个现实问题情境作为提出问题的背景（该情境源于《普通高中课程标准数学教科书·数学 必修4》（人教版）第二章习题2.5第二题，我将其加工成一个具有实际意义的决策型问题）；② 启发、引导学生提出自己关心的现实问题，逐步将现实问题转化、抽象成过渡性数学问题，解决过渡性问题(4)与(5)时需要使用正弦定理，借此引发学生的认知冲突，揭示解斜三角形的必要性，并使学生产生进一步探索解决问题的动机。然后，引导学生抓住问题的数学实质，将过渡性问题引申成一般的数学问题：已知三角形的两条边和一边的对角，求另一边的对角及第三边。解决这两个问题需要先回答目标问题：在三角形中，两边与它们的对角之间有怎样的关系？③ 为了解决提出的目标问题，引导学生回到他们所熟悉的直角三角形中，得出目标问题在直角三角形中的解，从而形成猜想，然后使用几何画板对猜想进行验证，进而引导学生对猜想进行严格的逻辑证明。

总之，在整个过程中让学生通过自主探索、合作交流，亲身经历“情境思考—提出问题—研究特例—归纳猜想—实验探究—理论探究—解决问题—反思总结”的历程，使学生成为正弦定理的发现者和创造者，从而使三维教学目标得以实现。

2. 原理—例子的教学设计

1)教学设计模式

在教学设计过程中，先设计出需要向学生呈现的学习原理，然后再设计实例说明原理(有时要予以逻辑证明)，从而使学生掌握原理的学习。用原理一例子法教授原理，进行教学设计的前提条件是学生必须事先掌握构成原理的各个概念和原理。与数学概念课的教学设计一样，数学原理的学习是有意义的学习，是新旧知识相互作用并形成新的认知结构的过程。在教学设计过程中，如何促进新原理的学习，使学生的认知结构中具备与新原理相关的适当观念？在教学设计过程时，教师应设计引导学生复习、回忆与原理相关的旧知识的环节，以帮助学生同化新原理。例如，在教授原理“奇函数的图象关于原点成中心对称图形，偶函数的图象关于 y 轴成轴对称图形”时，教师设计引导学生复习奇函数、偶函数、中心对称图形、轴对称图形、两点关于一点对称和两点关于一条直线对称等概念的环节，这样学生才有可能同化这一新原理。

2)原理—例子的教学设计的流程图(图 4.24)

引入 ⇒ 理解 ⇒ 应用 ⇒ 系统化

图 4.24　原理—例子的教学设计的流程图

3)案例

▶▶▶ 案例 4.5

有理数的加法

一、教材分析

北京师范大学出版社七年级上册第二章第 4 节 34 页一36 页。有理数的加法是初中数学运算最重要、最基础的内容，是对小学加法的承接和扩展。有理数的加法运算，在确定“和”的符号后，实质是进行绝对值的加减运算。它是学习有理数其他运算的前提，也为学习实数、代数式运算、方程、不等式、函数等奠定基础。

二、学生学习情况分析

学生已经掌握了正数和负数、数轴、相反数、绝对值、有理数大小比较等知识，但七年级的学生，对异号两数相加从未接触过，与小学加法比较，思维难度增大，所以在教学中要运用直观生动的问题，有意识地创设适合学生自主学习的环境，让学生在学习过程中自己体验确定和的符号以及加法转化为减法的思维过程，不但让学生学会，还要让学生会学、乐学。

三、教学目标分析和教学重点与难点

1. 教学目标

(1) 知识与技能:①理解有理数的加法法则;②会运用法则进行准确运算,能用有理数加法解决实际问题。

(2) 过程与方法:①经历有理数加法法则探索的过程,培养学生归纳总结知识的能力;②在探索过程中感受分类讨论的数学思想。

(3) 情感态度:培养学生合作意识,提高学生学习数学的积极性。

2. 教学重点与难点

教学重点:有理数的加法法则。

教学难点:异号两数相加。

四、教法学法

1. 采用启发式、探究式方法为主,设疑诱导法为辅的教学方法,向学生渗透类比、转化、由特殊到一般的数学思想方法,让学生在观察—操作—交流—归纳—应用的实践探索中获得知识。

2. 教学用具:多媒体课件;扑克牌一副。

五、教学过程(表 4.5)

表 4.5 教学设计过程

<table>
<tr><th>环节与任务</th><th>时间</th><th>教学活动</th><th>设计意图</th></tr>
<tr><td>创设情境
引入新知</td><td>5 分</td><td>回顾有理数和绝对值的知识。引导学生思考两个有理数相加时,符号有哪些情况?
从学生比较熟悉的生活实例入手,多媒体演示小店挣钱与赔钱的具体情况,让同学们帮店主计算小店的盈亏情况。</td><td>帮助学生建立新旧知识之间的联系。</td></tr>
<tr><td rowspan="3">合作交流
探究新知</td><td>12 分</td><td>凭个人经验就可以计算出小店到底是赚钱还是赔钱,到底赚了多少钱,赔了多少钱。“赚钱”就是“+”,“赔钱”就是“-”,最后得出具体数目,让学生感知有理数加法。</td><td rowspan="3">从学生熟悉的例子入手,帮助学生建立数学与生活的联系,将生活实例转化为数学模型,这是建立新知的难点。

在教师的引导下,小组合作归纳总结出有理数的加法法则。</td></tr>
<tr><td>10 分</td><td>让学生对有理数加法运算进行分类练习。
同号两数相加,取相同加数的符号,并把绝对值相加。
异号两数相加,绝对值相等时和为零(互为相反数的两个数相加得零);绝对值不相等时,取绝对值较大的加数的符号,并用较大的绝对值减去较小的绝对值。
一个数同零相加仍得这个数。</td></tr>
<tr><td>6 分</td><td>归纳出有理数加法计算的一般步骤:先判断类型,再确定和的符号,最后进行绝对值的加减运算。</td></tr>
</table>

续表

环节与任务	时间	教学活动	设计意图
巩固练习 强化新知	8 分	1.计算。 (1) (−3)+(−9) (2) (−4.7)+(+3.9) (3) (−1.5)+(+1.12) 2.选择。 (1)已知两数的和为正，下面的判断中，正确的是(　)。 A. 两个加数必须都是正数　　B. 两个加数都是负数 C. 两个加数中至少有一个正数 D. 两个加数必须一正一负 (2)如果两个有理数的和比其中任何一个加数都大，那么这两个数(　)。 A. 都是正数　　　　B. 都是负数 C. 一正数，一负数　　D. 以上答案都不对 3.请同学们利用扑克牌，小组间设计有理数加法运算的抢答比赛。 (1) 每次每组抽一张，按两人所抽的牌面数字做加法运算； (2) 红色牌代表正数，黑色牌代表负数，大小王代表 0； (3) 不仅要算得快，还要说明算理。 三分钟内完成次数最多的小组获胜。	进一步理解有理数加法法则，帮助学生不断完善新的认知结构。 利用摸牌游戏，用竞赛的形式，让学生体验成功，享受快乐。
师生互动 总结新知	3 分	今天这节课我学到的新知识是什么？ 今天这节课我学到的数学思想或解决问题的方法是什么？ 今天这节课留给我的疑惑还有什么？	鼓励学生从数学知识、数学方法和数学情感等方面进行自我总结。让学生充分发表自己的感受，并相互补充。
作业设计 深化新知	1 分	一、数学小日记　　日期________________ 今天数学课的课题________________ 所涉及的重要的数学知识________________ 理解最好的地方________________ 不明白或还需要进一步理解的地方__________ 所学的内容能够应用在日常生活中，举例说明 ____ 二、必做题：36 页习题 2.4，第 1、2、3 题。 三、选做题：习题 2.4，第 5、6 题。	让学生尝试应用数学的价值。必做题和选做题体现分层教学，让不同的学生在数学方面得到不同的发展，从而让学生巩固本节所学知识。

六、板书设计(图 4.25)：

有理数的加法

1. (+8)+(+5)　　　2. (−3)+(−5)
3. (−5)+(+5)　　　4. (−8)+(−8)
5. (+8)+(−3)　　　6. (−5)+(+2)
7. (−3)+0　　　　8. (+5)+0

图 4.25

七、设计说明

抓住学生的心理特征，以活动的形式开展教学，运用直观形象使学生理解有理数加法法则。通过分类展示，使学生初步感受分类的数学思想，有助于达到教学目标。

4.2.5 数学原理教学设计的建议

现行教科书中的数学知识是形式化地摆在那儿的。准确的定义、逻辑的演译、抽象的符号、严密的推理，割舍了数学知识的背景描述和探索猜想的思维过程，这是数学知识的学术形态。这种高度形式化、严密的逻辑推理等内容学生读起来比较难懂，有的学生虽能看懂字面上的意思，甚至可以做后面的习题，但只是机械的模仿，不懂得数学知识产生的背景和原因，不知道学了干什么，意义何在，价值怎样。有的教师照本宣科，将书中的内容重复一遍，学生当然不会有兴趣，自然就不能取得好成绩。

数学教材是根据国家数学课程标准编写的，为了使学生容易理解，已尽可能简述一些数学知识背景，展示一点数学过程，增加一些探究性，但囿于篇幅的限制，它们还是在相当大的程度凸现了数学知识的学术形态，作为教育的数学还要教师做加工、改造，充分展示数学知识有血有肉、鲜活的一面。

教师作为教育的组织者，在教学的过程中要注意数学定理的真正的再发现过程，要让学生感觉到数学是简单的，有趣的。数学来源于生活又反作用于生活，让学生体验到数学发生发展的过程。

教学过程应设计成以知识发生发展过程为载体的学生认知过程，以学生为主体的数学活动过程，强调学生数学思维的展开和深度参与。不但要关注学生分析问题、解决问题的能力，同时也要关注和培养学生发现问题、提出问题的能力，要让学生真正地了解知识的来龙去脉。

1. 知识引入多样化，激发学生求知欲

公式、定理的引入是发展学生思维、培养探索能力的首要环节。一开始的引入如能把学生吸引住，将大大激发学生的求知欲，使他们的思维处于最亢奋的状态。在平时的教学中，开门见山式的引入虽然省时省力，但学生学习缺乏兴趣，只等着老师讲；而针对不同的公式与定理，采用多样化的引入，能很好地吸引学生，激发他们的探究欲望。在教学实践中，可以采用以下几种引入的方法：

1)实践引入

在采用例子—原理法教授原理时，为了使学生顺利概括出原理，需要为学生提供足够多的例证；而在用原理—例子法教授原理时，为了使学生理解原理，也需各种例证来说明原理。教师要善于搜集与公式和定理相关的、有趣味的模型，使学生在接触课题时，就产生强烈的探求欲望。

例如，在引入线面垂直的判定定理时，先让学生自己动手做一个实验：如图 4.26，拿一张矩形纸片，对折后略为展开，使矩形被折的一边紧贴在桌面上，教师告诉学生，折痕和桌面是垂直的，这是为什么呢？学生一下子被吸引住了，急切地想知道这是为什么。

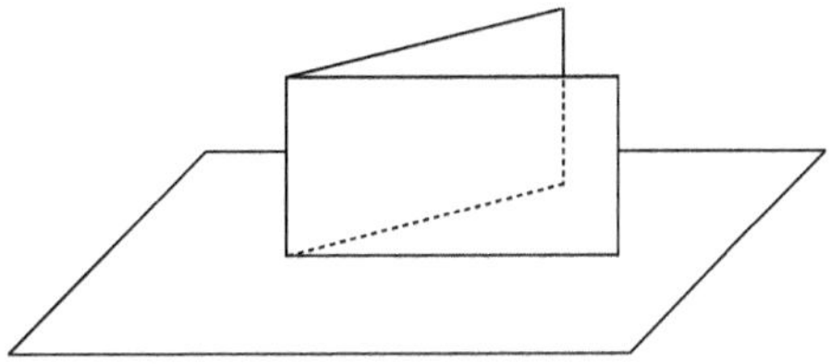

图 4.26

不论采用例子—原理法还是使用原理—例子法来学习原理，都需要为学生提供丰富的例证。这些例证应尽量涵盖各种典型类别，以利于学生发现原理和全面理解原理。在为学生提供丰富的例子时，不能仅仅提供原理的例证，还应该提供原理的反例，以强化原理的结构，使学生透彻理解原理。

2）联系已学过的知识

与概念学习一样，原理学习是有意义的学习，是新旧知识相互作用并形成新的认知结构的过程。因此，促进新原理的学习，就要使学生的认知结构中具备与新原理相关的适当观念。在教学中，教师可以引导学生复习、回忆与原理相关的旧知识，以帮助学生同化新原理。

数学具有系统性，因此新公式、新定理可以由旧公式、旧定理通过类比迁移而来。

例如，在引入余弦定理时，先给出三角形的三边 a,b,c，其中 c 为最大的边，讨论 c^2 与 a^2+b^2 的关系。学生已经学习过勾股定理，$\angle C=90°$时，有 $c^2=a^2+b^2$。教师向学生提出这样的问题：在斜三角形中，c^2 与 a^2+b^2 有什么关系？学生通过探究发现，当$\angle C<90°$时有 $c^2<a^2+b^2$；当$\angle C>90°$时有 $c^2>a^2+b^2$。通过对三种三角形的类比，学生会有很大的兴趣去讨论它们之间存在怎样的一种关系式。此时，教师引导学生归纳出在$\triangle ABC$ 中，三边 a,b,c 有这样一种关系：$c^2=a^2+b^2-m$。进而得出 m 的符号与$\angle C$ 的关系。

这种引入方法，使学生对新公式、新定理不感到突然，而是旧公式、旧定理的延伸与扩展。

3）让学生运用原理

促进原理学习的最有效的办法是让学生在运用原理的过程中掌握原理，因为让学生自己运用原理是原理具体化的过程，而这个过程对于全面、深刻地理解原理极为有利。因此，在原理的学习中，让学生进行练习是极其重要的一个环节。值得注意的是，练习不是越多越好，那种类别单一的重复练习并不有效。要想使学生掌握原理，形成产生式，就要让学生进行变式练习。

所谓变式练习，就是在其他有效学习条件不变的情况下，改变命题的例证。在进行变式练习时，应先设置与原先学习情境相似的问题情境进行练习，练习课题之间要保持一定的同一性。随着知识的逐渐巩固，问题类型要有变化，可逐渐演变成与原先的学习情境完全不同的新情境。

同时，在练习的过程中，及时给学生提供反馈是十分必要的。及时分析指出学生练习中的错误，可以防止学生将错误巩固下来而积习难改。

2.重视推导和证明，弄清来龙去脉

将思维对象和思维结果简单化和符号化是数学思维的重要特征，也是数学工作者所追寻的目标之一。于是，在数学中产生了大量由字母和符号表达的正确命题，人们称之为公式。公式的教学是中学数学教学的重要内容之一，其教学的好坏直接影响着学生知识技能的掌握与能力的培养。

公式的推导和定理的证明是教学的核心。由于第一环节恰当地引入，学生的心理状态是兴趣被激发，对证明、推导有迫切感，要教好公式，应注意以下四个方面。

1)公式的推导

学生在学习数学的过程中，常表现出这样一种心理现象：对于那些经过自己思考、演算、推导出来的结论，比较容易相信和接纳；而对于那些由别人告知的事实与结论，则容易产生怀疑和排斥。因此，在公式的教学中，首先要让学生弄清公式的来龙去脉，尽可能由他们自己推演并发现公式，使学生享受到创造发现的成功与喜悦，为公式的理解、记忆和应用奠定基础。

例如，古希腊数学研究几何学的思路主要有两条：一条是研究图形本身的性质；另一条即是构图，通过构图研究图形之间的关系及性质。

再如，“切线长定理”的再发现情境，可以这样考虑：通过画圆的一条切线研究切线的性质及判定，很容易利用构图思想，构造出圆的两条相交的切线有哪些特殊的性质。当数学家通过观察、猜想、验证，得出线段 $AB=AC$，便试着用文字语言来描述这个定理，当他发现用文字语言描述 AB、AC 比较麻烦时，并给这条线段长下了个定义叫“切线长”，顺势将这个定理命名为“切线长定理”。

在教学的过程中，教学设计应回归到数学研究的本质，教学的过程设计不能从怎么样教学方便入手，而应从这个定理是怎么研究出来的设计教学，这样才能真正地体现数学中定理的再发现。

基于以上的思考，可以将探究“切线长定理”的数学活动做如下设计：

活动 1：前面我们学习了切线的性质以及切线的判定方法，几何的研究过程实质是一个构图的过程，我们能构造出圆的两条相交的切线么？

活动 2：在你构造的图形中(图 4.27)，你有什么发现？请写出你的猜想，并加以验证。

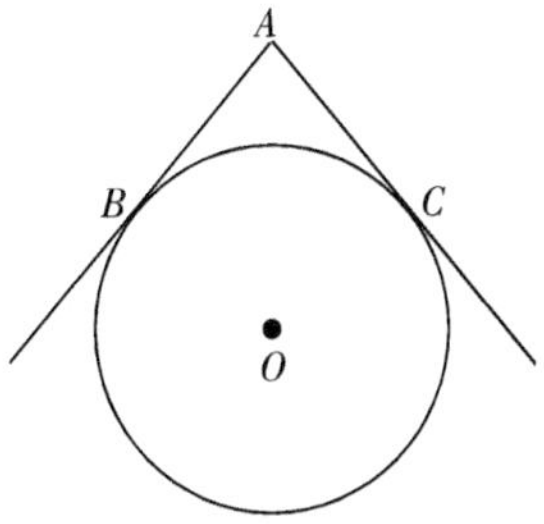

图 4.27　切线长定理

活动 3:用文字语言表达你的发现。

活动 4:当学生难以用语言表述线段 AB 或者 AC 时,教师介绍切线长定义,并辨析"切线长"与"切线",顺势介绍"切线长定理"。

设计意图:这样的设计立足于学生的学,以学生的主体活动为中心来展开教学,自然流畅,教师通过构图思想引导学生发现问题,并学会自己或通过合作交流解决问题。

定理的教学不仅要让学生经过"观察、实验—猜想—验证"的过程,更重要的是,学生应自主地发现问题并学会研究,整个教学的流程应让学生真正地体验数学定理再发现的过程,体验像数学家一样去研究数学、发现数学定理。

2)公式的理解

理解数学公式也就是理解公式中各个字母的含义以及它们之间的关系。

数学公式中的字母,既可以表示数又可以表示代数式。为了使学生理解公式的本质,应让学生用不含字母的语言文字叙述公式的内容,掌握公式中关系的确定性和字母的可变性。

3)公式的记忆

记忆是以理解为基础的,只有理解了的东西才会经久不忘。要使学生牢固地记住数学公式,就要使学生了解公式的来龙去脉,正确地理解公式,尽量将机械记忆转化为理解记忆。

4)公式的应用

数学教学的目的在于应用,因此,在公式和定理的教学中必须使学生灵活巧妙地应用公式和定理,培养学生实际应用的能力。公式的应用以理解为基础。在应用公式前,要使学生正确理解公式的意义,尤其是公式中字母的可变性。应用公式,不但要会正面用,反过来用,而且还要会变形用。

例如,$a_i(i=1,2,3,\cdots,n)$为正数,求证:

$$\sqrt{a_1^2+a_2^2}+\sqrt{a_2^2+a_3^2}+\cdots+\sqrt{a_n^2+a_1^2}\geqslant\sqrt{2}(a_1+a_2+\cdots+a_n)$$

可把基本不等式 $a^2+b^2\geqslant 2ab$ 变形为 $\sqrt{a+b}\geqslant\dfrac{a+b}{\sqrt{2}}$来用。再如求 $\tan 20°+\tan 40°+$

$\sqrt{3}\tan20^\circ\tan40^\circ$的值，则是 $\tan(\alpha+\beta)$的公式变形使用。

3. 把公式和定理纳入学生的知识体系

数学知识系统性强。学生学习数学知识后，可以形成相应的认知结构。认知结构的发展，是“同化”与“顺应”调节的辩证统一。“同化”指的是新知识与旧知识相一致时，新知识被纳入原有认知结构中；“顺应”指的是新知识与旧知识不一致时，对原有的认知结构进行调节，以适应新的知识结构。

例如，在复数的教学中，判别式小于零的实系数一元两次方程的根与系数的关系可同化到学生已有的知识结构中。在教学中我们要注意把新知识纳入学生的认知结构中。为此，在教学中应充分注意以下几点：

1)注意公式推导过程中包含的数学思想方法

在公式与定理的推导过程中，常常要用到数形结合、从特殊到一般、分类讨论等数学思想方法。在推导过程中，教师常从特殊的情景出发进行分析。

例如，在推导 $\sin x=a(|a|\leqslant1)$解集时，从 a 的特殊值进行分析。在推导等比数列前 n 项和公式时，要分 $q=1$ 与 $q\neq1$ 两种情况讨论。在教学中，要充分挖掘公式与定理推导中的数学思想方法，培养学生思维的严密性与灵活性。

2)公式和定理的推广及引申

由于学生学习的阶段性和教材要求等原因，中学数学有许多公式和定理是可以推广的，教会学生推广，让学生看清知识的内部联系，是把知识纳入学生认知结构的有效途径。

例如：三角形面积公式 $S=\frac{1}{2}ab\sin C$ 中，$b\sin C$ 就是 a 边上的高，它其实就是初中所学的公式 $S=\frac{1}{2}ab$ 的另一种新的形式。再如，学习了祖暅原理后，让学生把它引申到平面几何的相应命题。

4. 比较与鉴别

比较与鉴别是把公式和定理纳入学生认知结构的必由之路。在教学的后面阶段，一般是应用所学新知识来解题。如果仅仅盯住新公式，学生就失去了独立选择公式的机会，这无助于学生认知结构的发展。特别是公式较多时，学生一旦面临复杂的问题，他们会无所适从。因此，在教学中要注意公式的比较与鉴别，选择合适的公式解题，使学生的解题能力得到发展。

例如，在$\triangle ABC$ 中，已知 $a=\sqrt{3}$，$b=1$，$\angle B=30^\circ$，求 c 边的长。如果用正弦定理来解，要分两步，而且面临$\angle A$ 是一解还是两解的选择，而直接用余弦定理就可一步到位。

最后强调，让学生推导公式，不能只是照书按部就班地推，教师应对教材做适当的加工处理，让学生充分地动脑、动手、动口，这样才会收到事半功倍的效果。

让学生推导公式的另一个作用是，它可以帮助学生记忆公式。

另外，在推导公式的过程中，教师要注意揭示所运用的数学思想方法，使学生熟悉并逐渐掌握这些基本的思想方法，以达到举一反三和融会贯通的目的。

教师应该根据学生认知的特点和要求，有选择地进行定理的再发现——引导学生重复或模拟定理的发现过程。

参考文献

[1] 中华人民共和国教育部. 普通高中数学课程标准(2017 年版)[M]. 北京:人民教育出版社,2018.

[2] 中华人民共和国教育部. 普通高中数学课程标准(实验)[M]. 北京:人民教育出版社,2003.

[3] 中华人民共和国教育部. 义务教育数学课程标准(2011 年版)[M]. 北京:北京师范大学出版社,2012.

[4] 皮亚杰. 发生认识论原理 [M]. 北京:商务印书馆,1996.

[5] R. M. 加涅等. 教学设计原理(第五版)[M]. 上海:华东师范大学出版社,2016.

[6] P. L. 史密斯等. 教学设计(第三版) [M]. 上海:华东师范大学出版社,2008.

[7] M. 戴维・梅里尔. 首要教学原理 [M]. 福州:福建教育出版社,2020.

[8] 理查德・I. 阿伦兹. 学会教学(第九版) [M]. 北京:中国人民大学出版社,2019.

[9] 格兰特・威金斯,杰伊・麦克泰格. 追求理解的教学设计(第二版)[M]. 上海:华东师范大学出版社,2019.

[10] 舒尔曼. 实践智慧[M]. 上海:华东师范大学出版社,2016.

[11] W. 迪克,L. 凯瑞,J. 凯瑞. 系统化教学设计(第六版)[M]. 上海:华东师范大学出版社,2017.

[12] 凯・M. 普赖斯,卡娜・L. 纳尔逊. 有效教学设计(第四版)[M]. 北京:中国人民大学出版社,2017.

[13] 理查德・迈耶. 学科教学心理学[M]. 南京:江苏教育出版社,2010.

[14] L. W. 安德森等. 学习、教学和评估的分类学[M]. 上海:华东师范大学出版社,2019.

[15] 艾丽森・A. 卡尔-切尔曼. 教师教学设计:改进教学实践[M]. 福州:福建教育出版社,2019.

[16] Erik M. Francis. 好老师,会提问[M]. 上海:华东师范大学出版社,2020.
[17] 曹才翰,章建跃. 初中数学课堂结构[M]. 长沙;湖南教育出版社,1997.
[18] 鲍建生,周超. 数学学习的心理基础与过程[M]. 上海:上海教育出版社,2016.
[19] 曹一鸣,张春生,王振平. 数学教学论(第二版)[M]. 北京:北京师范大学出版社,2017.
[20] 喻平. 数学教学心理学[M]. 北京:北京师范大学出版社,2015.
[21] 李士锜,吴颖康. 数学教学心理学[M]. 上海:华东师范大学出版社,2013.
[22] 史宁中,王尚志. 普通高中数学课程标准(2017 年版)解读[M]. 北京:高等教育出版社,2018.
[23] 皮连生. 教学设计(第 2 版)[M]. 北京:高等教育出版社,2015.
[24] 奚定华. 数学教学设计[M]. 上海:华东师范大学出版社,2002.
[25] 何小亚,姚静. 中学数学教学设计(第二版)[M]. 北京:科学出版社,2013.
[26] 熊惠民. 中学数学教学设计与案例研究[M]. 北京:科学出版社,2014.
[27] 张筱玮等. 中学数学教学设计选讲[M]. 北京:高等教育出版社,2015.
[28] 李祎,贾雪梅. 中学数学教学设计[M]. 北京:高等教育出版社,2016.
[29] 龚运勤. 数学课堂教学设计方法论[M]. 北京:北京理工大学出版社,2011.
[30] 方均斌,蒋志萍. 数学教学设计与案例分析[M]. 杭州:浙江大学出版社,2012.
[31] 徐英俊,曲艺. 教学设计:原理与技术[M]. 北京:教育科学出版社,2020.
[32] 马茂年,叶立军. 高中数学课堂教学设计与实践[M]. 北京:科学出版社,2014.
[33] 罗新兵. 中学数学教材研究与教学设计[M]. 西安:陕西师范大学出版总社有限公司,2011.
[34] 程胜. 如何分析学情[M]. 上海:华东师范大学出版社,2016.
[35] 徐汉文. 中学数学课程标准与教材分析[M]. 北京:科学出版社,2016.
[36] 岳阳. 初中数学教师教材分析能力现状的调查研究[D]. 沈阳:沈阳师范大学,2018.
[37] 吴立宝,曹一鸣,秦华. 钻研数学教材的几个视角[J]. 中学数学教学参考,2013(4):2-4,8.
[38] 韩晓雪. 初中数学概念课导入方法研究[D]. 呼和浩特:内蒙古师范大学,2017.
[39] 王华强. 初中数学概念教学策略研究[D]. 聊城:聊城大学,2017.
[40] 鲍涵. 高中数学概念引入方式的教材分析与教学现状研究 [D]. 南京:南京师范大学,2017.
[41] 王晓宇. 数学师范生教材分析能力的研究[D]. 上海:华东师范大学,2019.
[42] 吴立宝,王光明,王富英. 教材分析的几个视角[J]. 教育理论与实践,2016(23):39-42.
[43] 卫雅静. 数学抽象核心素养的教材分析与教学研究——以人教 A 版高中教材为例

[D]. 西安:陕西师范大学,2018.

[44] 徐百灵. 师生对初中数学教学重点及难点的认知研究[D]. 太原:山西师范大学,2017.

[45] 马冠群. 基于核心素养的初中数学概念教学策略研究[D]. 济南:济南大学,2020.

[46] 王慧. 初中数学概念教学的研究[D]. 银川:宁夏大学,2020.

[47] 陈涛,王红梅. 中学数学教学设计的实践与思考[J]. 泰山学院学报,2018(3):127-131.

图书在版编目（CIP）数据

中学数学教学设计与案例分析 / 陈涛，王红梅，国忠金编著. -- 湘潭 : 湘潭大学出版社，2022.2
ISBN 978-7-5687-0705-3

Ⅰ. ①中… Ⅱ. ①陈… ②王… ③国… Ⅲ. ①中学数学课－教学研究 Ⅳ. ①G633.602

中国版本图书馆 CIP 数据核字（2021）第 270917 号

中学数学教学设计与案例分析

陈涛 王红梅 国忠金 编著

责任编辑：罗 联 丁立松
封面设计：李 平
出版发行：湘潭大学出版社
社　　址：湖南省湘潭大学工程训练大楼
电　　话：0731-58298960 0731-58298966（传真）
邮　　编：411105
网　　址：http://press.xtu.edu.cn/
印　　刷：广东虎彩云印刷有限公司
经　　销：湖南省新华书店
开　　本：787 mm×1092 mm 1/16
印　　张：14.25
字　　数：304 千字
版　　次：2022 年 2 月第 1 版
印　　次：2022 年 2 月第 1 次印刷
书　　号：ISBN 978-7-5687-0705-3
定　　价：48.00 元